創立者
池田大作先生
の
思想と哲学

第2巻

創価大学通信教育部学会編

第三文明社

はしがき

21世紀の展望開く「池田哲学」

創価大学通信教育部長　高　村　忠　成

　21世紀に入って10年を迎えようとしている。20世紀は「革命と戦争の世紀」といわれ、悲惨な状況が続いた。もちろん「科学技術と経済」の発展した世紀でもあった。だが総じて、20世紀が長い間、人々に暗い影を投げかけていたことは事実である。それだけに21世紀が開幕した時、人類はこの世紀に希望の光明を託した。断じて「平和と人道の世紀」にするとの思いが満ちあふれていた。

　しかし、皮肉なことに21世紀に入ってからテロが頻発し、経済格差は進行し、環境破壊は人々の生活基盤をおびやかしている。このままでいくと、21世紀は20世紀よりも人類にとって悪い時代になるのではないかと危惧されている。と同時に今何よりもこうした閉塞状況を打破し、21世紀の展望を開く希望の哲学の台頭が希求されている。我々は決して悲観的になる必要はない。自暴自棄になることなどもっての他である。世紀を開く一条の光明は燦然とその光彩を放っているのである。

　創価大学創立者池田大作先生は、今日、200に及ぶ「名誉博士」「名誉教授」などの学術称号を世界の大学・学術研究機関から授与されている。世界の1,600人を超える学識者、文化人らと対話を重ねられ、出版されている識者との対話の著作も40を超えている。まさに、世界の多くの知性が、時代の闇を破り、世紀の明鏡となる利剣として、池田先生の哲学を求めているのである。その証左として、世界の13に及ぶ大学に、「池田大作研究所」「池田大作研究センター」が設置され、池田先生の思想と哲学を学術的な観点から本格的に研究し

ようとの機運が高まっている。池田先生の研究で、博士号を取得する研究者も現われている。今後ともこうした潮流は勢いを増し、21世紀の思想と哲学研究は、池田先生のそれをおいてないという時代になっていくことは間違いないであろう。

創価大学通信教育部教員一同は、こうした世界や時代の動向に鑑み、昨年、通信教育部開設30周年を記念して、学術書『創立者池田大作先生の思想と哲学』（創価大学通信教育部学会発行）を刊行した。日本で初めての本格的な池田先生の思想と哲学の研究書といえよう。さいわい同書は、多くの人に読まれ、好評を博することができた。このたび、それをうけて、膨大にして深遠な池田先生の思想と哲学の研究成果の第2弾として、ここに第2巻を発刊することになった。関係者としてこれ以上の喜びはない。願わくば、第1巻と併読されんことを期待するものである。

なお、本巻も第1巻と同様に、通信教育部の坂本幹雄教授には原稿の整理から構成にいたるまで大変お世話になった。執筆者一同を代表して厚く御礼申し上げたい。

2006年7月3日

目　　次

はしがき　21世紀の展望開く「池田哲学」……………………… i
　　　　　　　　　　　創価大学通信教育部長　高村忠成

第1部　科学・宗教・対話

第1章　池田先生の科学観………………………………………… 3
　　　―現代科学を善へリードする仏法原理を求めて―
　　　　　　　　　　　　　　　　　　　　　　劉　継生

　1　現代科学のゆくえ ………………………………………… 3
　　（1）「人間の終焉」をもたらす科学のリスク ……………… 3
　　（2）新しい科学観を求める視座 …………………………… 4
　2　科学観の歴史的変遷 ……………………………………… 5
　　（1）地動説と帰納法 ………………………………………… 5
　　（2）機械論と要素還元主義 ………………………………… 6
　　（3）有機体論とシステム論 ………………………………… 7
　3　偶然性に対応できないシステム論の限界 ……………… 9
　　（1）システム論の応用と普及 ……………………………… 9
　　（2）システム論の弱点と限界 ………………………………10
　　（3）システム論を超える方法論の必要性 …………………11
　4　"空"と"仮"のダイナミズムとしての現象 ………………12
　　（1）"かたち"をつくり出す源泉としての"空" ……………12
　　（2）変化するかたちの中に潜む不変の法則 ………………13
　5　宇宙に広がりゆく諸現象の関連性 ………………………14
　　（1）因果関係の縁起観と宇宙に広がる一念三千 …………15
　　（2）全包括主義の科学方法 …………………………………16

6　自我を超越して真理に到達するための認識論 ……………………17
　　　　（1）客観現象を主観に投影する認識のしくみ ………………17
　　　　（2）宇宙と一体となる「九識論」 …………………………19
　　　　（3）「九識論」からみた科学研究のあり方 ………………20
　　　7　現代科学を善へリードする仏法原理を求めて ………………21
　　　8　現代科学を方向づける池田先生の科学観 ……………………23

第2章　近代科学技術文明の危機と宗教 ……………………………… 28
　　　　―池田大作先生の文明間対話―

　　　　　　　　　　　　　　　　　　　　　　　　　　宮川　真一

　　はじめに ……………………………………………………………28
　　　1　近代科学技術文明の位置づけ ………………………………29
　　　2　現代世界における宗教復興 …………………………………33
　　　3　『21世紀への対話』 …………………………………………35
　　　4　『闇は暁を求めて』 …………………………………………37
　　　5　『社会と宗教』 ………………………………………………40
　　　6　『「宇宙」と「人間」のロマンを語る』 …………………43
　　　7　『科学と宗教』 ………………………………………………45
　　むすび ………………………………………………………………49

第3章　文明間・宗教間対話の新展開 ………………………………… 54
　　　　―伝統の「脱構築的解釈」と対話をめぐって―

　　　　　　　　　　　　　　　　　　　　　　　　　　尾熊　治郎

　　はじめに ……………………………………………………………54
　　　1　対話する良心の人と「共同性の場」の拡大 ………………55
　　　2　新たな「文明間・宗教間対話」―「文化相対主義」の限界を
　　　　　超えるもの …………………………………………………60
　　　3　「歴史転換の基軸」―目覚めた民衆とその連帯 ……………64

4　「宗教復興運動」の今と「原理主義」克服をめぐる問題 ……70
　　5　文明間・宗教間対話の源流とその「脱構築的解釈」の構造
　　　　………………………………………………………………79
　おわりに ………………………………………………………84

第4章　「生命倫理問題」への先駆的洞察 ……………………… 92
　　　　　　　　　　　　　　　　　　　　　　　　木暮　信一

　はじめに ………………………………………………………92
　　1　わが国におけるバイオエシックス …………………………93
　　2　死をめぐる生命倫理問題 ……………………………………95
　　　（1）「脳死・臓器移植」問題 ……………………………95
　　　（2）「安楽死・尊厳死」問題 ……………………………98
　　3　生をめぐる生命倫理問題 …………………………………103
　おわりに ……………………………………………………… 109

第2部　文学・歴史・人間

第5章　体験としての読書………………………………………… 117
　　　　―ドイツ文学と創立者池田先生―
　　　　　　　　　　　　　　　　　　　　　　　　田中　亮平

　序 ……………………………………………………………… 117
　　1　わが国におけるドイツ文学受容 …………………………… 118
　　2　「読書ノート」にみられるドイツ文学 …………………… 124
　　3　『私の人物観』のゲーテ論 ………………………………… 131
　結び …………………………………………………………… 135

第6章 歴史における人間論·· 141
　　　　　　　　　　　　　　　　　　　　　　　　坂本　幹雄

　　1　歴史における人間論に向かって ································· 141
　　2　本稿の意図と構成 ··· 142
　　3　人間学コースの「歴史における人間論」 ··················· 143
　　4　「歴史における人間論」最終講義 ······························ 145
　　5　創立者の人物論をめぐって
　　　　—創立者はプラグマティストか ································ 146
　　（1）　日本人不在論 ··· 147
　　（2）　激励万能論＝「いいとこ取り」プラグマティズム ······ 148
　　（3）　読者論 ··· 151
　　（4）　歴史認識と歴史解釈 ·· 152
　　（5）　日常世界と学問世界 ·· 154
　　6　創立者の史観—民衆・東洋・多元論 ························· 155
　　7　師弟論としての人間論 ··· 156

第7章 人間の本質としての人間革命······································ 165
　　　　—ルネ・ユイグ氏との対談『闇は暁を求めて』から—
　　　　　　　　　　　　　　　　　　　　　　　　山崎　達也

　　はじめに ··· 165
　　1　人間革命の内実としての自己変革 ···························· 166
　　2　本質としての理性 ·· 168
　　（1）　命題「人間は理性をもった動物である」の意味 ········ 168
　　（2）　神の似像 ·· 170
　　（3）　人格 ··· 171
　　3　自己変革の原理としての因果倶時 ···························· 173
　　4　人間革命の概念的系譜 ··· 178

（１）　南原繁 ……………………………………………… 178
　　　（２）　戸田城聖 …………………………………………… 181
　　5　人間の有する自然本性といかに対峙するか ……………… 183

第3部　教育・平和・ヴィジョン

第8章　創立者池田大作先生と大学論……………………… 197
　　　―サドーヴニチィ対談を中心に―

鈎　　治雄
岡松　龍一

　　1　「大学の使命」―「教育」と「研究」、「普及」……… 197
　　　（１）　大学と「教育」 ……………………………………… 197
　　　（２）　大学院教育と「研究」 ……………………………… 203
　　　（３）　大学と「普及」―生涯教育の視点から ………… 208
　　2　オルテガの大学論に学ぶ「教養教育」 ………………… 212
　　　（１）　オルテガの哲学と問題意識 ……………………… 213
　　　（２）　オルテガの大学論―大学と教養 ………………… 217
　　　（３）　創造的生命と人間教育 …………………………… 225

第9章　池田先生のリーダー育成論……………………………… 230

井上　比呂子

　　はじめに ……………………………………………………… 230
　　1　牧口教育学から池田教育思想への流れ ………………… 231
　　　（１）　教育という事業のとらえ方 ……………………… 231
　　　（２）　牧口先生の教育理念―「子供の幸福の追求」 …… 233
　　　（３）　価値論 ………………………………………………… 237
　　　（４）　創価教育学の基本的立場 ………………………… 240

（5）人生地理学 …………………………………………… 241
　　　（6）創価教育学をつらぬくもの―実証主義と人間主義 …… 246
　2　新しいリーダー像とは ……………………………………… 248
　　　（1）リーダーの資質 ……………………………………… 248
　　　（2）海外にみられるリーダー像 ………………………… 250
　　　（3）民衆に尽くすリーダーに …………………………… 251
　3　教師の役割 …………………………………………………… 254
　　　（1）子どもとの信頼関係 ………………………………… 254
　　　（2）教師こそが最大の教育環境 ………………………… 255
　4　家庭の役割 …………………………………………………… 257
　　　（1）母子のきずな ………………………………………… 257
　　　（2）親自身が成長すること ……………………………… 259
　　　（3）子どもへの接し方 …………………………………… 259
　5　池田先生の提言を通して …………………………………… 260
　　　（1）教育提言 ……………………………………………… 260
　　　（2）SGI提言 ……………………………………………… 261
　　　（3）現代の教育問題との関連 …………………………… 264
　おわりに ………………………………………………………… 269
　　　（1）「教育のための社会」へ …………………………… 269
　　　（2）21世紀は教育の世紀 ………………………………… 271

第10章　「人類の議会」から平和の潮流を ………………… 274
　　　―池田SGI会長の国連改革構想―

　　　　　　　　　　　　　　　　　　　　　　　高村　忠成

　はじめに ………………………………………………………… 274
　1　国連の位置付け ……………………………………………… 277
　2　池田会長の改革提案 ………………………………………… 280
　　　（1）安全保障理事会 ……………………………………… 283

（2）　総　会 ……………………………………………… 285
　（3）　経済社会理事会 ………………………………… 290
　（4）　信託統治理事会 ………………………………… 291
　（5）　国際司法裁判所 ………………………………… 292
　（6）　財政改革 …………………………………………… 293
　（7）　 国連地域本部の設置 ………………………… 295
　（8）　国連分割・新設構想 …………………………… 296
　（9）　国連を守る意識の啓発 ………………………… 297
　（10）　「人権理事会」と「平和構築委員会」への提案 ……… 299
　おわりに ……………………………………………………… 300

あとがき　創立者研究のフロンティア ……………………… 307
　　　　　　　　　　　　　　　　　　　　　　　坂本　幹雄

第1部　科学・宗教・対話

第1章

池田先生の科学観
―現代科学を善へリードする仏法原理を求めて―

　　　　　　　　　　　　　　　　　　劉　　継　生

1　現代科学のゆくえ

（1）「人間の終焉」をもたらす科学のリスク

　人類は誕生してから宇宙および世界を説明するために、たえず科学を創造して進歩させた。科学の発達は人類に大きな価値を生み出し、社会の進化を促してきた。現代社会の生活と生産は科学によって支えられているといえる。いまの先端科学はさらに高度に発達している。たとえば、ヒトゲノム（人間の全遺伝情報）解読の完了を祝してクリントン元大統領は、「いま私たちは、神が生命の創造に使った言語を学びとっている」と宣言し、生命科学時代の幕を開けた。近い将来、生命の設計図である遺伝子は、コンピュータプログラミングのように操作・編集が可能となる。遺伝子操作を通じて、正常な遺伝子を新たに加えたり、異常遺伝子の働きを止めたりするほかに、デザイナーベビー（designer baby）も作れる。受精卵の期間に親が望む外見や体力・知力等を子どもに持たせるデザイナーベビーは、健康な子どもの出産を超えて、スーパー人類を作り出すこともできる。遺伝子操作の乱用を防ぐため、国連ユネスコ2003年第32会期総会において「ヒト遺伝情報に関する国際宣言」が採択された。この宣言は、ヒト遺伝情報が、遺伝的疾病体質を予見し得ること、家族等に影響を及ぼし得ること等の特別な地位を有することなどから、その取扱いに

おいて人間の尊厳や人権尊重および基本的自由の保護を確保することを目的とした。しかし、この宣言には法的拘束力がない。

　人間の思考や創造をロボットに置き換える試みは、人類に追求されてきたもう一つの科学の夢であった。1980年代に産業用ロボットを生かした自動制御無人工場を誕生させ、大量生産の現代社会形成に大きく貢献した。人工知能の高度化にともない、ロボットの水準も向上させてきた。現在の第四世代の知能ロボットは、認識能力、学習能力、抽象思考能力、環境適応能力などを備え、人間とコミュニケーションがとれ、同等の振る舞いができる「人造人間」になっている。動物をモデルにしたロボットは受け入れやすいが、人間をモデルにしたヒューマノイド（humanoid、人間型ロボット）[1]の開発は、人間の分身を創造する行為であり、神の領域に近づいていくといわれる。高度の知能を具えるヒューマノイドは、これから生産、医療、介護、セキュリティ、娯楽などのさまざまな領域に入り、人間との共生共存をめざしていく。しかし、ヒューマノイドが悪用されるようになると、人間の尊厳が犯されることにもなりうる。

　自動車の生産、建物の建築、食糧の増産など、人間の衣食住の条件を改善するための従来の科学に対しては、私たちは抵抗せずに受け入れてきた。しかし、遺伝子操作、人間型ロボットの開発などの新しい高度科学に対しては、だれもが危機感を持っている。なぜならば、従来の科学ではあやまった応用で環境汚染や資源枯渇などの社会問題を引き起こした。ところが、現代の高度発達科学では、人間が人間を直接操作して消滅させてしまう可能性すら感じられる。このままで科学至上主義がさらに進むと、「人間の終焉」が必至と警告されている[2]。人間を守るために、科学はもう十分だ、これ以上は不要だと考える人も増えている。

　（2）　新しい科学観を求める視座

　科学至上主義の一人歩きあるいは科学の暴走を止めるには正しい科学観しかない。現場の科学者および科学成果の応用者一人一人が正しい科学観を心に刻み付けることだけが、地球環境が汚染されず、人間社会が破壊されず、生命の

尊厳が犯されず、安心できる善に向かう科学になりうる。

　科学とは自然や社会についての、人間の経験に基づく客観的、合理的な知識体系である。科学観とは、客観世界を考察する際に、人間の主観にある現象のとらえ方、問題の立て方、思考の技法などの方法総体である。中世までは、科学は哲学と厳密に区別されず、素朴な科学観で自然界を観察し、神秘現象を解釈することが学問の目的であった。たとえば、古代ギリシアの時代には、火・空気・水・土の四元素を世界構築の素材要因とするという考えが主流だった。プラトン（Platon、前427～前347）とアリストテレス（Aristoteles、前384～前322）も、その考えを受け入れてさらに体系化を進めた。古代中国では、「五行説」で宇宙の変化を説明し、すべての変化が五行のとおりに火→水→土→木→金の順序に従うという考えが広がっていた。老子（生年不明）は五行説を道学に、孔子（前551～前479）は五行説を儒学に取り入れた。

　森羅万象すなわち変化している大自然と人間社会に普遍的な法則を探求する科学を方向づけられるか、高度発達の現代科学に求められている科学観とはなにか、新しいパラダイムの構築と移行をどのように実現するか、[3] 小論ではこれらの問題意識を用いて、池田大作先生の科学観を考察する。そして、宇宙・生命・仏法の三つを視座にした池田先生の科学観が現代科学にどのような意義を持っているかを明らかにする。

2　科学観の歴史的変遷

（1）　地動説と帰納法[4]

　近代科学への契機は、16世紀にポーランドの天文学者ニコラス・コペルニクス（Nicolaus Copernicus, 1473～1543）が数学の方法で公式化した「地動説」である。天動説から地動説へのパラダイムシフト（世界観の転換）は、天文学の分野をはるかに超えて、ヨーロッパでは中世の世界観から近代の世界観への転換を達成した。イタリアの天文学者・物理学者・哲学者ガリレオ（Galileo

Galilei, 1564〜1642）は、地動説を支持し、近代科学の父と称された。彼は力学の諸法則の発見、望遠鏡による天体研究などの功績を上げた。さらに、実験科学（経験的方法）と実験結果の数学による記述（実証的方法）を用いる近代科学の方法論を提唱した。実験的手法は、自然そのものの現象を実験室の中で再現することを可能にした。ガリレオと同時代に、イギリスの政治家・哲学者フランシス・ベーコン（Francis Bacon, 1561〜1626）も科学的方法と経験論の先駆者として活躍した。ベーコンは、学の最高課題は、一切の先入見と謬見を取り去り、経験（観察と実験）を唯一の源泉、帰納法を唯一の方法として、自然を正しく認識し、この認識を通じて自然を支配すると提唱した（知は力なり）。帰納法は、今日でも使われている科学の手法である。これは、実験から一般的な結論を得た後で、さらに実験を繰り返して、はじめの結論を検証するという手法である。これらの新しい科学手法を応用して、自然科学、とりわけ天文学と物理学が急速に進歩した。

（2） 機械論と要素還元主義

16〜17世紀は「科学の時代」と呼ばれている。科学の進歩を受けて、フランスの哲学者・数学者ルネ・デカルト（René Descartes, 1596〜1650）は、新しい思考体系そのものの構築を試みた。デカルトの哲学が徹底して追求した概念は「懐疑」である。それは複雑な問題を細かく分割して、論理的な順序に並び換える方法で思索を進める点に特徴がある。わずかでも疑わしいと思われる観念を排した末に、最後に残った直覚が有名な「われ思う、ゆえにわれあり」という結論であった。すなわち、肉体も、知覚も、絶対的ではないが、思惟する者としての自身の存在だけは否定できない。さらに、デカルトはすべての自然現象を数学と結びつけようとした。測定されない概念、数量によって表わせない概念を非実在的と見なした。デカルトの思想によると、自然は数式で表すことのできる完全な機械である。世界を機械の集合体とする「機械論的世界観」は近代だけでなく、現代科学の特徴でもある。デカルトは、自然界の動きを細かく分割すれば、自動機械と同様に単純な動きをする（数式によって表せる）要素

がより複雑に絡み合っていると考えた。これは、複雑な現象を細かい構成要素に還元することによって全体の理解が得られるという「要素還元主義」の手法である。

デカルトの機械論と要素還元主義の手法を実際の学問として完成させた科学者は、イギリスの物理学者・天文学者・数学者アイザック・ニュートン（Isaac Newton, 1642〜1727）である。ニュートンは近代科学の建設者と称される。彼はリンゴの落下を見て、すべての運動を支配する「万有引力の法則」を発見した。リンゴの落下から惑星の運動に至るまで、その当時見つかっていたあらゆる現象を説明したニュートン力学によって、デカルトの機械論のパラダイムが証明された。一方、フランスの医師ド・ラ・メトリ（Eloge de La Mettrie, 1709〜1751）は、生命体は時計などの機械同様、物理法則にしたがうというデカルトの動物機械論を発展させ、「人間機械論」を提唱した。人間は機械であり、人間の精神は脳という物質の働きにほかならず、思考は脳髄の単なる性質にすぎないと考えた。18世紀末には、心臓をポンプ、肺をふいご、胃を摩砕機、腕を起重機と見る機械論的身体観が成立した。同様に、病気が細胞の変化と病変に還元され、生命が物理・化学現象に還元される機械論的生命観も成立した。

（3）　有機体論とシステム論

19世紀の化学者は、生物の素材である有機化合物（複雑な炭素化合物）の構造を次々と分析した。当時、有機化合物はあまりにも複雑だったため、すべての生命体の不可思議な"生命力"の介在によってのみ作られると仮定されていた。ドイツの生物学者ハンス・ドリーシュ（Hans Driesch, 1867〜1941）は、生命は物理学と化学を越えた何者かを含んでおり、この完備な有機体に関する神秘的な観念を「エンテレキー（entelechy）」と呼んだ。それはいかに実験を積み重ねてみても分析描写しえないと論じた。この思想は、生命を物理学と化学では説明できないとする「生気論（vitalism）」である。

生命についての機械論対生気論の論争のなかで、オーストリアの生物学者フォン・ベルタランフィ（von Bertalanffy, 1901〜1972）は1925年ごろ、生命体

が「有機体（organicism）」であると提唱した。有機体は諸要素から成る一つの全体である。その全体は諸要素の加算総和と区別し、諸要素の相互作用による特性を示す。有機体は分割不可能であり、分割された時点でその性質が変化する。なぜなら、有機体を構成する諸要素は互いに連関し合い、一つの要素は他の要素との関係の中で位置づけられているからである。ベルタランフィは、あらゆる生命体を有機体として捉える「有機体論」を提唱した。さらに、「生物学が説明すべき有機体は、純粋に還元主義的な分析を試みるだけでは説明し尽くせない。生命体の特徴はそれらの組織化の程度に帰してみるべきである」と考え、要素還元主義にブレーキをかけた。

アーサー・ケストラー（Arthur Koestler, 1905〜1983）は、「ホロン（holon）」という概念を提唱して、要素還元主義を次のように厳しく批判した[5]。

「あらゆる人間行動をネズミの行動や要素の反応で説明しようとする還元主義は、すべての現象を基本的な物理・化学的法則に還元しうると信じた19世紀的思想そのものである。しかし、価値、意味、目的などを受け入れる場所のない還元主義の手法には限界がある。「二」は「一と一」であるため「一」についての研究が完了すれば「二」についてもすべて知っていると、われわれはしばしば考える。「と」についても研究しなくてはならないことを忘れがちである。第二の物理学とは「と」—すなわち組織—に関する研究である。」

還元主義を超える新しい方法について、ベルタランフィは「システム（system）」を提唱した。組織、秩序、分化、進化のような生物の一般的性質は、生命組織の各部分と部分の相関のもとで成立している。この関係をシステムと呼ぶ。ベルタランフィが考える新しい方法論は、「一般システム理論」である。一般システム理論とは、理論モデルを構築し、生物学的、社会的、象徴的システムに対し、普遍的に適用できる一般原理を発見する理論である。

「全体は部分の寄せ集め以上の存在である」という命題は、アリストテレスの哲学に始まってベルタランフィのシステム論を通じて、2000年以上経って、ようやく実用的な方法論に到達した。現在では、システム論が、生産システ

ム、交通システム、経済システム、医療システムなど、日常の問題解決から組織の運営まで、ソフトウェアからハードウェアまで幅広く活用されている。

3　偶然性に対応できないシステム論の限界

（1）　システム論の応用と普及[6]

　システムとは、二つ以上の相互関係を有する部分から構成された一つの全体である。全体は、部分の寄せ集めではなく、各部分の相互関係によって、部分を超える新しい性質を示す。また、システムは単なる構造あるいは仕組ではなく、問題を解決するための方法でもある。この考え方は、すべての事柄をシステムとして捉える方法論である。すなわち、システムというレンズを通しての客観世界の諸現象を認識する方法である。この方法で人工的に作ったシステムが人工システムである。コンピュータ、情報システム、交通システム、金融システム、経済システム、組織などはその典型である。人工システムに対して、自然に生まれたシステムを自然システムという。自然システムは人間によって作られたのではなく、自分自身で作り出す。生態系、人間社会などはその典型である。

　一般システム論をもとに、1947年アメリカの数学者ウィーナー（Norbert Wiener, 1894～1964）は「サイバネティクス（cybernetics）」を提唱した。これは、対象が生物の場合でも機械の場合でも、通信、制御、情報処理という本質的な問題は同一であり、統合的な立場から研究すべきという提言である。アメリカの電気工学者・数学者シャノン（C. E. Shannon, 1916～2001）は1948年、情報の伝達とは複数の可能性から一つを選択するしくみであり、可能な選択肢が多いほどその選択の情報量は多くなると考え、2を底とする選択肢数の対数で情報量を表現することを提案した。さらに複雑な式を扱う演算をいかに正確に速やかに計算できるかが大きな課題となる。イギリスの数学者チューリング（A. M. Turing, 1912～1954）は、無限に長いテープ上の記号を読み書きする仮想

チューリング機械（Turing machine）を考案した。アメリカの数学者ノイマン（J. L. von Neumann, 1903～1957）は、オートマトン理論（automaton）を確立した。オートマトンとは、論理や制御をあつかう論理機械である。すなわち、情報を与えると一定の手続きにしたがって結果を導く自動機械である。

　ノイマンがさらに万能チューリング機械をコンピュータとして実現した。ノイマンは「計算方法は内部にプログラムとして与える」と考えた。実現にあたってコンピュータの構成を論理設計（プログラム内蔵型・逐次制御のアーキテクチャー）とし、演算には２進数を用いる。コンピュータは最初に計算機として開発されたが、現代社会では人間の仕事を分担している。人間が得意とする作業は人間が行い、コンピュータの方が効率のよい作業をコンピュータに行わせる。概念思考、情報表現、問題解決、行動実施、操作制御のすべてはコンピュータを活用して、人間とコンピュータの協働が随所に見える。この多目的道具が「万能機械」（universal machine）とも呼ばれている。

（２）　システム論の弱点と限界

　ウィーナーのサイバネティクスとシャノンの情報理論に基づいて、多量の情報が高速に、正確に伝達および制御できるようになった。チューリングの計算理論とノイマンのオートマトン理論によって作られたノイマン型コンピュータが高度に発達し、複雑なデータの計算と処理が高速にできるようになった。これらの理論が融合されることによって、社会全体をシステムとして捉えることができるようになった。物質やエネルギーを中心として活動していた時代と比べ、時間と空間の制約を減少させ、人間生活を豊かに導いている。

　しかし、銀行や証券取引、鉄道交通などのシステムは障害が多発し、社会行動と人々の生命に危機を与えている。すなわち、システムへの過度の依存はリスクの拡大という深刻な社会問題をもたらす。小さなリスクは個人生活レベルの問題である。大きなリスクは地域社会レベルの問題である。巨大なリスクは地球レベルの問題である。要するに、システムは、コンピュータまたはネットワークの部分的な事故であっても、社会全体に機能麻痺をもたらしかねない脆

弱性を内包している。これはシステムという方法論の欠点である。具体的には次の4点にまとめられる。

①システムは、考えられる要素（部分）をすべて枚挙して、要素の相互関係を明確にし、全体をコントロールする発想である。これは「必然性」を前提にする方法論である。実際にシステムを稼動していく中で、あらかじめ枚挙し尽くせなかった要素や、考えもれた関係が新しい状況に応じて現れてくる。これは避けられない「偶然性」である。システムはこの偶然性に対応不可能である。

②システムは、自身に生命原理を導入していない。万物には生・老・病・死の過程がある。人工で作られたシステムも環境に適応できなくなったり、更新や廃棄が必要となったりすることがある。しかし、生命の新陳代謝の機能を持っていないシステムは、いったん成立してから自身の更新をすることはきわめて困難である。

③システムは、自分に境界を設けている。境界内部の正常運営を守る活動を中心とする。境界外部の環境との調和を通じてエネルギーを吸収したり、外部の環境へ貢献したりして、自身を高めていくことは重視しない。

④システムは、全体を保つためプログラムあるいはマニュアルで各要素をコントロールする。中央に従属する各要素は、自由度が制限され、創造性の発揮に限度がある。

（3） システム論を超える方法論の必要性

考察する現象や解決する問題に応じて、あらかじめ全ての要素を列挙して、境界を設けて全体を構築し、プログラムやマニュアルで中央から要素へコントロールするシステム論は、時々刻々変化している複雑な現代社会には適応できない。実際に、事前に考えつくせず、偶然性によって生じるシステム障害は人間社会に大きなショックを与えている。

現代社会にもっとも重要な科学方法としてのシステム論には限界がある。それを超えて、高度発達の現代科学を方向付ける新しい方法論が必要とされている。これについて池田先生の科学観を考察してみる。

4 "空"と"仮"のダイナミズムとしての現象

　科学は、森羅万象を対象としている。この「現象」については古来対立する二つの考え方がある。一つは、時空間的に制約されることのない本体あるいは本質を想定し、それが時空界に現れた姿を現象と考える。カント（Immanuel Kant, 1724～1804）も、物自体とその現れ（現象）とを区別し、人間には物自体は認識不可能であり、認識可能なのは現象だけだと考えた。もう一つは、現象の背後にそうした不可知な本体を想定することは無意味であり、本質とは現象そのもののうちに認められる可知的連関にほかならないとの考え方である。この点について、ヘーゲル（Georg Wilhelm Friedrich Hegel, 1770～1831）は『論理学』のなかで次のように説明している。「本質は現象しなければならない。本質が自分のうちに自分を映しだすというのは、自分を克服して目に見えるものとなることであり、そうなった本質は、自己への立ちかえりとしては自立する物質であり、他への立ちかえりという形式面からすると自立の克服である。自分を映しだすという規定によって、本質は存在を超えた本質となるのであって、映しだす作用の発展したものが現象である。したがって、本質は現象の背後や現象の彼岸に存在するものではなく、本質が存在するものである以上、その実在が現象である。」[7]

　今日では、実験やシミュレーションを手段とする一般的実証科学は、現象のそうした合理的連関をとらえている。現象とは何者かの現れとしてではなく、それ自体のうちに記述可能な本質構造をそなえたものと考えられている。

　（1）"かたち"をつくり出す源泉としての"空"

　宇宙に存在する千変万化の現象の構造について、池田先生は仏法の「空」の概念を用いて解釈している。仏法では「一切皆空」（すべては「空」である）と主張する。サンスクリット語の"śūnya（シューニャ）"に由来する「空」は、空虚とか、何もないという意味ではない。つまり「無」ではない。だからと

いって現象世界における「有」でもない。「空」はあらゆる固定性を否定し、永遠不変の固定的実体がないということである。こうした一般的なとらえ方を超えて、池田先生は次のように展開している。

まず、「空」を生命の視座でとらえるべきであると考えている[8]。「空」の状態から万物が生まれ、そしてまた、万物が滅していく。「空」とは「有無を超えた実在」ということになる。「空」というのは、あらゆるものを生み出す可能性を秘めた空間である。それは縁にふれることによって、それなりの条件というか、なんらかの作用で、応じ、働き、新たなものが誕生してくるということである。したがって無量の潜在力、無限の創造力を秘めた"生命空間"ともいえる[9]。

次に、池田先生は、現象世界へと顕在化して「有」のすがたとなったものを「仮」ととらえ[10]、あらゆる現象について、「空」と「仮」を明瞭に洞察し[11]、次のように述べている。「自然界にはある一定の"かたち"を作ろうとする傾向がある。その源泉は万物を生み出す無量の潜在力をたたえた場としての「空」である。その「空」なる世界に満ち溢れるエネルギーの妙なる躍動が"かたち"となって顕在化するのである。たとえば、素粒子にしても、「空」なるエネルギーからつくられ、一瞬の「仮」の姿を現じた後に消滅し、再びエネルギーへと潜在化していく」[12]。あらゆる生命空間に秘められた無限の創造力としての「空」は、縁（音波や電気的衝撃など）に応じて、「仮」と現れ、また潜在化しゆくダイナミックなものである[13]。

（2） 変化するかたちの中に潜む不変の法則

「空」の法理を用いた現象の構造についての池田先生の解釈は、現代科学に対して次のような4つの問題点を提示している。

①宇宙に起きている千変万化の現象はすべて因縁によって生滅するのである。その本性は空であり、永遠不変の固定的実体がない。現象の"かたち"に固執する科学、あるいは過去・現在・未来への流転の中で固定観念にとらわれている科学は、現象面だけに惑わされてその本質にたどり着くことができな

②かたち（仮）とエネルギー（空）の二つの視点から現象を考察しうる。かたちとエネルギーは「而二不二」の関係である。かたちは、エネルギーがある条件を媒介して形成されたものにすぎない。一定の条件に応じて具体的なかたちに顕在するエネルギーは、そのまま失われるのではなく、再びエネルギーに戻って、次のかたちを形成することができる。

③かたちとエネルギーはダイナミックな生命体である。現象は過去・現在・未来という流転にそって変化していく。現象は静止する機械のようなものではなく、時々刻々変化している中で一定の秩序を呈している生命体である。つまり、［エネルギー］→［条件］→［かたち］は、一つのサイクルとなっている。このサイクルは一定の秩序で循環する。

④かたちは記述可能、エネルギーは可知的である。一定の条件によって成り立ったかたちは、条件が変われば変化していく。その変化を記述して分析を通して、すべてのかたちに共有される性分、すべてのかたちを貫く真理を探求することが可能である。科学の目的は、各々のかたちの個体を記述するだけで満足するのではなく、宇宙に通底する真理と法則を追求することである。

5　宇宙に広がりゆく諸現象の関連性

現象は単独に存在しているのではなく、すべて他の現象との関連性のなかで存在している。物質の世界では、二つまたはそれ以上の物質が互いに力を及ぼしあうことを相互作用という。物質の基本的な相互作用としては、重力相互作用、電磁相互作用、弱い相互作用および強い相互作用の4種類があることが知られている。相互作用をその強さの順に並べると、強い相互作用、電磁相互作用、弱い相互作用、重力相互作用となる。

すべての現象をシステムとしてとらえるシステム論は、各要素の役割および要素間の相互作用を明らかにし、全体の性質を定めていく。しかし、システム論では「境界」を設けて、境界内部の要素間の相互作用および全体の振る舞い

をコントロールすることに重点を置き、環境外部との関連性を「入力」と「出力」でシンプルにとらえている。第三世代システムといわれる「オートポイエーシス（Autopoiesis）」も、境界をみずから作り出すことによって、そのつど自己を制作すると考えるのである[14]。やはり境界が必要とされ、内部と外部は明確に区別される。このように、現代科学は、現象の相互作用の範囲や程度を限定する考えである。関連性の枠組みが限られた方法論では普遍的な真理や法則を探究するには限界がある。とくに、ふるまいが予測不能、複雑で不規則な現象を対象にする「複雑系」については、非線形方程式を用いても再現できるほどの定式化ができない。たとえば、株価の変動、景気変動、非周期的な地震の発生、気象現象などの法則は今でも発見されていない。

（1）因果関係の縁起観と宇宙に広がる一念三千

　池田先生は現象間の関連性の本質について、2つの仏法の基本法理を用いて説明している。第一は、一切のものがそれぞれ他のものを縁として生起し、おのおのが相互に依存、影響しあうという「縁起観」である。仏法の基本的法理である「縁起観」は、あらゆる現象は「因」と「縁」が相互に関連し合って結果を生じるというものであり、因と縁との二因論とも、また多因論ともいわれている。現実世界におけるただ一つの因が一つの果を引き出すなどという機械論的決定論ではなく、因果の連鎖をも包含しながら、最後に多くの「縁」の関連性をとらえていくという包括的な法則といえる。多くの「縁」、または「因」「縁」との相互関連から結果を生じるから、この関連性のなかには自由度がそなわることになる[15]。

　因縁はあらかじめ予測できるだろうか。この問題について、池田先生は予測可能な因縁があれば、予測不可能な因縁もあると考えた。前者は必然性の因縁であり、後者は偶然性の因縁である。つまり、「すべての存在は、さまざまな"因"と"縁"が相互に関連しあって生起し、また消滅していくものであると見るのです。すなわち、多くの縁のなかの重要な因果の関連を「必然性」として取り出しておりますが、しかし、すべての存在は因果の「必然性」ととも

に、多くの縁との相互関連のなかに「偶然性」を包含しながら、流転していくととらえるのです。」[16]

　第二は、人間の日常の一瞬一瞬のかすかな心の動きに、三千の数で現された宇宙の一切のすがたが完全にそなわっているという「一念三千」の法理である。人の日常心（一念）に宇宙存在のすべてのあり方（三千）が含まれるとの意味である。「一念三千」は『摩訶止観』五ノ上に次のように述べられている。「此の三千は一念の心に在り、若し心無くば已みなん、介爾も心あらば即ち三千を具す」。三千の数は、迷悟の十界が互いにそなわり合って百界となり、そのそれぞれが実相の十種（十如是）をそなえて千となり、さらにそれが衆生、国土、五陰の三世間にわたっているから三千となり、この三千で宇宙の一切の現象（諸法）を表現する。

　「一念三千」について、池田先生はさらに生命論の視点から展開している[17]。「仏法では、宇宙生命という"大いなる生命体"を自己の生命の内奥に包摂しているのが、私たち人間であると説きます。私たちの身体が宇宙と同じ物質でできているのみならず、心もまた、宇宙の深層と一体だと考えております。一念とは、私たちの生命です。「三千」とは宇宙生命です。そして、私たちの生命が、物心ともに宇宙と一体である。言い換えれば、「我即宇宙」ということです」。すなわち、「一念」とは瞬間の生命である。「三千」とは、現象世界の一切をさす。衆生の生命（一念）に現象世界の一切（三千）が欠けることなく相即し不二であることをいう。

（2）　全包括主義の科学方法

　「縁起観」と「一念三千」における池田先生の新たな展開は、森羅万象からただ一つの現象を取り出し深く究明していく現代科学に対して次のような問題点を提示している。

　①いかなる現象も他の現象に依存する。科学は、その現象のみを見るのではなく、関連する複数の原因と多様な条件を包括的にとらえ考察すべきである。複数の原因や条件のそれぞれはちがう影響力をもち、すべて重要である。原因

と条件が変われば現象も影響を受ける。そして、考察される現象自身も他の現象の原因あるいは条件になる。

②現象に関連する原因と条件は、必然にそなわるものもあれば、偶然に現れるものもある。現象の生起・発展・変化・消滅における原因と条件をそのつど再チェックする必要がある。必然性ばかり重視して偶然性を軽視する方法で形成された科学は、偶然の原因と条件のまえで崩壊してしまうリスクがある。

③現象に境界を設けて関連性の範囲を限定しない。現象を考察する視野は、狭い範疇から広い範疇へと宇宙まで広がっていく。ここまでできるようになれば、その現象の個性だけではなく宇宙に共通する性分も見出すことができる。これは全包括主義の科学方法である。

6　自我を超越して真理に到達するための認識論

（1）客観現象を主観に投影する認識のしくみ

現象を考察するには人間の認識が必要となる。現象を意識し理解することを認識という。知覚や記憶のほか推理や判断をも含み、意志や情緒とともに思考の基本的な働きを意味する。認識の生理的しくみについては明確に説明されている。つまり、人間が見ている現象は、網膜に投影された映像から、人間の脳の中で三次元イメージを推定した結果なのである。すなわち、人間が見ている現象は、人間の脳の中で作り上げた心像なのである。

しかし、認識の内容については古代からさまざまな哲学議論がなされている。プラトンは認識を感性的認識と叡知的認識とに分け、真の認識は叡知的認識とした。アリストテレスは感覚や経験を重視しながらも、やはり思惟的認識を最高の認識と考えている。近世以来、認識は一般に主観と客観との関係においてとらえられている。すなわち、認識する主観と認識される対象としての客観を区別するとともに、その両者の間の相互関係において認識が成り立つと考える。

デカルトは、『方法序説』のなかで次のように述べている[18]。「明証的に真であると認めることなしには、いかなる事を真であるとして受けとらぬこと、すなわち、よく注意して速断と偏見を避けること、そうして、それを疑いいかなる隙もないほど、それほどまで明晰に、それほどまで判明に、私の心に現れるもののほかは、何ものをも私の判断に取りいれぬということ」。すなわち、「明晰判明」を真理の基準としたデカルトは、あらゆる知識の絶対確実な基礎を求めて一切を方法的に疑ったのち、疑いえぬ確実な真理を求めることを認識と考えた。

カントは、科学的認識の対象であるさまざまな現象は、現象の模写ではなく、主観の形式によって、すなわち感性や悟性の形式（時間・空間、カテゴリーなど）によって決定されていると考えた。この主観は個人的・経験的な意識主体ではなく、経験的自我の根底に向かう哲学的反省によってはじめて明らかになる意識の本質構造であり、意識一般とも呼ぶべき超越論的主観である。カントの認識論は、認識問題を主観 − 客観の関係から考察する近代の哲学的思考法を定着させた。

認識する過程で、概念・判断・推理の作用が存在する。これは、ある思想を惹起する心的過程、ある課題に対処する心的操作という「思考」である。ホッブズ（Thomas Hobbes, 1588～1679）は、「考えるとは計算することである」と述べた。ホッブズは、「考えること」は足し算と引き算の二つの演算と同じであって、「すべての思考はこれら二つの心の操作」として理解することができると考えた。ライプニッツ（Gottfried Wilhelm Leibniz, 1646～1716）は、ホッブズの思想を受け継ぎ、思考は記号を操作することであり、心のはたらきは演算であり、演算は一定の規則に従う機械的処理過程であると考えた。ライプニッツは、この考えに基づいて普遍記号学の構想を築いた。他方、パスカル（Blaise Pascal, 1623～1662）は、思考などの人間の知的営みを、記号の操作に還元することに反対した。彼は、幾何学的には扱うことのできない思考、規則の機械的適用に還元できない直観的認識の存在を主張した。またパスカルは「人間は考える葦である」と述べた。すなわち、無限な宇宙に比すれば、人間は葦の如く

弱いが、さまざまな現象を考える無限の思考能力によって宇宙を超える。

（2）　宇宙と一体となる「九識論」

　認識についての合理的または機能的議論とは別に、仏法では人間の認識は段階的で無限であると考えた。これは精緻化されている「九識論」の法理である。池田先生は、仏法の認識論からの生命の本質へのアプローチとして、「九識論」を次のように説明している[19]。

　まず、眼・耳・鼻・舌・身（皮膚）という五つの感覚器官の外界とのかかわりを「五識」とする。その五識の背後に、それらを統合する心の働きとして第六識を立てる。これは「意識」と呼ばれる。さらに、その奥に、無意識のうちに働いている"自分らしさ（アイデンティティ）"にかかわる自己保存・自己拡大の働きを見出す。西洋心理学でいう「自我」に相当するものと言える。これを第七識とし「末那識」と呼ぶ。そして、これらの識を根底から支えるエネルギーを蓄えた第八識を考える。エネルギー源は、動作（身業）、思考・感情（意業）といった行為（業）である。これを身・口・意の三業と呼んでいる。これには意識的なものも無意識的なものも含まれる。無意識のうちに受けとめたものが含まれるから、ユングのいう「集合的無意識」（無意識層深層にあるとされる人類に共通する普遍的無意識）に相当するものも含有することになる。この第八識は阿頼耶識と呼ばれる。阿頼耶とは、梵語で貯蔵庫の意味である。さらにその根底に、根源の生命力である「第九識」を立てる。この「第九識」を「根本清浄識」ともいう。

　言いかえると、眼・耳・鼻・舌・身・意の六根は、色・声・香・味・触・法の六境に縁して、見・聞・嗅・味・触・知の六識を得られる。このような六識は現在の五感および心の意識に同等すると考えられる。しかし、第七識から第九識にはとても深い法理が含まれている。第七識・末那識は、自我であると考えて執着する基盤である。この根源的自我は、つねに貪欲や慢心や悪見につきまとわれているのであるが、そのような悪心を打破すると、良心、理性に輝く「自己意識」が現れてくる。その悪心を打破する原動力を求めるため、第七識

の底を洞察する。環境と一体化しつつ拡大し、時間的にも過去を摂取しながら未来をも志向し、広大なる深層意識領域に到達する。これは第八識・阿頼耶識である。阿頼耶識はもっとも根源的な識の働きであり、心の奥底に蔵されている識である。人間生命の体験が善悪の業のなかで、善業を強化する源泉を求めて、宇宙生命そのものと一体となった自己自身は第九識を洞察している。第九識・阿摩羅識は、無垢識、清浄識と漢訳され、阿頼耶識の迷いや汚れを捨て去った清浄な境地である[20]。

（3）「九識論」からみた科学研究のあり方

①現象を認識するために、六識で直接考察し、第七識（末那識）の自我を超越して、第八識（阿頼耶識）の善をつかめ、第九識（阿摩羅識）の広大なる宇宙に到達することは、理想的である。このような認識の過程で、科学研究を推進していくべきである。しかし、宇宙生命と一体となるのはきわめて難しいことである。これを目指す方向とし、自我を超越して人間社会と地球を心に融合することは、科学研究の必須条件とすべきである。自我を超越して内なる認識を外なる宇宙と融合していくことは、真理と法則を発見する唯一の道であると考えられる。この点について池田先生は次のように述べている[21]。

「人間の心は「末那識」という個人的な深層意識の次元を超えて、他者の心と通じ合いながら、民族心、人類心から、宇宙生命そのものをも包摂している。そして、このような「小宇宙（内なるコスモス）」に脈動する「因果の法則」を、仏法の智慧は洞察したのです。」

②現象を認識するために、過去の経験、既存の知識、周囲の助言を大きな成果につながる因縁として重視して吸収する必要がある。また認識の過程を過去、現在、未来によって分断しない。過去の実績あるいは現在の成果だけで認識を満足しない。未来を見据えて、永遠に善となる科学への志向は重要である。このことについて池田先生は次のように述べている[22]。

「現在の瞬間の「一念」に、民族や人類の過去からの経験がことごとく内包され、同時に未来永遠の流転を志向していくのです。この「一念」に内包さ

れる「因果律」が、象徴的なイメージとして現れるのが、「未来のことをしらしめんとする」、天が与えた「夢」だと思います。」

7　現代科学を善へリードする仏法原理を求めて

　科学は進歩をもたらすだけではなく、環境と人間を破壊する可能性を含んでいることが、現在充分に明らかになってきている。たとえば、原子物理学や素粒子論などの科学の研究成果が、人類全体にとっても恐るべき脅威となる核兵器の開発に直接かかわっている。巨大産業のなかで威力を発揮する科学の成果が、環境破壊や公害を生み出している。遺伝子の分子生物学的研究がもたらす生命操作は人間の尊厳を踏みにじる。これらの悪影響は、科学成果の応用方法に問題があり、誤った応用に起因しているととらえ、科学そのものを批判すべきでないとの考えもある。しかし、これらは応用の結果であるとすれば、その因をなすのは科学である。科学は批判から逃れることができない。

　科学者の社会的責任についての論議の始まりは「ラッセル・アインシュタイン宣言」である[23]。ラッセル・アインシュタイン宣言は、水爆の開発によりさらに破壊力の増した核兵器の現状を認識し、人類破滅の道を防ぐ方策を探る提案である。この宣言の精神に基づき東西の科学者たちによって1957年に第1回パグウォッシュ会議が開かれ、三つの議題が論じられた。第一は「原子エネルギーの利用の結果起こる障害の危険」、第二は「核兵器の管理」、そして第三は「科学者の社会的責任」の問題である。

　現代では科学とその技術的応用が密接になったため、科学者の研究成果はさまざまな形で、社会全体に、また人々の日常生活に大きな影響を及ぼしている。たとえば、核兵器やクローン人間のような科学技術について、人類は一歩あやまれば絶滅しかねない瀬戸際に追い込まれる。科学者は好むと好まざるとにかかわらず、社会に深く組み込まれた存在となっているわけであり、その影響も過去とは比べものにならないほど大きくなっているのである。このような状況のなかで、科学者の社会的責任が、世界科学労働者連盟や国際学術連合

会議によって明確にした「科学者憲章」が提案されている。日本学術会議も1980 年に「科学者憲章」を採択し、次の 5 項目の遵守がうたわれている。①自己の研究の意義と目的を自覚し、人類の福祉と世界の平和に貢献する。②学問の自由を擁護し、研究における創意を尊重する。③諸科学の調和ある発展を重んじ、科学の精神と知識の普及を図る。④科学の無視と乱用を警戒し、それらの危険を排除するよう努力する。⑤科学の国際性を重んじ、世界の科学者との交流に努める[24]。

　生命科学、ロボット工学、ナノテックなどの新興分野は、21 世紀の科学に更なる発達を促している。科学者の社会的責任を守るには、「科学者憲章」だけでは不十分であり、「科学倫理」も必要となってくる。科学と技術を悪に向かわせず、善の方向に導くための科学倫理について、池田先生は次のように提言している。

　①人間の尊厳を重視すること。科学または科学者は自分のために他人を犠牲してはいけない、尊厳のある主体としての人間を手段にしてはいけないということである。

　「仏法において「人間の尊厳」は、次の二つの観点から基礎付けられております。第一には、「縁起」の思想です。人間は他の人々と、相互に依存しあい、助け合いながら、生きていく存在です。したがって、他者を犠牲にして、自分の欲望を満たしてはならないのです。第二に仏法では、人間は、それ自身として尊厳であり、手段化を許さない存在であるととらえます。仏法では、すべての人間は「仏性」を内在するゆえに「尊厳」であると主張するのです。この「仏性」という無限の可能性は、その内発する自律性によって、多様な姿を現します。「クローン人間」は、この人間の自律性と多様性を否定するゆえに、「人間の尊厳」に反するのです。」[25]

　②生命の調和を維持すること。宇宙と一体となった生命に固有のリズムを生成し、生命自身にもダイナミズムを有する。科学はこのようなリズムとダイナミズムを破壊してはいけない。

　「仏教では「宇宙即我」の法理を説き、本来、宇宙と人間とは一体であると

し、心の広大さを明らかにしています。空間的には十方の広がりが、時間的には過去・現在・未来と三世にわたる悠久の流れが、一瞬の心の中に収まっています。…どの生命も絶妙なリズムを奏でています。」26)

「仏法でも、"調和"を生命の健全な状態として重視しています。生命がダイナミックな調和をかなでるとき、そこには生の創造への輝きがあります。…調和が乱れると、さまざまな病気を引き起こします。調和、「和合」がまったく破壊されてしまうと"死"を迎えると考えます。」27)

③環境との共生を守ること。環境と人間は一体である。環境の破壊は生命の破壊にほかならず、生命の破壊は環境破壊を引き起こす。

「環境（依報）と生命体（正報）は相互に影響しあいつつも、その基底においては、一体であることをしめされているのです。仏法では「依正不二」の法理と呼んでいます。…今や人類は、「依正不二」の法理にのっとって、地球生態系としての環境との調和、共存を創出しなければ、人類のみならず地球上の生物の危機をもたらすと思います。」28)

④慈悲の心を持つこと。人々に楽を与えるのを慈といい、苦を抜くのを悲という。慈悲は「抜苦与楽」と同じ意味である。池田先生は、他者の尊厳性に立脚して、ともに"人生苦"を超克しゆく行為が"慈悲"であるとしている。

「その惑星上に生を受けた知的生命体が、平和を志向する哲学・宗教をもち、慈悲の精神に満ちている状態でなければ、高度科学技術文明の安定性は望み得ないでしょう。知的生命体がエゴと傲慢に支配されていたのでは、〈核〉を悪用して自己の文明そのものを破壊してしまうからです。」29)

8　現代科学を方向づける池田先生の科学観

　進化論をはじめ、相対論、量子論、システム論、生命論などの華々しい科学成果は現代文明をささえている。しかし、現代科学がどうあるべきか決して明確ではない。一つは、核の危機および環境汚染などの問題を生み出した後、つねに善であったはずの科学に対する批判と疑問が多くなっている。もう一つ

は、森羅万象に潜在している真理と法則を探求するための正しい科学観がまだ確立されていない。

デカルトは『方法序説』のなかで次のように述べている[30]。「私の研究しようとする問題のおのおのを、できうるかぎり多くの、そうして、それらのものをよりよく解決するために求められるかぎり細かな、小部分に分割すること。…最後のものは、何一つ私はとり落とさなかったと保証されるほど、どの部分についても完全な枚挙を、全般にわたって余すところなき再検査を、あらゆる場合に行うこと」。デカルトが打ち出した科学観は、機械論や要素還元主義を経て、現在のシステム論にたどり着いている。しかし、人工的に開発された交通や証券取引システムのようなさまざまなシステムは、障害が発生し、人間社会へのリスクと危険が高まっている。ゆえに21世紀にふさわしい科学観が必要とされている。

池田先生は、人間本来の理想的な生き方は、小宇宙である人間が自己を大宇宙の妙なるリズムに合致させゆくことによって、幸福への軌道を歩んでいくことであると述べている[31]。これを拠りどころとして、科学の本来のあり方も、個別現象の特殊性への考察を通じて宇宙の永遠真理に到達し、人間社会に貢献することであろう。宇宙、生命、仏法の三つの永遠の概念を融合した池田先生の科学観は、現代科学の発展と進歩の指針になると考えられる。その科学観の主要構成を次の4点にまとめてみる。

①科学が直接考察している千変万化の現象は、"かたち"と"エネルギー"のダイナミックな生命体である。かたちはエネルギーがある条件を媒介して創り出したものである。かたちや固定観念にとらわれるのではなく、潜在しているエネルギーに目を向けることである。かたちに対する分析を通してすべてのかたちに共有される性分（真理）を探求することが科学の目的である。

②いかなる現象も他の現象に依存して互いに原因や条件となる。原因と条件は、必然にそなわるものがあれば、偶然に現れるものもある。必然性ばかり重視して偶然性を軽視する科学は崩壊するリスクが高い。また、現象に境界を設けて関連性を限定せずに、宇宙まで広がりゆく全包括主義の思考で現象を考察

する。

　③自我を超越して人間、地球、宇宙を心に融合することは、人間社会および宇宙に通じる法則を発見するための必須条件である。これは、自分の内なる認識を外なる宇宙と融合していくことである。その認識は、過去の経験、現在の知識、未来の予見を互いにリンクして、未来志向である。

　④善の科学を守るためには4つの倫理が重要である。他人を犠牲にしない、手段にしない、人間の尊厳を重視すること。生命自身のダイナミズムおよび宇宙のリズムを壊さずに生命の調和を維持すること。環境と人間は一体であり、環境との共生を守ること。人々に楽を与え、苦を抜く慈悲の心を持つこと。

　宇宙、生命、仏法の三つの永遠の概念を融合して人類の科学の法則となる池田先生の深遠賢明の科学観をまとめるのは、小論にとってきわめて困難な試みである。捨象された重要な思想は多くあるかもしれない。これらを今後の課題としてさらに研究したいと考える。

注

1) ヒューマノイドは、もともと外見が人間に似た宇宙人の意味だが、現在では人間のような形をしたロボットを指している。経済産業省では1998年から5年間、国家プロジェクトで、「HRPプロジェクト」と呼ばれる人間型ロボットの開発を推進してきた。これは現在のヒューマノイド研究開発の基盤となっている。ロボット共存社会については、『ロボット学創成』77-120ページ（井上博允・金出武雄・安西祐一郎・瀬名秀明著、岩波書店2004）を参照されたい。また、ロボットは人間になれるかについての議論は、『ロボットは心を持つか』171-196ページ（喜多村直著、共立出版、2000年）を参照されたい。
2) ビル・マッキベンは『人間の終焉』を著し、批判的立場から高度発達の現代科学をとらえ、人間社会におよぼす影響の深さを生々しく描いた（『人間の終焉』—テクノロジーは、もう十分だ！山下篤子訳、河出書房新社、2005年）。
3) 科学の歴史を説明するために、トーマス・クーン（Thomas S. Kuhn, 1922〜1996）は、「パラダイム（paradigm）」という概念を考案した。クーンは科学の営みをノーマルサイエンスと革命の繰り返しとして描き、パラダイムの移行として理解した。たとえば、アインシュタインの相対論はこれまでの科学の常識を根本的に覆し、科学の革命を引き起こした。それを受けて科学者たちは従来の考え方とアプローチから脱出して、新しい視点の枠組みにたって、研究を続けるようになる。この枠組みがパラダイムと呼ばれる。クーンによれば、科学

の歴史はパラダイム移行の歴史である。
4）科学観の歴史的変遷における詳細分析については、『科学革命の構造』（トーマス・クーン著、中山茂訳、みすず書房、1971年）、『パラダイム・ブック』（C+Fコミュニケーションズ編著、日本実業出版社、1996年）を参考されたい。
5）アーサー・ケストラーはイギリスの小説家・ジャーナリストである。「ホロン（holon）」という概念および要素還元主義の批判については、彼が編著した歴史上の名著『還元主義を超えて』（池田善昭監訳、工作舎、1984年）を参考されたい。
6）システム論についての詳細は、『情報システム概論』（劉継生、木村富美子、創価大学、2005年）30-56ページを参照されたい。
7）ヘーゲル『論理学』哲学の集大成・要綱第一部§131、長谷川宏訳、作品社、2002年、290ページ。
8）池田大作『仏教思想の源流』（財）東洋哲学研究所、1978年、24ページ。
9）池田大作『仏法と宇宙を語る』第三巻、潮出版社、1984年、114-127ページ。
10）アナトーリ・A・ログノフ、池田大作『科学と宗教』上、潮出版社、1994年、82ページ。
11）同書、86ページ。
12）同書、89-91ページ。
13）同書、91ページ。
14）N. ルーマン『社会システム理論』（上）、佐藤勉監訳、恒星社厚生閣、1997年、345-350ページ。
15）C.ウィックラマシンゲ、池田大作『「宇宙」と「人間」のロマンを語る―天文学と仏教の対話』、1992年、『池田大作全集』第103巻、聖教新聞社、2000年、127ページ。
16）ルネ・シマー、ギー・ブルジョ、池田大作『健康と人生―生老病死を語る』、2000年、『池田大学全集』第107巻、聖教新聞社、2003年、463ページ。
17）同書、379-380ページ。
18）デカルト『方法序説』（落合太郎訳）、岩波文庫、1967年、29ページ。
19）ルネ・シマー、ギー・ブルジョ、池田大作、同書、430ページ。
20）同書、531ページ。
21）アナトーリ・A・ログノフ、池田大作、同書、108-109ページ。
22）同書、109ページ。
23）L.ポーリング／池田大作『生命の世紀への探求』、読売新聞社、1990年、81-84ページ。
24）日本学術会議は1980年4月24日、科学者憲章についての声明を採択し、自ら負う責務を倫理綱領的な憲章という形で国民の前に明らかにするとともに、科学者の同調を訴えた。「科学は、合理と実証をむねとして、真理を探求し、また、その成果を応用することによって、人間の生活を豊かにする。科学におけ

る真理の探求とその成果の応用は、人間の最も高度に発達した知的活動に属し、これに携わる科学者は、真実を尊重し、独断を排し、真理に対する純粋にして厳正な精神を堅持するよう、努めなければならない。」

25) ルネ・シマー、ギー・ブルジョ、池田大作、同書、349ページ。
26) C.ウィックラマシンゲ、池田大作、同書、29ページ。
27) ルネ・シマー、ギー・ブルジョ、池田大作、同書、259ページ。
28) ルネ・シマー、ギー・ブルジョ、池田大作、同書、369ページ。
29) C.ウィックラマシンゲ、池田大作、同書、58ページ。
30) デカルト、同書、29-30ページ。
31) C.ウィックラマシンゲ、池田大作、同書、182ページ。

第2章

近代科学技術文明の危機と宗教
―池田大作先生の文明間対話―

宮　川　真　一

「20世紀は『戦争と平和』『政治と経済』の時代であった。来るべき21世紀は、『人間と文化』『科学と宗教』が焦点になってこよう。科学と宗教の関係はいかにあるべきか、何が求められているのか―21世紀を目前に控えた今、新たな視点から問い直すべき喫緊の課題がそこにある。」（池田大作「まえがき」アナトーリ・A・ログノフ／池田大作『科学と宗教』（上）潮出版社、1994年。）

はじめに

　1970年代以降、近代科学を批判して物質至上主義を転換しようとする「ニューサイエンス」運動なども背景に、「科学と宗教」という問題が日本においてもさまざまな意味で注目されてきた。精神医学のユング派に属する河合隼雄氏は1986年に『宗教と科学の接点』を出版した。その中で「宗教と科学の問題は21世紀の人類を考える上で極めて重要であり、現在において誰しも真剣にとりあげねばならぬ問題である」と述べ、大いに話題となったものである[1]。河合氏も編集委員に名を連ねる『岩波講座 宗教と科学』全10巻と別巻2巻が刊行されたのは、1992年から1993年にかけてであった[2]。

　神川正彦氏は「〈科学文明〉ないし〈科学技術文明〉と時に称される現代文明の脅威が、その行く手に巨大な影を投げかけている」今日の状況をふまえ、「問題は、単に、〈科学と宗教〉という、個別的な要因のかかわりではなく、むしろ本来的には、文明のあり方から反省されねばならないところにきてい

る」ことを指摘する。もちろんこうした根底にある問題性が一般に自覚されているわけではなく、往々にして社会現象として表面にあらわれてきた宗教と科学との関係が取り沙汰されているにすぎない。しかし「現代の歴史的精神状況は現代文明のあり方を問い出しているのであり、したがって科学や宗教という個別的な要因もまたはっきりと文明とのかかわりにおいて問われざるをえない」のである[3]。

　池田大作先生の1600回を超える文明間対話においては、「科学と宗教」をはじめ多種多彩な話題が展開されている。日本で刊行された池田先生の文明間対談集は、表1のようにすでに38点にのぼるものとなっている。本稿は、これら文明間対談集において表出される池田先生の「科学と宗教」観を考察するものである。まず近代科学技術文明が人類史の中でいかに位置づけられるかを確認し、次いで現代世界における宗教復興の動向を概観する。そして池田先生が近代科学技術文明をどのように捉えられ、現代のグローバルな危機的状況を超克して「地球文明」を生み出すいかなる「世界宗教」像を提示されているか、検討していこう。その際、「科学と宗教」を本格的に論じた対談集として、トインビー、ユイグ、ウィルソン、ウィックラマシンゲ、ログノフら、現代世界を代表する識者たちとの語らいが紐解かれるであろう。

1　近代科学技術文明の位置づけ

　比較文明学会名誉会長の伊東俊太郎氏は、「新しい人類史の時代区分――5つの『革命』について」と題する論考の中で、人類史を次のように大きく区分することを提唱している。

表1　池田先生の文明間対談集[4]

	出版年	タイトル	対話者
1	1972	文明・西と東	ヨーロッパ統合の父　カレルギー博士（オーストリア）
2	1975	二十一世紀への対話	20世紀最大の歴史家　トインビー博士（イギリス）
3	1976	人間革命と人間の条件	行動する作家　マルロー氏（フランス）

4	1981	闇は暁を求めて	世界的美術史家　ユイグ氏（フランス）
5	1984	二十一世紀への警鐘	ローマクラブ創始者　ペッチェイ博士（イタリア）
6	1985	社会と宗教　上・下	国際宗教社会学会名誉会長　ウィルソン博士（イギリス）
7	1987	第三の虹の橋	モスクワ大学総長　ログノフ博士（ロシア）
8	1987	「平和」と「人生」と「哲学」を語る	アメリカ国務長官　キッシンジャー博士（アメリカ）
9	1988	内なる世界	世界ヒンディー語財団会長　シン博士（インド）
10	1989	二十一世紀への人間と哲学　上・下	ボン大学名誉教授　デルボラフ博士（ドイツ）
11	1990	「生命の世紀」への探求	ノーベル化学・平和賞受賞者　ポーリング博士（アメリカ）
12	1990	敦煌の光彩	敦煌研究院名誉院長　常書鴻氏（中国）
13	1991	世界市民の対話	アメリカの良心　カズンズ博士（アメリカ）
14	1991	大いなる魂の詩　上・下	ロシアの文豪　アイトマートフ氏（キルギス）
15	1992	「宇宙」と「人間」のロマンを語る　上・下	世界的天文学者　ウィックラマシンゲ博士（スリランカ）
16	1994	科学と宗教　上・下	モスクワ大学総長　ログノフ博士（ロシア）
17	1995	二十一世紀の人権を語る	ブラジル文学アカデミー総裁　アタイデ氏（ブラジル）
18	1995	平和への選択	平和学の父　ガルトゥング博士（ノルウェー）
19	1996	二十世紀の精神の教訓　上・下	ソ連大統領　ゴルバチョフ氏（ロシア）
20	1997	太平洋の旭日	チリ大統領　エイルウィン氏（チリ）
21	1998	旭日の世紀を求めて	武侠小説の中国の文豪　金庸氏（中国）
22	1998	子どもの世界	国際児童基金協会総裁　リハーノフ氏（ロシア）
23	1999	美しき獅子の魂	ソフィア大学教授　ジュロヴァ博士（ブルガリア）
24	2000	健康と人生	モントリオール大学学長　シマー博士（カナダ）　モントリオール大学教授　ブルジョ博士（カナダ）
25	2000	二十一世紀への選択	ハワイ大学教授　テヘラニアン博士（イラン）
26	2001	カリブの太陽　正義の詩	ホセ・マルティ研究所所長　ヴィティエール博士（キューバ）
27	2001	希望の選択	核時代平和財団所長　クリーガー氏（アメリカ）
28	2002	新しき人類を　新しき世界を	モスクワ大学総長　サドーヴニチィ博士（ロシア）

29	2002	東洋の智慧を語る	インド学・仏教学の世界的権威　季羨林博士（中国）　法華経写本研究の世界的権威　蔣忠新博士（中国）
30	2002	東洋の哲学を語る	インド文化国際アカデミー理事長　チャンドラ博士（インド）
31	2002	希望の世紀へ　宝の架け橋	国立済州大学総長　趙文富博士（韓国）
32	2003	地球対談　輝く女性の世紀へ	行動する未来学者　ヘンダーソン博士（アメリカ）
33	2004	学は光	モスクワ大学総長　サドーヴニチィ博士（ロシア）
34	2004	宇宙と地球と人間	宇宙飛行士　セレブロフ博士（ロシア）
35	2005	人間と文化の虹の架け橋	国立済州大学総長　趙文富博士（韓国）
36	2005	インドの精神	世界法律家協会名誉会長　ナンダ教授（インド）
37	2005	人間主義の大世紀を	著名な経済学者　ガルブレイス博士（アメリカ）
38	2005	見つめあう　西と東	ローマクラブ名誉会長　ホフライトネル博士（スペイン）

※役職名等は現在とは異なるものがある。

　第1期は「人類革命」から「農業革命」まで（前200万年〜前1万年）である。この時期に4つの人種が形成され、この時代の人類は狩猟採集を生活の糧とし、石器、火、調理を開発した。第2期は「農業革命」から「都市革命」まで（前1万年〜前3500年）である。この時期は東南アジア、西アフリカ、メソポタミア、新大陸で野生植物の栽培化が進んで農業が始まり、牧畜も開始された。農具、土器も製作されるようになる。第3期は「都市革命」から「精神革命」まで（前3500年〜前800年）である。この時期にはメソポタミア、エジプト、インド、中国に都市文明が成立した。ここに初めて王が出現して国家が誕生し、社会の階層化が進み、文字をはじめとする知的装備が開発され、商業が盛んになる。また、精神的統合の原理として宗教の体系が生み出される。ここに初めて人類は未開から文明へ移行したのである[5]。第4期は「精神革命」から「科学革命」まで（前800年〜1600年）である。ヤスパースはこの時期を「枢軸の時代」と呼んだ。前800年から前200年にかけてギリシャ、インド、中国、パレスチナにおいてほぼ並行して深い体系的な思想がはじめて生まれ出ている[6]。

　第5期は「科学革命」以後（1600年〜1950年）である。かつて西欧文明は、

ローマおよびシリア文明の周辺文明[7]として出発した。西欧文明の誕生は、カール大帝が西ローマ帝国の理念を復興し、カトリック世界を統一した8〜9世紀にもとめられる。アラビアを経てギリシア文明が入ってきた「十二世紀ルネサンス」において、西欧文明は本格的に文化的離陸を開始する。そして17世紀の宗教戦争とそれに続く世俗化[8]、「科学革命」によって近代世界の知的センターとなり、18世紀に啓蒙思想を創出するとともに経済的には「産業革命」を遂げた。西欧国民国家はこの資本主義的拡張によって、地球のほとんどをその支配下におき、19世紀は世界のいたるところが西欧文明の「周辺文明」と化するがごとき観を呈した時代といえよう[9]。

ここで「近代科学」とは、近代西欧で生まれた経験的事実についての新しい説明体系の総称である。その中核をなすのは自然現象についての説明体系であるが、心理現象や社会現象も含む現象一般の説明体系として考えるのが適切であり、今日の科学的方法の根幹をなしている。近代科学は西欧社会と並行して発展してきたのであり、近代科学の思想的基盤は西欧近代社会を支える思想的基盤でもあった。それは第1に、主体と客体の分離である。これは認識主体と認識対象の分離といってもよく、これによって対象に対する観察・実験が可能になった。第2に、要素還元主義である。これは対象を捉える際に対象を丸ごと捉えるのではなく、対象を構成する要素に注目して、要素の働きや要素間の相互連関によって対象を捉えようとする方法である。第3に、自然を支配し加工するという自然観である。これは自然と人間を分離するというキリスト教的な世界観に基づくものであり、人間は神によってつくり出された自然を人間に便利なように加工していくという考え方である[10]。

こうした近代科学の発展のなかで最も注目されたのは、近代科学が技術との密接な結びつきを示すようになったことである。技術とは、科学的知識が人間の社会生活に適用されたものであり、近代産業社会はこの近代的な科学・技術なしには誕生しなかったと考えられる。近代科学への批判は19世紀末以降、近代科学のもつ極めて楽観主義的な科学信仰への懐疑として提出されてきたが、とくに20世紀後半以降の世界が環境破壊、「成長の限界」という現実に直

面してからであった。それゆえ現代は、近代科学の見直し、科学の再編が喫緊の課題となっている時期であるといえよう[11]。

2　現代世界における宗教復興

現代世界における近代科学の権威喪失に呼応するかのように、20世紀の後半から世界各地において「宗教復興」、より厳密に言えば、政治的次元における宗教的諸勢力の顕在化・活性化の現象と、政治次元における宗教化の現象が観察されている。従来の研究では、世俗化や政教分離を前提とする近代国家およびそれを行為主体とする国際システムにおいては、宗教が果たす役割は非常に小さいということになっていた。「中世」は「宗教の時代」であり、それを超克したところに近現代の政治のあることが自明視されていたからである。この前提は、20世紀後半における「宗教復興」によって大きく揺らぐことになる[12]。

20世紀末の世界に生起しつつある「宗教復興」の動向が暗示する意味を、中野実氏は次のように整理している。①政治の世俗化を進め、「理性と合理性」への信頼によって創出されてきた近代的な政治・経済システムは、必ずしも公正な富の配分、世界の安定と平和の配分、環境の保全を保障しなかった。②近代的政治・経済システムに組み込まれ、長く植民地支配下に置かれた第三世界の多くの諸国も西欧型の政治・経済システムを採り入れ、「主権国家」としての体裁を整えたものの首尾よく「国民」形成をなし得ず、内部矛盾が一挙に吹き出しつつある。これは旧社会主義諸国にも概ね妥当する。③民族－宗教的要因によって国民国家の矛盾や擬制が明らかにされ、国家が動揺している事例は、「エスノ・ナショナリズム」運動として先進工業諸国にも見られる。④近代的システムそのものがその原理においても制度・機構においても根本的な問題を内包しているのではないかと考えられる。⑤とりわけ民族－宗教的な要因は、単に近代システムのもつ本来的な欠陥や逆機能に対する反作用だけでなく、もう少し根本的なアンチテーゼが示唆されている。それは、「近代」その

ものの揺らぎ、行き詰まりを予感する懐疑であり、近代システムが約束・予定する「発展」とは異なる方向への流れが確実に強く流れ始めていると見ることができる[13]。

現代世界における宗教復興の特徴を中野毅氏に従って整理すれば、第1に、民族主義またはナショナリズムの台頭と深く結びついている点にある。旧ユーゴの状況は、伝統宗教と各民族とが再結合して敵対的な民族主義が勃興している典型的な事態である。宗教が再びナショナリズムの源泉として利用され、その結果として、社会の主流派的宗教伝統と異なる新宗教運動が抑圧・排斥される事態も顕著に見られるようになった。第2に、聖典の無謬性と文字どおりの受容を至上のものとして主張し、合理主義をある意味では否定して社会生活全体を宗教的倫理で律しようとする「ファンダメンタリズム」が台頭してきたことである。第3に、国境を越えて各地で展開しているさまざまな新宗教の多くが、近代西欧文明を支えた、絶対神への信仰を背景とする禁欲的プロテスタンティズム的なものではなく、人間や自然に内在する神秘的な力や霊性を強調する宗教運動であることである[14]。

21世紀を迎えた現在、17世紀以来の近代の科学技術文明は限界を露呈し、人類はさらにもう一つの新しい文明を模索している[15]。伊東俊太郎氏によれば、現代という第6の文明転換期は、人間の生き方の根本的な変革を要求している。それは「心と物の調和」「精神と物質の統合」であるとし、次のように述べている。

「『科学革命』以後の近代科学技術文明は、物質・エネルギーの極大を求め、そのことにより人間の福祉を増大しようとしたが、そのことは同時に自然を搾取して生態学的危機を生ぜしめたのみでなく、精神的な価値をますます稀薄なものにしている。先進国においても物質的豊富さと裏腹にさまざまな精神的アノミーが発生している。『情報革命』も同様であって、情報ばかり多くなっても、心はますます空虚になり、他律的な情報にふりまわされて自律性を失い、人間は無気力になって生きがいを消失してゆく危険もある。物質や情報のような外的なものが豊富になればなるほど、人間はその内部を充実

させて自立し、それらの外的な豊富さを心の内的価値と結びつけ、それらをコントロールしてゆかねばならない。そのようにして『心と物』との両面において調和した豊かさをもつことが、真の人間であろう。これを筆者は『人間革命』Human Revolution とよび、第6の文明の変革期の象徴としたい。……そしてこのような『心と物の統合』というとき、古くから東洋の精神文化の伝統を受け入れ、かつまた近代において西洋の科学技術を吸収しその先端に立つ日本は、この新たな統合の文明史的課題を担っていると言えるであろう[16)]。」

3 『21世紀への対話』

『21世紀への対話』と題するトインビー・池田対談は、1975年に刊行されている。共著者アーノルド・トインビー博士は1889年、ロンドンに生まれた。オックスフォード大学を卒業し、ロンドン大学教授、王立国際問題研究所研究部長などを歴任している。主著に『歴史の研究』（全12巻）がある。博士は比較文明学の開拓者として、20世紀最高峰の歴史家と評価されている。多種多彩な話題を扱う『21世紀への対話』は世界26言語に翻訳されており、「人類の教科書」とも評される。その対話は「人生と社会」、「政治と世界」、「哲学と宗教」の3部から構成されている。

第3部第2章「宗教の役割」において、近代西欧の宗教について池田先生は次のように問題提起している。

「宗教は常に文明の源泉であり、創造性の原動力となってきましたが、これに反して近代以後の西欧文明は、むしろ宗教からの離脱を起点としているいわば非宗教的文明とみることができます。これは否めない事実であると思いますし、実際に本来の意味での"宗教"の喪失が賛否両方の意味で、議論の的となっています。しかし、もう一歩"宗教"の概念を広げて考えてみると、近代科学技術文明も、それなりの"宗教"をもっているとみることができると思うのです。たとえば、物質的な富への憧憬、科学の進歩への信念と

いったものは、現代人の"宗教"となっているといえるのではないでしょうか。……宗教の本質的なものは、人間の生き方に関する思想的側面であるはずです。この観点から現代人の物質的富への憧憬や科学的進歩への信念といったものをみると、それが現代文明において果たしている役割は、まさに宗教と何ら変わるところがないように思われるのです[17]。」

　これに賛同するトインビー博士は、キリスト教が西欧文明の事実上唯一の宗教として、17世紀後半まで存続してきたこと、しかし17世紀末から現代に至るまでにキリスト教の退潮傾向は次第に顕著となっていったことに触れつつ、次のように述べる。「私の見解では、17世紀におけるキリスト教の後退によって西欧に生じた空白は、3つの別の宗教によって埋められました。その1つは、技術に対する科学の組織的応用から生まれる進歩の必然性への信仰であり、もう1つはナショナリズム（国家主義）であり、他の1つが共産主義です」。池田先生はこの見解を受け入れ、キリスト教、イスラム教、仏教などの古い宗教に比べて、科学の進歩への信仰、ナショナリズム、共産主義という新しい宗教がもつ共通点を指摘する。それは「古い宗教がいずれも人間の欲望を規制し、自己を抑制することを基調としていたのに対して、新しい宗教は欲望を解放し、充足する手段として生まれた、あるいは用いられてきた性格がある」ということだ。この基本的な性格の中に、これら新しい宗教が直面している問題の本質があると池田先生は主張する[18]。

　この見解に同意するトインビー博士は、新しい種類の宗教が必要だと感じているという。博士によれば、近代西欧に起源をもつ現代文明の世界的普及によって、人類はいま、歴史上初めて社会的に一体化されている。そして、現在の宗教がいずれも満足のいくものでないことがわかったため、人類の未来の宗教はいったい何なのかという疑問が生じている。この未来の宗教は、必ずしもまったく新しい宗教である必要はない。新しい文明を生み出し、それを支えていくべき未来の宗教というものは、人類の生存をいま深刻に脅かしている諸悪と対決し、これらを克服する力を、人類に与えるものでなければならない。これら諸悪のうち最も恐るべきものは、人類の歴史のなかで最も古くからあるも

のだ。すなわち、貪欲、戦争、社会的不公正である。そしてまた、これらと同様に恐ろしい新たな悪は、人間が己の欲望を満足させるために、科学を技術に応用してつくり出した人為的環境である[19]。

このトインビー博士の見解に共鳴しつつ、池田先生は次のように述べる。
「貪欲は人間の内面にあるものであり、戦争や社会的差別は人間対人間、つまり社会の次元にあるものであり、環境破壊は人間対自然の関係に生じる問題です。この自己―社会―環境という３つの範疇について、仏法では"三世間"として説き明かしています。人間の自己との関係において生ずる多様性を"五陰世間"といい、人間と他の人間あるいは社会との関係におけるそれを"衆生世間"、そして人間と自然的環境との関係におけるそれを"国土世間"といっております。ここで"世間"とは差別、多様性という意味ですが、これら３つの"世間"が生命存在にとって不可欠の要素だというのです。しかも、それらのいずれにおける事象も、すべて他の２つに関連してくるわけです。結局、私は、この３つの関係を正常なものとすることに、最大の努力を注がなければならないと信ずるのです。そして、そのためには、人間一人一人が、自己の生命の内奥からの変革を目指さなければならないでしょう。これを可能にする宗教こそ、未来に望まれる真の宗教たりうると思います[20]。」

4 『闇は暁を求めて』

ユイグ・池田対談『闇は暁を求めて』が出版されたのは、1981年のことである。対話者のルネ・ユイグ氏はアカデミーフランセーズ会員、コレージュ・ド・フランス教授、国立博物館協議会会長、芸術家連盟名誉会長を歴任した。美術映画国際教会の創立者でもあった。著書に『見えるものとの対話』、『イメージの力』、『芸術と人間』、『形と力』などがある。『闇は暁を求めて』は６部から構成されており、それぞれ「現代の危機」、「危機の歴史的意味」、「危機に直面する社会」、「人間の再発見」、「芸術的創造」、「宗教的飛躍」とのタイトルが

付されている。

　第2部第2章「産業時代とその欠陥」において、池田先生は近代科学技術文明における「科学と宗教」について次のように論じている。

「私は、自然科学の進歩と技術の発達の背景には、西洋独特の自然観を支えた神の意思という考えと、人間の欲望充足への衝動との結合があったのではないかと思っています。そこでは、神の意思に従った自然支配への努力が、そのまま人間の欲望充足の行為と重なっているとさえ考えられ、そのために西洋は絶対的な自己肯定の確信をもって、その欲望充足の行為を正義として行ないえた、——それが西洋近代のエネルギーではなかったかということです。

　人間は科学によってやがて神の束縛から脱し、さらには神そのものを追放して、かわりに科学を生み出した理性をその位置にとらえましたが、その理性の背後には、やはり、欲望が控えたままであったと思います。科学は神の束縛から放たれて理性をその基礎とすることによって、それまでの制約をとり払い、思うがままの一人歩きをはじめることになったのです。

　理性ということばからは、私たちは磨きぬかれた精神のもつ誤りなき判断力というイメージをいだき、そこに絶対的な信頼の基盤を据えうるように考えがちですが、そこには大きな錯覚があると思います。人間がなにかについて判断する場合、判断の行為は理性に導かれても、その基盤としては理性以前のなかに立っています。多くの場合、現実には欲望がその基盤になっており、それを正当化し、それを効果的に実現するために、理性による判断力を働かせているのです。つまり近代科学技術文明は、結局、人間の欲望をその推進力としてきたのではないかということです。

　しかも、神の束縛は脱しても、自然を人間と切りはなしてとらえ、人間のために利用すべきものであるとする聖書の思考の殻だけは引きずっているのです。神という歯止めを捨て去っただけ、自然からの簒奪は、いっそう激しくなったといえるでしょう。そして、現代文明における最大の問題は、この人間の欲望をどのように制御するのか、そもそも制御できるのかということ

です[21)]。」

　このように、近代科学技術文明の推進力となったのは人間の欲望であり、この欲望の制御が現代人にとって大きな課題となっている。これを受けてユイグ氏は、現代の人間の欠陥はエゴイズムに翻弄されて環境を破壊しつつあるのみならず、このエゴに思慮を狂わされ自らの貪欲に身をゆだねていることにあると応じる[22)]。

　さらに池田先生は、科学技術文明の限界について論及する。科学技術文明は、このわずか数十年の間に過去5千年の農業文明の進歩をはるかにしのぐ発展を遂げ、同時に"人間―自然"の関係を"人間―機械―自然"の関係に切りかえた。科学技術文明によって、自然は否応なく征服されてしまった。自然を克服した人間は万能であるかのように錯覚し、尊大にふるまうようになった。ところが今日、技術の歪みがさまざまな災いをもたらしはじめている。いうまでもなく人間自身は自然の一部である。であるならば、人間は自然に対して征服という姿勢ではなく、協調しあっていくという態度を根本としていくべきであろう。そのために自己の内面に自らの傲慢を規制する契機をもつことが重要であると主張する[23)]。

　そこで池田先生は人間の欲望を制御するという点に関し、仏教の見方を提示する。

「現代人が無限に欲望を追求することを是とするのは、本能的な欲望の充足をもって幸福の究極と信じているからだと私は考えます。本能的な欲望とは、いいかえれば五感への快い刺激を求めることであり、この刺激はやがて慣れによって不満足なものとなり、より強いつぎの刺激が求められることになります。またこの満足感は蓄積できないものだけに、あとに空しさを残すことになります。これは悪循環をもたらすだけであり、現代社会はまさにこの悪循環の様相を呈しています。あなた（ユイグ氏。引用者補足）は『人間の好みの低俗化』が進むことを指摘されましたが、これは当然の結果であるといえます。仏教は五感への快感がもつ誘惑は本能に根ざすものだけに、人間にとって抗しがたく強いものであり、しかもこれに屈してしまうことが人間

の不幸の根源となっていくことを洞察し、その解決を考えたのです。

　仏教は人間性に対する深い省察、万象への鋭い観照によって、万物をつらぬく理法の存在を説き、その理法を自己の生命に肉化し一体化することによって、完全な解脱を得られることを示しました。解脱とは自己の人間性を拘束するものから解き放たれることです。その仏教が明らかにした理法の基本的なものは生命現象のあらわす因果の法です。これは現代社会がかかえる問題に対し大きな示唆を与えてくれるものですが、しかし、理論として理解したのみでは、真の解決がもたらされないのは、いうまでもありません。ここに私が、哲学だけではなく、宗教が現代に必要であることを主張するゆえんがあります[24]。」

5　『社会と宗教』

　1985年、ウィルソン・池田対談『社会と宗教』の上巻と下巻が出版された。ブライアン・ウィルソン博士は1926年、イギリスに生まれた。オックスフォード大学社会学教授、オールソールズ・カレッジ・フェロー、国際宗教社会学会会長を歴任した。『セクト―その宗教社会学』、『現代宗教の変容』など多数の著作がある。『社会と宗教』は、第1部「人間と宗教」、第2部「理性と責任」、第3部「組織論」、第4部「歴史からの展望」、第5部「健康・精神」、第6部「倫理観の拡大」から構成される。

　第6部の中で、「現代科学文明と欲望」について池田先生は次のようにウィルソン博士に問う。

　「現代の科学文明は、人間生命に内在するさまざまな欲望の解放を正当化し、その充足に目的を置いてきたといっても過言ではないでしょう。

　たしかに、この科学文明の恩恵によって、人間の生活は過去には考えらなかったほど、物質的に豊かなものとなりました。しかし、同時に科学文明の発達によって解放され、人間生命から噴出した欲望は、主として本能的欲求・物質的欲求と、それに結びついた権力欲・支配欲・名声欲・名誉欲等で

あり、人間の尊さの根本である愛や慈悲などは、かえって影を潜めてしまったような感を受けざるをえません。つまり、物質的欲望のために、こうした、崇高な精神的欲望の発見が阻害されているように思うのです。

　私は、人間生命には、本能的な物質的欲求や権力的支配欲等とともに、こうした崇高な精神的欲求も、本来秘められていると考えています。

　この精神的な次元の欲望とは、もう少し詳しく挙げれば、たとえば、知識や真理や美に向かう欲求であり、また、人間的愛・慈悲のエネルギーも含まれるでしょう。さらに私は、最も人間らしい独特の欲望として、人間自身の生命の基盤であり、母胎でもある大自然・大宇宙に融合しようとする欲求が挙げられると思うのです。このような欲望を宗教的欲望と呼ぶことはできないでしょうか。

　私は、現代科学文明によって抑圧され、阻害されているこうした精神的次元の欲望や宗教的な欲望を、人間生命の内奥から豊潤なエネルギーとして発現させることが、宗教の担う役割でもあると思うのです。

　科学文明の中での宗教は、人間のこうした高次元の欲望の力を発動させることによって、物質的豊かさをもたらす科学と相まって、精神的豊かさを人類に与えるのでなければならないと考えておりますが、教授のお考えはいかがでしょうか[25]。」

この問いに答えるウィルソン博士によれば、人間のもつ思いやりや愛情は、深く涵養された人間の美徳であり、それは科学ではまねることのできないものでありながら、技術の発達が無視し抑圧しがちなものである。「宗教は、その最も高いレベルにおいて、人間の価値観を形成してこれを普及し、人生経験のための解説を与えてくれ」る。「そして宗教は、経験される現実に対して最も広い意味の脈絡を与え、これを解釈して再構築するうえで、科学よりもはるかに十分な機能を果たす」のである[26]。

ここで池田先生は、近代西欧文明に誕生した新しい世俗宗教に言及する。「現代人にとって最も深刻な問題は、現実に対して意味を与えたり評価していく基盤となるものがなくなっているということです。かつては、宗教の教

える世界観や人生観がその役割を果たしていました。近代に入って宗教の影響力が衰えた後も、それに代わって、進歩への信仰や国家主義への信念といったものが、その役割を果たしました。

　しかし、国家主義が20世紀前半の2度にわたる世界大戦の元凶となったことから、『国家の名において行われることはすべて正義である』との信念は崩壊してしまいました。進歩もまた、19世紀までは希望に満ちたものでしたが、やみくもな科学・技術の進歩は、逆に人類を破局に導きかねないことが明らかとなってきました。

　20世紀後半の現代は、こうして、かつての信仰や信念に代わって、個人的な欲望の追求をすべての意味付けの根拠にしている人々が一方にいるかと思えば、他方には絶望と無力感に打ちひしがれている人々がいます[27]。」

　ウィルソン博士はこの点に関して、「いまや原始的で本能的な性の衝動、浅薄な快楽主義、新奇なものへの信仰等といったものばかりが、現代人の生活様式にふさわしいものとして奨励されている」ことを嘆く。「現在、強力な娯楽産業や広告産業によって推進されているこうした文化的風潮に対して、人間がその潮流に抵抗するのを助ける防壁となるものは、ほとんどない」。しかし、こうした文化的・社会的に有害な影響を防ぐための1つの支えとなっているのが宗教であるとする。

　こうした状況において観察される「宗教への回帰」に関し、池田先生は仏教に言及しつつ次のように語る。

　「求められるであろう宗教とは、外側から道徳的規律等を人に課すのではなく、人間の心の内側から知恵や自律心を涵養して、各人が自発的に自らの欲望や衝動を抑制できるよう、導くものでなければならないと私は考えます。そして、そうした内面的なものの確立にこそ、宗教の真実の本領があると思うのです。この内面的なものとは、たんに具体的な規範ではなく、自己の衝動を支配できる生命力です。それをもたらすのが、大宇宙と一体になること、あるいは宇宙万物の根源にある法をわが身に覚り顕すことです。仏教では、このような究極的真理との一体化を成し遂げることを成仏といっていま

す。こうして、自己をその深い根源から確立したときに、どのような状況にあっても人間らしい対応・行動が取れるようになるのであって、外からの束縛や強制的命令によらずに、人間を真に道徳的に優れた存在にしていく道は、これ以外にないと私は考えています[28]。」

6 『「宇宙」と「人間」のロマンを語る』

　1992年、『「宇宙」と「人間」のロマンを語る――天文学と仏教の対話』の上巻が、1993年には下巻が発刊された。対話者チャンドラ・ウィックラマシンゲ博士は、1939年にスリランカの首都コロンボに生まれる。コロンボ大学、イギリスのケンブリッジ大学卒業。文学修士、哲学博士、理学博士の学位をもつ。国連開発計画（UNDP）顧問、スリランカ大統領の科学顧問、スリランカの基礎科学研究所所長などを歴任している。『「宇宙」と「人間」のロマンを語る』は第1章「宇宙と人間」、第2章「科学と宗教」、第3章「人類史の転換点に立って」、第4章「仏教の平和思想」、第5章「生命の永遠性をめぐって」という章立てになっている。

　第2章「科学と宗教」は、池田先生の次のような発言で始まる。

　「21世紀に臨むにあたって、地球上のいたるところで古い価値観が崩壊し、人類は大きな転換期をむかえております。なかでも興味深い事実は、科学と宗教の関連性を考えるうえで多くの人々の心が新たな世界観の創出へと向かい始めたことです。今日、西洋科学文明は多くの困難な問題を抱えて、行き詰まりの様相を呈しております。これに対して、転換期をむかえて、多くの人が新しい世界観・宇宙観を求めて、行動の規範、つまり〈パラダイム〉をつくりだそうと考えています。

　新しい動向は、機械論的世界観とその手法である要素還元主義を超えて、全包括的（ホリスティック）で生態学的なアプローチにもとづく、新しい世界観の構築を志向しているように思われます[29]。」

　全包括的で生態学的志向の世界観へと移行する傾向が現代世界において増大

しているという見解に賛同するウィックラマシンゲ博士に対し、池田先生は、仏教の基本的法理である〈縁起観〉を紹介する。この法理は、あらゆる現象は〈因〉と〈縁〉が相互に関連しあって結果を生じるというものである。現実世界におけるただ１つの因が１つの果を導くという機械論的決定論だけではない。因果の連鎖を含みながら多くの〈縁〉の関連性をとらえていくという包括的な法則である。とくに生物学の領域に入ってくると、要素還元主義的アプローチの限界はより明確になる。〈縁起観〉では、無生物より生物、さらに人間の生命の方が〈自由度〉が拡大されていくと説いている。その最も自由な存在が、高度の〈心〉〈意思〉をもった人間といえるのである[30]。

　池田先生は、「ヨーロッパ近代の初期に、自然科学を築き上げてきた科学者たち——例えば、コペルニクス、ガリレイ、ケプラー、ニュートン——の業績を見ると、キリスト教が深くかかわっていたことが」分かるのであり、「彼らは『神の栄光のために』という明確な目的意識をもっていた」ことを指摘する。博士も、西洋科学はキリスト教神学に呼応して発展してきたのであり、西洋文化のあらゆる側面がキリスト教と深く結びついていることを認める。池田先生によれば、西欧近代の科学者たちの思考のなかにも、キリスト教が深く浸透している。その例として、コペルニクスによる太陽中心説の採用のなかに、神は複雑さではなく〈簡潔さ〉を選んだであろうという信念があったといわれている事実をあげる。ガリレイやニュートンにしても、宇宙は全能の神によってつくられた暗号文であると信じており、天体の運動の研究は、宇宙に描かれた文字のなかに神の摂理、すなわち自然の秩序を読みとることであったと考えられると述べている。博士もこうした見解に全面的に賛成するのである[31]。

　さらに池田先生は、「近代科学の創造期に重要な役割を果たしたキリスト教思想は、現代西洋科学の重要な枠組みにとり入れられているのではないでしょうか」とウィックラマシンゲ博士に問うた。博士によれば、現代の科学においては、キリスト教から入ってきたことが明らかな要素が強調されることはなく、その事実が認められることすらない。しかし、それにもかかわらず、そうした要素はいまでも存続している。宇宙論者たちが固守している見解の一つ

に、宇宙には始まりがあったというビッグバン説がある。このパラダイムがいま広く受け入れられているのは、そうした考え方の先例がユダヤ・キリスト教にあるという事実にある。同じことが地球中心説についてもいえるという。地球中心的な姿勢が根底にあるからこそ、現在、生命の地球外誕生説を認めることに対して抵抗があるというわけである[32)]。

池田先生はこう語っている。

「天地創造説、人間中心の宇宙観にもとづく自然観として『自然は人間のためにある』という思考法があります。唯一絶対の創造神によって自然は人間のためにつくられたのであり、人間が支配すべきものであるとするヘブライの自然観は、今日まで西洋科学文明の基底にありつづけました。この人間主体とその対象(自然)を区別するという思考法は、西洋近代科学の基本構造となって科学を発展させてきましたが、一方ではそれが要素還元主義につながり、また人間性喪失や自然破壊を引き起こしてきました。」

ウィックラマシンゲ博士はこの発言に対し、「自然界は人間のために存在するとの思考法は、ユダヤ・キリスト教神学の欠くことのできない構成要素」であると応じる。博士によれば、この考え方では「人間は万物の究極であり頂点である、したがって、ほかの生物の運命を、いや地球自体の運命を好き勝手に変えることを許されている」ということになる。「現代人が環境に注意を払わない原因は、根深い人間の独断にある」ことに同意しつつ、人類が直面する危機を回避するために「人間中心主義を捨てて地球的な視点から環境問題に対処すること」を提唱するのである[33)]。

7 『科学と宗教』

『第三の虹の橋』に続く2点目のログノフ・池田対談は『科学と宗教』とのタイトルで上巻・下巻とも1994年に出版された。共著者のログノフ博士は1926年ロシアのクイビシェフ州に生まれた。モスクワ大学を卒業し、理論物理学博士の学位を取得している。モスクワ大学総長、ソ連科学アカデミー副

総裁、ソ連共産党中央委員、最高会議代議員などの要職を務めた。対談集『科学と宗教』は、次の３点に焦点を絞って進められた。第１に、現代科学の本質を理解するための親しみやすい手引きとなるよう、科学の全般にわたって幅広くテーマが選ばれている。第２に、「宇宙と生命の謎」、「生と死」といった、人類誕生とともに存在する課題が取り上げられる。第３に、文明論的な視座からの対話である。

　この対談集では「21 世紀の科学と宗教」と題する章において、科学と宗教の対立の歴史が回顧される。そもそも近代科学の創始者たちは、キリスト教の信仰心にあふれていた。その科学者たちが当のキリスト教会から弾圧されたのは、「一面からいえば、本質的な次元での宗教と科学の対立ではなく、"宗教的なるもの""人間的なるもの"を忘れて、教条主義と形式主義に陥った教会の権威主義との対立であり、闘争であった」と池田先生は解釈する。ところが、近代科学は研究の成果を蓄積していくにつれて、しだいにキリスト教の神と訣別していく。18 世紀の啓蒙主義者は、科学の合理性に反する教会の教義を徹底的に攻撃した。それに対して教会側は、その攻撃を宗教的権威で抑えつけようとした。こうした歴史的な経緯の中で、宗教と科学の対立という通念が形成され、今日に至っているのである。地球上には近代科学のほかにもインド科学や中国科学もあり、ギリシャやイスラム世界でも科学は発達した。「人類史のなかで、科学はその地域の宗教、哲学と協調しながら発展していった」事実をあげ、「あらゆる宗教と科学は、本来的に対立しあうものではない。"相補的"な関係を保ちながら、互いに"協力"しあっていくべき人間の営為」なのであると池田先生は訴える[34]。

　そして「21 世紀の科学と宗教の条件」について、池田先生は次のように論じる。

「21 世紀は、"生命の世紀"です。人類の英知の探求は、ますます"生命"そして"生死"という最後のフロンティアへ焦点を移しつつあります。ゆえに、これからの人類に要請される宗教とは、第１に、科学の発達によって、その「法理」がますます明快になるような普遍性をもったものでなくてはな

らない。……宗教の核心をなす「法理」が普遍的であればあるほど、科学の進歩によって、その宗教の普遍性が証明されるからです。……第2に、科学の成果を積極的に認知しつつ、自らの世界観を豊かにしていく奥行きをもった宗教——こうしたしなやかな柔軟性こそ、宗教がその時代の民衆に深く理解されるために、不可欠の条件といえましょう。……第3に、宗教は科学の発展のために直観力を与え、独創性を生み出す源泉にならなければならない。……そして第4には、科学技術が人類のために役立つよう、方向づけをしていく使命があります[35]。」

「"地球生まれの宇宙人"たちへ　精神文明の復興と人類の使命」と題して後に続く章では、まず現代文明の危機が話題となっている。池田先生によれば、現代の「危機の根底には、科学技術が飛躍的に進歩したにもかかわらず、人間の精神的な側面が取り残され、むしろ衰弱してしまった現実」がある。近代以降の西欧科学文明は、宗教からの離脱を起点として世俗化の道を歩んだ。それは17世紀のヨーロッパに誕生し、またたくまに世界中を席捲した。この文明は物質的な欲望充足と科学至上主義という新たな信仰を生み、人間の貪欲を引き出してしまった。フランスの行動する作家アンドレ・マルロー氏は「21世紀は精神性の時代になるであろう」と予見したが、これは今や、洋の東西を問わず、共通の認識となっている。「その精神復興の過程においては、現代文明を支えている科学技術のあり方が、人間との関係性のうえから、問い直されなくてはならない。そして、根底にある自然観や世界観、いわば哲学自体が変革」される必要がある。「現代文明の内包する危機を克服するには、物質文明の発展と精神文明の衰弱との、深い"溝"を埋めなくてはならない。民族や国家の枠組みを超えた『世界宗教』こそが、精神文明復興のカギを握っている」のである[36]。

ここで池田先生は、ドイツの哲学者カール・ヤスパースの独創的な史観に言及する。ヤスパースは人類の歴史を俯瞰しつつ、紀元前800年から紀元前200年に至る数世紀に集中して起きた精神的な基軸の形成過程に着目した。この「枢軸時代」に中国では、孔子や老子をはじめ多くの思想家たちが登場してい

る。インドではウパニシャッドの哲学が成立し、釈尊が誕生した。ヤスパースによれば、人間の限界を意識した時代そのものの要求が、こうした人格を生み出したのである。この時代に、人類は精神的に深められ、大いなる変革を遂げた。そして、その後の人類の精神的基盤を形成する多くの「世界宗教」が誕生している。その後、西洋では「科学技術文明の時代」に入り、「枢軸時代」に誕生した「世界宗教」まで圧倒していった。こうした状況からヤスパースは未来を推測する。まず、人類が火を発見した「プロメテウスの時代」から「枢軸時代」までを、人類史の1つの呼吸とする。そして、近代科学文明を「第二のプロメテウスの時代」ととらえ、そこから人類史は第2の呼吸に入ると見るのだ。「科学技術時代」を新たな出発点として、人類は「第二の枢軸時代」に向かう。新たな"精神的創造の時代"が到来するとしている。第1の「枢軸時代」の影響力が失せて混迷の度を深めている現代には、「第二の枢軸時代」構築への確かなる精神変革の流れが存在するという洞察である[37]。

新たな精神文明を構築する「世界宗教」の条件を、池田先生は以下のように提示している。

「まず第1には、"平和創出の源泉"になるということです。人類文明の存続という根本命題は、平和という前提のうえにはじめて可能となるからです。求められるべき「世界宗教」は、平和に貢献するものでなければなりません。……民族問題、人種問題を克服するカギも、"差異へのこだわり"を超え、心の絆を結んでいくところにあるのではないでしょうか。そこで第2の条件としては、人類的レベルでの"共生の思想""人類意識"の形成が不可欠になってきます。……さらに、人間のみならず、すべての生物、自然との新たな関係の構築も必要です。第3の条件としては、"自然との共存の哲学"をもっていなければなりません。……第4の条件として、"科学技術を制御する倫理性"を育むものかどうかが、問われてきます。これは、とくにバイオテクノロジーや医療の分野で、重要になってくるでしょう。……そして、第5の条件としては、この倫理性の柱ともなるものですが、"欲望の制御"ということが挙げられます。産業革命以降、西欧合理主義にもとづく現

第2章　近代科学技術文明の危機と宗教　49

代文明は、"欲望充足"を第一の原理として、突き進んできました。その特徴を一言でいえば、"欲望に奉仕する文明"といえます。今、その原理自体の転換を必要としているのです。……現代文明の精神病理の克服は、重大な条件です。これが第6の条件です。その根底には、物質的欲望の充足では解決することのできない、『生命』という問題が横たわっています。『生老病死』という根本課題に、真っ正面から応えていく哲学なくして、現代の精神的危機を乗り越えることはできないでしょう[38]。」

むすび

　池田先生が文明間対談集で「科学と宗教」を本格的に取り上げた時期は、1970年代半ばから1990年代半ばにかけての20年間が中心となっている。池田先生の文明間対談集では2・4・6・15・16点目という、比較的初期の作品に集中している。そこでの対話者は、文明史家、美術史家、宗教社会学者、天文学者、物理学者と多彩な顔ぶれである。はじめ人文科学を専門とする識者たちと「科学と宗教」について語り合い、次いで社会科学者、さらには自然科学者たちともこのテーマについて対話を繰り広げている。また、対話のパートナーは西欧文明に生きる人々に始まり、さらにセイロン文明、ロシア文明を背景とする識者へと展開している。本稿で取り上げた5点の対談集は、池田先生の「科学と宗教」論が発展していく軌跡でもある。トインビー、ユイグ、ウィルソンとの対談集がその助走にあたるとすれば、ウィックラマシンゲ対談において飛躍のときを迎え、ログノフ対談でほぼ完成の域に達したように思われる。

　池田先生は、近代科学技術文明の行方を案じている。科学の進歩と技術の発達の背景には、西欧独特の自然観を支えた神の摂理という考えと、人間の欲望充足への衝動との結合があった。キリスト教思想は、現代科学の重要な枠組みにも暗黙に取り入れられている。近代西欧文明において、科学的進歩への信念は1つの宗教となっている。この新しい宗教は、人間の欲望を解放してしまっ

た。科学文明の発達によって解放され、人間生命から噴き出した欲望は、主として本能的欲求・物質的欲求と、それに結びつく権力欲・支配欲・名声欲・名誉欲などであり、崇高な精神的欲望の発達が阻害されている。さらに近代科学技術文明は自然を征服し、人間は万能であるかのように錯覚した。近代西欧文明では、科学と宗教の対立という通念が形成されていた。しかし、今日近代科学技術文明は多くの困難な問題を抱えて、行き詰まりの様相を呈している。

現代文明の危機の根底には、科学技術が進歩したにもかかわらず、人間の精神的な側面が退歩してしまった現実がある。現代世界の危機を克服するには、物質文明の発展と精神文明の衰弱との深い溝を埋めなくてはならない。そこでは民族・国家の枠組みを超えた「世界宗教」こそが、精神文明復興のカギを握っているのだ。池田先生の提唱する新たな「世界宗教」とは、平和を創出する源泉となり、人類意識を形成するものであり、自然との共存の哲学をもつものであり、科学技術を制御する倫理性を育むものであり、人間の欲望を制御するものであり、そして現代文明の精神病理を克服できるものである。

本稿で考察した、池田先生の「科学と宗教」をめぐる対話の底流に一貫して流れているものは、近代科学技術文明の行方に対する危機感であり、新たな「地球文明」の構築を可能ならしめる「世界宗教」像の探求である。そして、仏教こそが新たな「世界宗教」となりうることを、池田先生の文明間対話は鮮やかに証明しているといえるだろう。

注
1）河合隼雄『宗教と科学の接点』岩波書店、1986 年、2 ページ。
2）河合隼雄ほか編『岩波講座：宗教と科学』（全 10 巻・別巻 2）岩波書店、1992 年～1993 年。
3）神川正彦「宗教文明の基本構造―文明における基本要因の視点から―」『比較文明の方法：新しい知のパラダイムを求めて』［刀水歴史全書 37（比較文明学叢書 2）］刀水書房、1995 年、172 ページ。
4）表作成には次の資料を参考にした。年譜・池田大作Ⅲ編纂委員会編『年譜・池田大作Ⅲ』第三文明社、1995 年；「会長就任 45 周年　5・3 記念特集　文化の人」『聖教新聞』2005 年 5 月 4 日、2 面。
5）「文化」という言葉は culture の訳語として用いられており、これは本来、「世話

する」、「耕す」、「栽培する」、「養育する」ことを意味する。要するに人間が手をかけて作り出すことであり、したがって「文化」とは、自然にあるものに対して人間が作り出したものをいう。これに対し、「文明」は civilization の訳語であり、その語源は「都市化」を意味する。「文明」は、既存の多くの地域文化を包含し、「文化」に対していっそう広域的なネットワークを形成し、より広い範囲に普遍的に広がっている。この大規模で高度な組織化、制度化、統合化、精緻化が行われている点が「文明」の特徴である。要するに、文明とは文化の発展した形態で、都市化を経験した文化のことであり、それは今日の科学技術文明までつらなっている。この意味では、文明と文化とは対立したものではなく、連続したものであり、文明はひとつの進んだ「特殊な」文化のあり方ということになろう。伊東俊太郎「比較文明とは何か」伊東俊太郎編『比較文明学を学ぶ人のために』世界思想社、1997年、5～7ページ。

6) 伊東俊太郎『比較文明』[UP選書243]東京大学出版会、1985年、51～74ページ。

7) 比較文明学には、「中心文明」と「周辺文明」という概念枠組がある。周辺文明は、中心文明に依存している文明である。依存的性格がその本性である。したがってその特徴は第1に、創造力が弱いということである。うけることのみ多く、与えることのすくない文明とは、中心文明に比べれば、創造性に乏しいといえる。例えば、他の文明に影響するほどの大様式とか大宗教とかをもたない。大思想体系もつくりださない。借り物が多く、独自のものは小作りである。第2に、政治制度の上で、より基本的には、文化体制の点で、独立的な自己展開をもたない。政治制度の自己展開とは、中心文明にあっては、文明は小国分立の状態から出発し、1100年から1300年ののち統一国家にいたるという経過のことである。また、より基本的な文化体制の点で、中心文明は、信仰、理性、大衆化の三段階を独立的に経過するが、周辺文明には独立的な展開がない。第3の特徴は、中心文明に比べれば、周辺文明はもろく、こわれやすい。したがって、その寿命が短い。中心文明は他の文明の影響をかなりうけても、びくともしない。周辺文明の危険は、創造力が弱いだけでなく、中心文明に吸収されて、自己を失う運命が待っているということである。山本新『トインビーと文明論の争点』勁草書房、1969年、148～150ページ。

8) 比較文明学において、世俗化は近代性の中心概念となる。世俗化とは、山本新氏によれば、ある社会、ある文明の主導的な観念、基礎的価値が、宗教的なものから非宗教的な、つまり世俗的なものに変化することである。ある文明を世俗化以前と世俗化以後に大きく時代区分できるほど、世俗化は文明の基本的な転換点となる。世俗化がおこったのち、文明はその一貫性を失わないものの、価値観の点で大きく変化する。西欧で「近代」という概念を熟させるにいたった文明の大転換、価値観の変動は、世俗化と深く関係している。近代的になるという概念の極めて重要な部分に世俗化が含意され、分離できないほどに重な

り合っているのである。西欧文明の世俗化は、17世紀前半の宗教戦争以後に設定される。宗教戦争という正統と異端の、全ヨーロッパを2つにひきさいた長期の争いが世俗化の原因である。山本「世俗化の比較研究」前掲『トインビーと文明論の争点』参照。
9）伊東、前掲『比較文明』44～45ページ。
10）友枝敏雄「近代科学」森岡清美・塩原勉・本間康平（編集代表）『新社会学辞典』有斐閣、1993年、319～320ページ。
11）同前、320ページ。比較文明学の視点から科学技術を論じた次の文献も参照。村上陽一郎『文明のなかの科学』青土社、1994年；同「科学技術と比較文明」前掲『比較文明学を学ぶ人のために』第Ⅲ部第5章。
12）ここでは次を参照。日本経済新聞社編『宗教から読む国際政治』日本経済新聞社、1992年；小杉泰「現代の宗教復興と国際政治」『国際政治』第121号［宗教と国際政治］1999年5月；中野毅『宗教の復権―グローバリゼーション・カルト論争・ナショナリズム』東京堂出版、2002年；拙稿「脱近代化とナショナル・アイデンティティの変容」創価大学通信教育部学会編『通信教育部論集』第7号、2004年。
13）中野実『宗教と政治』［シリーズ21世紀の政治学1］新評論、1998年、9～11ページ。神川正彦氏によれば、19世紀〈近代〉に〈中心文明〉にのし上がったヨーロッパ文明は決して唯一の普遍文明ではなかった。今日の世界では「〈中心文明〉としてのヨーロッパ文明の〈脱中心化〉と、したがって同時に〈周辺文明〉としての非ヨーロッパ文明の〈脱周辺化〉」が進行しているのである。神川正彦「比較文明文化の現代的課題―21世紀における文明間の対話へ―」伊東俊太郎監修、吉澤五郎・染谷臣道編『文明間の対話に向けて―共生の比較文明学―』世界思想社、2003年、113ページ。現代世界におけるロシア文明の脱周辺化については、次を参照。拙稿「現代ロシアのナショナル・アイデンティティと『第二次チェチェン戦争』」比較文明学会編『比較文明』21、行人社、2006年。
14）中野毅「序　宗教・民族・ナショナリズム―読み解くための基礎と問題の所在―」中野毅・飯田剛史・山中弘編『宗教とナショナリズム』世界思想社、1997年、5ページ。現代ロシアでもこれら3つの側面における宗教復興が観察される。拙稿「ロシア宗教法改正をめぐる政治過程」『創価大学大学院紀要』第21集、2000年；同「現代ロシアにおける『ロシア正教ファンダメンタリズム』」ロシア・東欧学会編『ロシア・東欧研究』31号、2003年；同「現代ロシアにおける『カルト』現象と『反カルト運動』―オウム真理教を事例として―」創価大学社会学会編『ソシオロジカ』第27巻第1・2号、2003年、参照。
15）2001年9月11日に発生した米国同時多発テロ事件は、この点を象徴するものであろう。池田大作先生の「9・11」観については、次を参照。拙稿「池田大作先生の『9・11』認識と『人間主義』平和構想」創価大学通信教育部学会編『創立者池田大作先生の思想と哲学』創価大学通信教育部学会、2005年。

16) 伊東、前掲『比較文明』77〜78 ページ。現代文明の行方と問題点については、次の文献も参照。伊東俊太郎・吉澤五郎（対談）「地球時代の文明史像」前掲『比較文明』；伊東俊太郎「歴史の教訓と未来の展望」河合隼雄ほか編『岩波講座 宗教と科学2 歴史のなかの宗教と科学』岩波書店、1993 年；同、前掲「比較文明学とは何か」；伊東俊太郎・広重徹・村上陽一郎『［改訂新版］思想史のなかの科学』［平凡社ライブラリー430］平凡社、2002 年。
17) 『池田大作全集』第 3 巻［対談（アーノルド・J・トインビー／池田大作『21 世紀への対話』）］聖教新聞社、1991 年、555〜556 ページ。
18) 同書、556〜564 ページ。
19) 同書、564〜565 ページ。
20) 同書、565 ページ。
21) ルネ・ユイグ／池田大作『闇は暁を求めて』講談社、1981 年、122〜123 ページ。
22) 同書、125 ページ。
23) 同書、129〜130 ページ。
24) 同書、124〜125 ページ。
25) 池田大作／ブライアン・ウィルソン『社会と宗教』（下）講談社、1985 年、176〜178 ページ。
26) 同書、178〜179 ページ。
27) 同書、179〜180 ページ。
28) 同書、183 ページ。
29) 池田大作／チャンドラ・ウィックラマシンゲ『「宇宙」と「人間」のロマンを語る——天文学と仏教の対話』（上）毎日新聞社、1992 年、173 ページ。
30) 同書、183〜186 ページ。
31) 同書、188〜189 ページ。
32) 同書、195 ページ。
33) 同書、195〜196 ページ。
34) アナトーリ・A・ログノフ／池田大作『科学と宗教』（下）潮出版社、1994 年、174〜179 ページ。
35) 同書、194〜195 ページ。
36) 同書、206〜208 ページ。
37) 同書、211〜214 ページ。
38) 同書、214〜219 ページ。

第3章
文明間・宗教間対話の新展開
―伝統の「脱構築的解釈」と対話をめぐって―

尾　熊　治　郎

はじめに

　ブッシュ政権により始められ引き起こされた「テロとの戦争」は、泥沼化し、いまだに確たる出口を見い出せずにいる。その間にも、日々「暴力と憎悪の連鎖」は拡大し続けている。こうした厳しい歴史の、過酷な生の現実を眼前にして、現代人の中には、ようやく広がり始めた文明間・宗教間の対話の意味・有用性などについても、疑問を感じ始めている人があるかもしれない。ガンジーの「非暴力の直接行動」に対しても、その意義を認めながら、あるいは「限界」の方が強調されることにもなりがちである。様々な形で、現状を追認し傍観していくなかで、現代人の「他者の痛みへの感性」は次第に希薄化されようとしている。現代世界は、更に、「邪悪なるもの」「魔的なるもの」の力の増幅を許すことになるかもしれない。

　こうした混沌とした大きな転換期・過渡期の激流に抗して、徹して「邪悪と戦い」、「人間の人間性・善性を信じ抜く」という創立者の不屈の精神闘争は、どんなに過酷な時代の生の現実にもかかわらず、「今・此処」を転じつつ、絶えず新たな「価値創造への道」を切り拓き続けてきた。「屹立した人格」とその透徹した「開かれた対話」は、現代人の予期に反して、突如、次々と生じる関係を断ち切る「邪悪なるもの」の力、人を惑わす「魔的なるもの」の力を、「今・此処」において、その根底の側から「洞察」し「照破」する。現代世界

を覆う「生命の大闇」を照らし出し転換せしめるという根源的な対話は、「人間不在」の転倒した時代のきわみにあって、人をして、人間と人間との交わりの不動の原点に、生命そのものの原点に立ち返らせる。

　「屹立した人格」と透徹した「開かれた対話」を通じて、一切の立場の違いに対するこだわりを超えさせ、「良心の人」と「良心の人」とをグローバルに結び合わせていく。文明間・宗教間の対話は、人間の本性とも言うべき根深い「差異へのこだわり」(「根源的なエゴイズム」)を超えて[1]、互いの多様な個性を輝かせつつ、良心に根ざす「共同性」の場[2]を広げ続けてきた。それぞれの多様きわまりない立場に即しつつ、「人間性そのものの開け」「生命そのものの開け」という「己心」に開かれた普遍の生命の大地に立ち還って、端的に人間性と人間性とが出会い、語り合う[3]。「そこ」から、現代世界に生じた、人間と文化・文明のあり方そのものに関わる根本的な歪み・転倒を是正させつつ、随所に新たな「価値創造への道」が開かれてきた。「胸中に開かれた」普遍の生命の原点へ、根源の生命へ戻ることは、おのずと湧出することとして、あらたに瞬間に自己更新する「創造的生命の開花」の場そのものを開くことである[4]。「創造的生命の開け」に根ざし、「そこ」から「そこ」へと一切を誘おうとする。「創造的生命の開け」から、新たな「人類共生」と「地球文明」創出への確かな地盤が築かれ広げられてきた。

　以下では、こうした創立者が、転換期の「歴史の只中」で切り開き拡大し続けてきた新たな文明間・宗教間対話への潮流と、その対話を通じての新たな「精神性・宗教性復興運動」への大いなる道行きを想い起こしつつ、そうした「根源的対話」の「成り立ちの場」そのものの基礎的な構造論、あるいは精神史的・人類史的な位置・位相の一端を確かめ直してみたい。

1　対話する良心の人と「共同性の場」の拡大

　グローバル化と共に、異質な文明・宗教が、かつてない規模で急速に接触することが避けられない時代に入っている。異質な文明間・宗教間の接触におい

ては、それぞれの体質として身にしみついた基礎的な価値観、更には宗教的な信条が刺激される。あるいは、お互いの心の最内奥の核心に位置する、宗教的信条の差異が際立ってくる。そこでは、「対話する」という場合においても、自・他の心の内奥の核心に触れるレベルで真摯に出会い、しかも相互理解が深まる、というような事は容易には起こらない。人間の本性に関わる根深い「閉じ」と「開き」の間が主要な問題場面である。異質と思われている「他者」に対して、相互に心を開ききることは容易なことではない。あるいは「他者」に心を開けば開くほど、逆に、その違いに囚われ、「自己中心的」・「自閉的」になるかもしれない。

　現代世界においては、異質な「他者」との出会いが、「テロとの戦争」という大義を通じて、現に「暴力と憎悪の連鎖」の増幅になろうともしている。そうした悪循環からどうすれば抜け出すことができるのか。「他者」と真摯に出会い、対話し、相互理解を深める場そのものをどのように開き、広げ、保つことができるのか。グローバルな経済的利害や政治的権力闘争の世界を超えた次元で、異質な文明・宗教が、いかに共存し、いかに触れ合い、結びつくのか。それぞれの文明・宗教の伝統に根ざしつつ、異質な他者との真摯な「対話」を軌道に乗せるための道筋・原理を、現し出すことができるかどうか、が避けがたいものとして問われている。

　創立者によれば、こうした難しく思われがちな、異質な文明・宗教間の出会い対話といっても、現実には、具体的な共通の問題場面を介しつつ「人間と人間とが出会う」のである。そこでの問題は、それぞれが属する文明・宗教へのこだわり、他者との「差異へのこだわり」という人間の根深い本性とも言うべき「根源的なエゴイズムを越え出」、「空ずる」ことができるかどうかである。端的に、「人間と人間とが出会い」、赤裸々に心を開き語りあう場を現実世界に多様に開き、広げ、その場を保ち続けていくしかない。単純といえばきわめて単純な、しかし、「差異へのこだわりを超える」という、人間の根深い本性に関わる根本的な課題への挑戦に、文明間・宗教間対話の問題は帰着する。「良心の人」と「良心の人」とが、具体的な切実な問題場面に即しつつ出会

い、「真摯に心を開き」対話の場に臨めば5)、「差異へのこだわりを超えて」、自ずと深く触れ合い共鳴しあうことができるはずである。そうした開かれた公共の場に互いが立てれば、突破口は開かれる。「そこ」では、立場の「差異」は、お互いを豊かに高めあう「多様な個性」として、「他者」を大きく包み込む「価値創造の場」の広がりとして受け止め直される。

創立者は、基礎的な事柄が「不在化」し「精神の空洞化」が進行してゆく現代世界の只中で、どこまでも「人間と人間との打ち合い」という「一対一の対話」を根本として、「良心の人と良心の人とのグローバルなネットワーク」を構築してきた。そうした人間としての生き方の現代世界における可能性に挑戦し、対話の現代的な有用性を実証し続けてきた。仮に衝突が起こったとしても、それは、文明・宗教の違いが衝突を引き起こすのではない、現にある多様な文明・宗教と、その多様な価値観を容認しようとしない人間の閉じた心の「排他性」、「独善性」、「野蛮性」こそが、衝突を引き起こすのである。「人間性不在」「良心不在」がきわまろうとする時代の激流に抗して、どこまでも民衆の只中で「人間の善性」を信じ抜き、「人間の善性」を触発し続ける。

「21世紀を目前にした私たちは、枝葉末節の論議にとらわれることから開放されて、時間的には世界史的観点、空間的には全人類的視点から見渡していかねばなりません。換言すれば、人種・民族の差別相を、仏法的にいえば『空』ならしめる境位、すなわち『生命』という普遍的な基礎の上に、全世界の人間が立たねばならない」（池田大作、『仏法・西と東』、1976年）。

「この世界には、人間対人間の絆を断ち切り、世界と世界を分断する力が常に存在しています。しかし、乗り越えられない対立など絶対にないのです。人間精神に内在する『善』の力を持って分断という『悪』の力と絶えず戦っていかねばならない。

そのためにも、あらゆる差異を超える『人間性』の大地に立つ、強固な民衆の連帯を築き上げていかねばなりません。対話とは、そうした善なる民衆の連帯を形づくる'つむぎ糸'の役目を果たすものといえましょう」（テヘラニアン対談、『21世紀への選択』、2000年）。

「テヘラニアン　対話がない世界は、暗黒です。『対話』がなければ人間は、独善という暗闇の中を歩み続けなければならないのです。

　池田　博士の比喩を借りれば、『対話』とは、その暗闇にあって自身の足元をてらしだすものとも表現できますね。

　人間と人間とが語り合うこと――ここから全ては始まります。現代の大きな焦点となっている『文明間の対話』といっても、あくまでもその基本となるのは『人間と人間の対話』なのです。社会主義の国々を訪れた際にも、『そこに人間がいるから』という信念で、私は『友好の橋』を架けようと努めてきました。友か敵かといった、二者択一的な関係を打ち破り『人間性』という共通の大地に立って、心を開いて話し合うことが、問題解決の糸口を見出すことにつながると固く信じてきました。」(同上)

「自己と他者が、『芸術』を通じて、宇宙本然のリズムに共感し行くところに、普遍的な人類の『心の連帯』が可能になると信じます。『美』に出会うとき、人間は人間に立ち戻る。生命に立ち戻る。立ち戻った『人間』という平等の次元では、一切の壁はなくなります。『美しいもの』を前にともに心を感動で震わせるときほど、人間同士が急速に仲良くなることも少ない。『人間の連帯』と『宇宙生命への接近』――『芸術』によって導かれる、この二つ『輪』が、互いに関連しながら、『非暴力』『慈悲』『信頼』『連帯心』『人類意識』『世界意識』などの『美しい心』『広い心』を醸成していくと考えます。その意味で、『文化』『芸術』は、『平和の武器』なのです」(ガルトゥング対談、『平和への選択』、1995年)。

「私は、どんな人物と会う時も、先ず『人間』として互いに語り合うことを心がけた。すると、対話を重ねる都度、まるで坩堝（るっぼ）から迸（ほとばし）り出るかのように、すばらしい『人間の良心』の声を聞いた。そして、異なる文明、文化との正しい出会いは、衝突どころか、かえって必ず互いを豊かにしあうという私の信念は、ますます強固になっていくのであった。………宗教は、ともすれば他を排斥する傾向がある。

だからこそ、私は、宗教こそが『分断』に歯止めをかけ、『融合』の触媒

や土台となることを、仏法を通して世界に示したかった。私は世界へ行動した。多くの人との対話に努めた。新しい出会いごとに、常に新しい発見があった」（池田大作、『私の心の世界』、2000年）。

　上に引用した端的な表現の中にも垣間見られる如く、創立者の徹した「他者性」の尊重と「多様性」に対して「空け開かれた」対話は、多様なものをどこまでも多様であるままで受け入れ、生かし直し、調和・融合させる根源的な創造力として現代世界に働き出てきた。現代的に言えば、他者に対して「開かれた対話」は、「多様な諸世界」を出合わせ結び合わせる場そのものを、一人一人の胸中に、「己心」に開かせるものとして、「文化融合」・「地平融合」の土壌そのものを豊かに開拓してきた。「精神の空洞化」に根ざす分断の力の増大という時代の病理に抗して、「対話する」という一事を通じて、現代世界の「生命そのものの大闇」を照らし破り続けてきた。一人一人の胸中に「太陽」を昇らせようとし続けてきた[6]。そうした揺るぎない精神地盤に根ざした「屹立した人格」と「開かれた対話」の大道は、「そこに人間がいるから」として、あらゆる体制、国家、民族、宗教、文明などの一切の違い、一切の境界を超えて、どこまでも、端的に「人間の中へ」「生命の中へ」「民衆の中へ」と入りきる中で切り開かれ広げられてきた。

　全てが画一化、水平化されていくグローバリズムの大波に抗して、お互いが「人間そのもの」「生命そのもの」という方向に向き直って、「生命そのもの」とその「根源性」という「己心」に開かれた普遍の場に戻れば、多様な他者が多様な他者のままで生かされ、調和されていくはずである。「根源の生命」とその現われ出の諸相としての、多様きわまりない「人間」と「自然」と「社会」は、生命そのものの深みにおいて、端的に結びあわされ、生かし返される。

　創立者の生源と一体の「根源的対話」は、どこまでも生命の現実・事実に即し、身近な基礎的な「関係の成り立ちの場」そのものを、その根底の側から洞察・照破する。様々な「分断の力」「悪の力」を照らし破りつつ、その増大に抗し拡大されてきた。徹して人間の善性を触発し、生命と生命とを、その深みに於いて分かち難く、固く結び合わせる。そうした「強靭にして柔軟な」人間

そのものを結び合わせ、調和・統合させるという行動は、自ずとグローバルな「良心の共同性の場」そのもの「開け」として拡大し続けてきた。地球的規模で顕在化してきた構造的な危機の問題群に抗し、歴史の只中で、時局に応じつつ築かれてきた民族・国家・宗教などの違いを包摂する多様な他者との対話のネットワークは、特に、冷戦構造崩壊後の紛争・戦争が激発する危機の現代世界にあって、ますます、その現代的意味と重みが増して来ている。

2　新たな文明間・宗教間対話―「文化相対主義」の限界を超えるもの

　こうした「良心の人」と「良心の人」との「共同性の場」の広がりは、周知のことであるが、象徴的な出会いに即して言えば、1960年代後半のカレルギー対談、1972、1973年のトインビー対談を源流としつつ、1974年、1975年のマルロー対談、ユイグ対談、1975年のペッチェイ対談、1978年のウイルソン対談、更に1982年のデルボラフ対談等へと続く。1968年の「日中国交回復への提言」、そして、1974年には、周恩来総理、コスイギン首相との、その後の歴史を大きく画する会見が行われている。1975年には「宗門」の反対により実現しなかったが、バチカンでのローマ法王との出会いも決定されていた。

　2006年の現在から振り返るとき、1960年代後半以降の、なかんずく1970年代に入っての文明間・宗教間の対話は、その一つ一つが、時代の課題を先取りしつつ時局に抗し、新たな「精神性・宗教性復興」の時代を、今・此処に於いて切り開く、という毅然とした「決断」であったことが知られてくる。まさに、時代をその前・後に画する画期的な「出来事」であったことを、想い知る。そのことは、最近の池田研究の進展の中でも一段と鮮明にされつつある。『21世紀への選択』（テヘラニアン対談）の最後では、「選択」の本来的な意味を踏まえつつ、「未来を切り開く人間の力」について次のごとく語られる。

　　「未来といっても、ひとりでにやってくるものではありません。新しい時代は扉を開く人間がいてこそ始まるのです。『選択』とは、この未来を敢然

と開く人間の意志の力を示した言葉といえましょう。私が此処で言う『選択』とは、……あくまで、一人の人間の人格、全存在をかけた、抜き差しならない決断でなければならないと考えます」(『21世紀への選択』、2000年)。

20世紀の歴史の根本動向に抗しつつ、毅然として未来を切り「開く抜き差しできない決断」としての対話は、その一つ一つが、時局に応じつつも、21世紀の「精神性・宗教性復興」に向けた「大いなる挑戦」であったことが知られる。いずれの対話も、西欧近代の世界化の極みに生じた、「精神の空洞化」という根本的な危機の只中にあって、「精神の空洞」をどのように埋めるのか、「精神的・宗教的真理が、どのような形で、歴史の只中に現れ出て来ようとしているのか」に照準が合わされている。歴史に即しつつ、歴史を超えるものに眼は凝らされている。元来、「歴史というものには、宗教が成立してくるような次元が含まれており、その次元から歴史というものの本質も本当に捉えられる[7]」。

20世紀とは、いかなる世紀であったのかが俯瞰されようとするとき、「戦争と暴力革命」の世紀として語られることが多い。それは、同時に過酷な20世紀の歴史の現実のなかで、分断されてきた「歴史と歴史を超えるもの」とが、再び、寄せ集められながら、正面からぶつかり合い切り結び合うという時代でもあった。厳しい歴史的生の現実の只中で伝統を支えてきた基礎的な価値観は、その底が掘り返され、突き崩され、端的な過酷な生の現実・事実へと突き戻されていく。と同時に、20世紀においては、精神世界に生じた大きな危機の只中に、それに抵抗する新たな「精神性・宗教性復興」への基盤・足場も随所に生じ始めてきた。創立者の対話は、こうした20世紀の歴史の根本動向に深く呼応し、歴史転換を加速させつつ良心の人々との間に開かれてきた根源的な対話でもあった。

トインビーによれば、『一歴史家の宗教観』(1956年)において、人類全体の問題を規定するような深い対立の溝は、仏教的な思想と西洋的・ユダヤ的な思想群との対立である。この二つの思想の溝はあらゆる経済的或いは文化的対立の基礎をなすものである。外見的には共産主義と自由主義の対立のように顕

著なものではないが、人類全体の将来の問題、即ち「本来の歴史の問題」としては、この方が一層深刻な対立である、とも語っていた。危機を介して、伝統を異にするキリスト教と仏教が、更にはイスラームなどの諸宗教が出会ったとき、其処に、なにが起こったかに、将来の歴史家は注目する。そこに本来の歴史の中心問題はある。現代のグローバルな危機を介して、再度、「世界宗教」が出会うときに、何が起こり、どのような形での「世界性」を有した新たな「高等宗教」が誕生しえるのか、に中心的な問題があると語っていた。

人類社会は、一段と「精神世界」にまで分け入った根本的なパラダイム転換を強いられている。と同時に、諸世界宗教が共存しつつ、新たな精神性・宗教性復興への道筋をどのように開くことができるかは、避けがたい課題となっている。こうした場面で、改めて、異質な文明・宗教が「接触することの経験」が大きな刺激剤となって「創造的な行為を生み出す」という、トインビーの「挑戦・応戦」モデルとその予見性が改めて注目されている[8]。

排他性・独善性の引き起こす「テロとの戦争」は、泥沼化し、今なお確たる出口を見い出せずにいる。そうした現代世界においては、それぞれの固有の文明・宗教に根ざしつつも、多様なものが多様なままで受け入れられ「共存・共生が可能な方途」、多様な「諸世界を包摂し調和せしめる原理」を寄せ集めることこそが求められている。

イスラームに造詣の深い小杉泰氏は、「文化相対主義の限界」を超え出るものに焦点を当てながら、イスラームの歴史の中に現れ出てきた、普遍的な「倫理と結びついた共存の仕組み」の現代的な可能性について、次のように述べている。

「かつては、西洋の文化支配に対して、文化相対主義が抵抗の武器とされました。現在、文化相対主義が無効になったわけではありませんが、進行するグローバリゼーションの中で、いずれの文化も等価値であると主張することの限界も見えています。おそらく、多様な文化の共存を可能ならしめる原理が、普遍的なものとして提示されなければ、近代的普遍主義の圧倒的な力が文化的な多様性や近代的普遍主義とは異質な『異文化』をなぎ倒してしま

う可能性が高い。それが、私たちの生きている時代の現実ではないでしょうか。………

　宗教の機能の一つは、人間の生活や社会に意味を与えることにあります。20世紀後半の宗教復興のひとつの意義、それは、近代化やテクノロジーによって満たされないような次元が、宗教によって生産され、提供されることを証明した点にあります。果たして、宗教………は、たんに人生の意義を提供することにとどまらず、それを超えて、社会的な共存の仕組みを再構築するための導きとなりうるのでしょうか。西洋近代のオルタナティブとして、宗教の倫理と結びついた共存の仕組みが現代において可能なのでしょうか。

　イスラームが長い歴史を通じて提示してきた異文化をつなぐ知恵を、私たちがどう受け止めるかが問われている。21世紀は、共存のための努力を必死で行わなければ、今まで以上に紛争の多い世紀となりかねません」(小杉泰、「異文化をつなぐ知恵―イスラームの倫理と共存の仕組み―」『異文化理解の倫理』所収)。

現代世界においては、「いずれの文化も等価値である」とするにとどまる「文化相対主義」の限界が際立ってきた。「文化相対主義」の限界を超えて、多様な「異文化をつなぐ知恵」が、多様きわまる諸「世界を包摂し調和せしめる原理」が、根源的な調和力・創造力が求められている。

多様な文明間・宗教間に大きく空け開かれてきた「対話の共同体」は、どこまでも「他者性の尊重」をその基盤とする。「他者性尊重の対話の精神」とその「徹底」は、お互いが根深い自己中心性、独善性を「自己克服」「自己超克」することへと通じている。徹底した対話は、お互いに見えにくい「自身の足元を照らし出し」つつ、それぞれが「自浄能力」「自己変革能力」を発揮するにいたる。自・他を目覚めさせ、高め・深めあうグローバルな「対話の共同体」の形成は、歴史の逆流に耐え、時代の求める根本的な歴史転換への基軸を開き、足場を固めることとなった。

創立者の「胸中」に、「己心」に空け開かれた「大いなる開け」は、互いの根深い「差異へのこだわり」(根源的エゴイズム)を超え出ていかせ、「他者」を

多様な個性として包み込み、多様な個性を個性として輝かせつつ調和させてきた。「違い」を「多様な個性」として受止め直させ、互いを豊かにしあう価値創造の場を開かせる。「そこ」では、良心の人と良心の人とは、関係を分断する一切の境界線を越えて、違うままで深く共鳴しあう。「他者の痛みに対する感性の欠如」という時代の病理に抗する根源的な対話の倫理、抵抗の倫理は、グローバル化時代における「文化相対主義」の限界を超えて、文明間・宗教間対話の新たな可能性の地盤そのものを拡大するものとして展開されてきた。

　こうした形で違いを超え、「人間としての普遍の原点、生命の原点」を踏まえて成り立つ良心の「共同性の場の開け」は、現実世界においても、他者との協同を可能にする具体的な「公共空間」を次々と現代世界に開き続けてきた。異質な国家間、文明間・宗教間などの間に生じた深い亀裂に、新たな「精神のシルクロード」を、「橋を架け続ける」こととなった。様々な分断の「悪」のエネルギーに抗しつつ拡大されてきた、全方位的な空け開かれた根源的な対話の場そのものの拡大は、いくつもの世界に「橋を架け続ける人」、「大いなる魂の人」の仕事として評価される時代となった。

3　「歴史転換の基軸」——目覚めた民衆とその連帯

　アンドレ・マルローとの第2回目の対談（1975年）は、次のような言葉で結ばれている。

　「今の指導者の少なからずは、民衆を尊ぶといいながら、心の中では、本当は蔑視しているのではないのか、との疑念を捨て切れません。民衆を手段化するのではなく、民衆を目的として、あらゆる政策なり外交なりが行われなければなりません。私は、民衆の望むものを犠牲にしたり、民衆を見落とすことは『悪』であるとの思想が徹底されなければならないと信じています。それともう一方では、民衆一人一人が自らの意識をレベル・アップし、その力によって成し遂げた社会変革、それは人間変革という沃野に広がる田園ですが、その社会変革こそ、永久の光を持つと考えます。何よりも民衆が

目覚め、この民衆の意識で権力をコントロールして、その暴走を抑えていく以外にないでしょう」(『人間革命と人間の条件』、アンドレ・マルロー対談、1975年)。

　創立者は、ともすると「人間が至る所で手段化されてしまう」という現代世界の仕組みと、その根本的な転倒に憤怒し・同苦する者として、徹して民衆の側に立って行動し、あらゆる「邪悪」・「魔性」と戦い続けてきた。時局の節目ごとに、絶えず苦しむ民衆の側に立って、歪み・転倒した時代・社会を是正するための道筋を具体的に提言しつづけてきた。「いちばん最初に行動する人間が、その答えを出す」(マルロー、同上)ということとなる。現代世界の切実な問題場面に即応した強靭な思索と不屈の行動は、どこまでも漸進主義的な「対話」を武器として、世界の英知の結集軸として人々を目覚めさせ、「良心の共同性の場」そのものを拡大し続けてきた。こうした運動自体が、実は、自ずと同時代の人間が、その時代の課題を担い越え出て行くことを可能にする道筋を明示してきた、ということでもあった。誰もが「時代の高さに、時代の理念の高さに生きる」(オルテガ)ことを可能とさせるということであった。そうした生き方(型)を通じて時代転換への根本的な道筋を、時代の新たな指導理念として明快に示す。「一人にできることは万人にできる」(ガンジー)として、「人間としての行き方に明確な指針を示す」(『スコラ哲学と現代文明』、創立者記念講演、1973年)こととなってきた。

　「スコラ哲学と現代文明」の講演の中では、その時代を生きた人々に対してスコラ哲学の果たした役割は、「何よりも人間としての行き方に明確な指針を示したこと」にあったはずであるとする。その論拠としては、オルテガの『大衆の反逆』と同年に出された、『大学の使命』(1930年)の一節が引用されている。ここでもその前後の文章を引用しておく。

　「今日『一般教養』と呼んでいるものは、中世におけるそれとは異なっている。中世のそれは、決して精神の装飾品でも、品性の訓練でもなかった。そうではなくて、当時の人間が所有していたところの、世界と人類に関する諸理念の体系であった。従って、それは、彼らの生存を実際に導くところの

確信のレパートリーであったのである。

　生は混沌であり、密林であり、紛糾である。人間はその中で迷う。しかし人間の精神はこの難破、喪失の思いに抗して、密林の中に『通路』を、『道』を見出そうと努力する。すなわち、宇宙に関する明瞭にして確固たる理念を、事物と世界の本質に関する積極的な確信を見出そうと努力する。

　その諸理念の総体ないし体系こそが、言葉の真の意味における教養〔文化〕la culutula である。………

　人間は、人間的運命の展開の一定の高さにおいて、その生を果たすように召喚されているのだということを。人間は本質的にひとつの世代に属している。そうした何れの世代も、その場所を偶然に占めるのではなく、的確に、先行する世代の上に位置づけられる。つまり、そのことは時代の理念の高さに生きなければならないことを意味している。

　………現代ヨーロッパの破局的兆候は、平均的イギリス人、平均的フランス人、平均的ドイツ人が、無教養であるという事態。つまり。世界と人類に関し、われわれの時代に応じた諸理念の生きた体系を所有していないという事態に起因している。かかる平均人は、彼らの諸問題の厳しい現実に対比すれば、その時代から遅滞して、古風であり、未開である新しい野蛮人であるといわねばならない。この新しい野蛮人は、とりわけ専門家である。以前よりもいっそう博識であるが、同時にいっそう無教養の技師、医師、弁護士、科学者等の専門家である」（オルテガ、『大学の使命』、1930 年）。

　オルテガの『大学の使命』における教養論では、「時代に応じた生きた諸理念の体系を所有していない」無教養な傲慢な「専門家の野蛮性」を告発する。スコラ哲学の果たした役割は、「何よりも人間としての行き方に明確な指針を示したこと」であり、その時代の人々に、時代の課題を担って生き抜かせ、「時代の高さに生きる」ことを可能にさせたところにあった。それと同様に、現代世界に求められている新たな「教養」とは、グローバルな危機の「時代に応じた生きた諸理念の体系」を身につけさせ、「人間としての行き方に明確な指針を示す」ということである。転換期に求められていることは、「現代に耐

え、現代をリードすることができる」、時代の指導理念としての生きた哲学・宗教の創出である。より身近に言えば、「不在化」「空洞化」の極みにあって、混乱の「時代を生きる人間としての手本」、「生き方の指針」が明示されることが求められている。

『20世紀の精神の教訓』（ゴルバチョフ対談、1996年）は、「21世紀」を生きゆく青年への、「20世紀の証言者」からの責務として語りつがれている。その中では、「歴史を動かす一人の人間の力――その雄大な可能性についての証言」として、ネルー、アンドレ・モロワ、ブルクハルトなどの言葉が紹介される。転換期としての危機の「時代を生きる人間としての手本」「生き方の指針」について次のように語っている。

「池田………ネルーは、"インドの民衆の心からどす黒い恐怖の花を取り除き、民衆の心の持ち方を一変させたのが、ガンジーである"と強調しています。確かに歴史的巨人の存在は、そのような役割を演ずるのではないでしょうか。………

アンドレ・モロワは、こう記している、『真の革命はただ一人の人間革命であるといわれている。より正確に言えば、ただ一人の人間も、………大衆にひとつの手本を提供することができるし、その手本の模倣は地球をも覆すであろう。

偉大な行動人は踏みならされた道をたどるものではない。彼は他の人々が見ないことを見るから、他の人々がしないことをする。彼の意思は高潮となって、習慣や抵抗を一掃する。』

ブルクハルトは、次のように綴っている。

『偉人とはその人がいなければこの世界は何かがかけているように私たちに思われる人々のことである。

なぜならば一定の偉大な業績がただこの人によってのみ彼の時代と環境のうちにおいて可能であったのであって、そうでなければ到底考えられないからである。』

これは、単なる英雄崇拝や個人崇拝とは、次元を異にしています。一人の

人間が、その時代を、誰よりも深く生き抜くことにより、時代精神の比類なき体現者として、人々の手本であり続ける………、このことは、古今、変わらぬ鉄則であったし、今後も、そうあり続けるでしょう。早い話が、レオナルド・ダ・ヴィンチやミケランジェロなどの名を除いたイタリア・ルネサンス時代など、いかにも輪郭のはっきりしない、貧寒なイメージしか残りません。

　これは芸術の世界に限ったことではありません。

　仏法では『一人を手本として一切衆生平等』と説かれているように『手本』たりうる一人の人物を欠けば、社会の精神状態や道徳的秩序なども、きわめて不安定なものとなってしまいます。現代の大衆社会状況の根本的欠陥も、そこにあるといえないでしょうか。

　ゴルバチョフ　今、一つの世紀から次の世紀へ移ろうとしています。こうした転換期には、必ず大きな苦しみが伴うものです。その時代こそ、屹立した人類の良識が必要です。………

　池田　先ほど『一人の人間が、その時代を、誰よりも深く生き抜くことにより、時代精神の比類なき体現者として、人々の手本であり続ける』ことの重要性を述べたのは、決してエリート主義とか、英雄崇拝を賛美しているのではありません。

　民衆の大地に、どっしりと根を張り、その根から、幸福を求める民の心を、わが魂の幹に吸収してゆく………。そして、緑なす葉や花として、世に開きゆく………。その人は、無私であるゆえに、時代の精神を体現するのです。

　私心なき行いの聖者は、逆に、権力に御されることはありません。それゆえ、受難の聖者でもあるのです。また、その人は、自らの権力欲に絡めとられることもないでしょう」（ゴルバチョフ対談、『21世紀の精神の教訓』、1996年）。

　「一人の人間が、その時代を、誰よりも深く生き抜くことにより、時代精神の比類なき体現者として、人々の手本であり続ける」。人間としての生き方（典型）を見失って久しい現代人は、「新たな精神性と行動原理が結びついた」、新

たな「人間形成の原型」を再び求め始めている。

　アンドレ・マルローは、既に、1974年の対談において、「ヨーロッパ世界においては、1800年以来、愛はその根拠を失った」としながら、東洋の「精神性と行動原理が結びついた」中に生じる、新たな「人間形成の原型」に深く注目していた。一人一人の「胸中に太陽を昇らせる」という日蓮の「太陽の仏教」の中に、あらたな「人間形成のための偉大な宗教的秩序」を見ようともしていた。人類の将来を見定めた対談では「100年後の人類のビジョン」についても簡潔に語られていた。

　「マルロー　私がよくわかっているかどうか確かではありませんが、『人間の権利』というものを教えることが、やはり、この場合いちばん大事なことでしょう。しかしそれは、結局『他者たちの権利』を教えるということだと思いますが……。しかし、そのためには百年かかるでしょう。

　もし池田会長がこのような真理を説かれるならば世界中の国の人々が、こぞって、あなたの創られた大学にやってくることは間違いありません。かつてガンジーの真理が世界の人々を招いたのと同じことです。

　なぜなら、世界の人々を覆っている、いちばん深い諸問題というものは、実は簡単な形をとって現れうるものであって、もっとも深いものは最も簡単な形で現れうるのであるという事実を、忘れてはなりません」（マルロー対談、『人間革命と人間の条件』）。

　「これまでの歴史の中で、人類はいくつかの精神革命とも言えることを経験してきました。もっとも、19世紀からこのかた、それは起こっていないように見えますけれども、経験してきたということは確かです。かつては、宗教の誕生のつど、ある種の精神革命がもたらされたものです。仏教誕生の百年前には、人々は、仏教の展開していく内容など思いもよらなかったことでしょう。仏教の誕生は、まさに革命だったのです。

　こうした事態を考慮したならば、19世紀にあっては現在のわれわれの時代がまったく想像もつかなかったのと同様に、今から100年後に、20世紀文明と絶対に異なる文明が起こりうるということが、当然、考えられてしか

るべきでしょう。その場合、かつてヨーロッパにキリスト教がもたらした精神革命といったものが、再び仏教によってもたらさないという保証はどこにもない、ということです。」(同上)

「もっとも深いものは最も簡単な形で現れるのであるという事実を忘れてはなりません」、と先見者としてのマルローは端的に語っていた。新たに「友愛」を基礎づけ直す「宗教的なるもの」は何処から出てくるのか。マルローの精神史的な深い洞察は、「宗教的真理と歴史の現実とが切り結ぶ場面に於いて何が起こるのか」ということに、「宗教的実存」とその「歴史性」に深く注目している。

「宗教的実存」とその「歴史性」というマルローの注目する問題場面に即して言えば、創立者の「他者性の尊重」に根ざした「開かれた対話」は、厳しい歴史的状況の只中に、あるいは過酷な生の現実に於いてこそ、ますます輝きを増し、毅然として働き出てきた、というところにその特性がある。厳しい日常の現実世界の只中に毅然として働き続ける「地湧の菩薩」としての「還相の生」は、現実の歴史的世界の只中に生き生きと働き出てくる。過酷な歴史と切り結びながら、堂々と現れ出る「生源と一体」の「地湧の菩薩」としての働きは、端的に、今・此処の「歴史の只中」にあって迷蒙の「歴史を超えるもの」として働き出る。「歴史の只中の如来」として、如如として、日々・瞬間・瞬間に「如実に知見するもの」として「創造的生命の開花」として働き出てくる。

4　「宗教復興運動」の今と「原理主義」克服をめぐる問題

以上、創立者の文明間・宗教間対話の成り立ちの場と、その基礎的な構造論とでも言うべきものの一端に触れてきた。つぎに「現代世界」にグローバルに生じてきた「宗教復興運動」の現場と、その現代的問題場面を重ね合わせつつ、精神史的・人類史的な観点から、その有する意味について簡潔に捉え直すこととする。

繰り返し触れてきたごとく、現代世界は、近代文明の根本的な性格そのものに孕まれていた問題の世界化のなかで、深刻な危機的な諸問題に直面させられることとなった。と共に、改めて、精神世界そのものの深みにまで分け入った形での根本的な転換を強いられてきた。

　現代人は、グローバルな危機の諸現象が、「もはやこれ以上、先送りできない危機」として、身近なところで感じ取られ始められるとともに、体質化した日常の生活のスタイルそのものの「虚構性」を問い直し、その「自己呪縛」からの「自己解放・自己解体」を強いられている[9]。現代人は、日常の身近な異常な出来事を通じて、改めて、現代世界に生じている人間と文明の根本的な歪み、転倒に気づき始めてきた。「異常な出来事の日常化」と共に、自分自身の日常の身近な基礎的な関係の在り方、関わり方そのものをも根本的に問い直そうともしてきた。19世紀末以来、繰り返されてきた「近代批判」に関わる事柄が、身近な日常生活にまで及ぶ問題場面に即して、いわば避けがたいライフスタイルの見直し、自己批判という形で改めて問いとなってきた。

　近代の生み出した科学・技術の「進歩」とは何であったのか。「豊かさ」を享受させてくれる「消費文明」は、人間に、生命にとって何をもたらしたのか。快適さの拡大の中で、現代人は、結果として「生きる力」そのものを衰退させてきたのではないのか。人を、今なお呪縛し続ける、「近代」の家族・市民社会・国家とは何であったのか。人はなぜ戦争をするのか。現代人は、なぜ「暴力と憎悪の連鎖」から抜け出せないのか。現代人は、なぜ容易に「マインドコントロールする宗教」にはまるのか。そもそも「宗教」とは、人間とは何なのか。近代文明の性格そのものに「孕まれていた闇」の部分が、身近にしてグローバルな危機として際立ってくるとともに、現代人の日常生活の豊かさを支えてきたはずの基礎的な事柄の一つ一つが、全体として揺らぎ始め、大きな問いとなる。転換期としての現代社会の突きつけるグローバルな危機の諸問題は、その問題の根を、「人間そのものの在り方、関わり方」にかかわる基礎的なところにまで戻しつつ、トータルに根源的に捉えなおすことを求めてきた。

　全てがシステム化されていく現代世界においては、逆に、政治・経済・教

育・文化・宗教など様々な関係を成り立たしめている基礎的な「関係の成り立ちの場」そのものに構造的な歪み・転倒が集中的に生じてきた。全てが絡まりあった構造的な歪み・転倒とその克服にかかわる諸問題も、その問題の成り立ちの「中心」のところで言えば、人間自身の在り方、関わり方に関わる問題と分かちがたく結び合わされてきた。人間自身のあり方にかかわる基礎的な重層的な「関係の成り立ちの場」そのものに、関係そのものを断ち切る大きな分断の力、悪の力そのものが入り込み増大してきた。「そこ」にこそ、じつはシステム化された現代世界の抱える、より根本的な問題次元は孕まれている。現代人と現代世界の重層的な成り立ちの場そのものに、次々と、予期に反して、根本的な関係の歪み・亀裂・転倒が生じてくる。いわば、「不在化」「空洞化」の浸透と共に、現代世界の体質として構造化されてしまった歪み・亀裂・転倒は、突如、予期に反して「魔的なるもの」「デーモン的なるもの」として分断のエネルギーを増大させ噴出させ続けてくる。「そこ」にどう手をつけるのかに、現代世界の問題の焦点が合わされてきた[10]。

　根本的な転換を強いられる現代世界においては、身近な「日常の生活世界」にまで深く浸透してきた分断の、悪のエネルギーの増大に抗しうる、「日常性」と「根源性」をひとつにした、新たな「精神性・宗教性復興の場」そのものの拡大が求められてきた。避けがたい形でのグローバルな危機が、身近なところにまで「精神の空洞化」という形で及んできたということは、実は「精神地盤そのもの」にまで分け入った根本的な転換の機が熟してきた、ということでもある。近代精神史の避けがたい根本動向ともいうべき「精神の空洞化」とそれに伴う「悪のエネルギーの増大」とは、表裏の関係でもある。時代の根本動向としての「精神の空洞化」に抗しうる、新たな民衆レベルにまで及びうる、精神性・宗教性の復興は、21世紀の強いる避けがたい根本課題となってきた。ここでは、現代世界に生じてきた「宗教復興運動」と、その現代的な「問題場面」について簡潔に確認しておく。

　西欧近代に生じた聖・俗分離の歴史の根本動向は、主として欧米世界においては、「世俗化論」をモデルとして様々に語られ続けてきた。しかし、欧米社

会を中心とする「世俗化論」者の大方の予期に反して、近代化・世俗化の進展の極みとしての現代世界に、突如、「宗教にもとづく政治革命」がイスラーム世界に勃発した。イランにおける1979年の「ホメイニ革命」は、「世俗化論者」の予期に反して生じた衝撃的な出来事として、20世紀における「イスラーム復興」、さらには、より広汎な「宗教復興運動」の時代の到来を印象付けた。現実の世俗世界をもトータルに巻き込む形で展開する「宗教復興運動」の渦は、21世紀に入り、グローバルな危機の諸問題とも連動し、あるいは、それに呼応する形で一段と加速し続けている。「宗教の不在化」、「良心の不在化」に起因する「精神の空洞化」の際立つ現代世界に、グローバルな規模で同時発生的に生じてきた草の根の「宗教復興運動」の潮流は、21世紀に入り更に連鎖反応的に急速に拡大し続けている。

　アンドレ・マルローは、既に、30年以上前に現代世界を俯瞰し得る者として、「21世紀は、宗教的な世紀となろう。そうでなければ存在しないであろう」（同上）とも語っていた。グローバル化の中に生じた、平和、環境、人権、更には様々な格差などをめぐる構造化された危機の諸問題群は、近代化、合理化、世俗化の急速な進展とともに、その基底に構造的に「孕まれていた影の部分」が一度に顕在化してきたともいえる。突き詰めると、その原因は、近代の生み出した人間と文化の在り方そのものに、成り立ちの場そのものに本性的に孕まれていた根本的な「歪み」に起因する。そうしたものとして、いわば体質化され・構造化された近代文明そのものの「歪み」とでもいうべき問題が、地球的規模での一体化の中で急激に顕在化してきた。

　「現代不在」の伝統的宗教は、時代の現実には触れずに、閉じた世界の中でのみ生き延びようとしてきた。とすれば、そうした「伝統的宗教」には、結果として現代的な危機を現出させ、さらに放置してきたという責めの大半が帰せられることともなる。では、近代化・世俗化と表裏の関係で、じつは、責めを負うべきはずの伝統的な諸宗教は、現代世界のグローバル化する構造的な歪み・転倒にどう応じようとしてきたのかが問われる。

　1970年辺りから、「現代における宗教の役割」が、改めて宗教者の側から問

い直されてもきた。西欧近代の世界化・グローバル化とともに「近代化と伝統」をめぐる基礎的な問題が、古くて新しい問題として、現代に再浮上してきた。現代的な厳しい危機の問題場面が突き詰められる中で、宗教こそが本来、照らし出し、応戦すべき問題領域が表面化してきた。現代社会の諸問題は、問題の周辺から攻めていくのみではなく、その問題の成り立ちの根元・中心の側から捉え直すことが求められてきた。と同時に内に閉じこもり自己目的化しがちな伝統的な教団宗教にも、時代の厳しい歴史的生の現実の中に入りきり、問題をそれぞれの立場で、その根底から洞察・照破することが求められてきた。現代社会においては、「世俗化」の進展の中で分断され断ち切られてきた宗教と現実の歴史的世界とが接する場面が、先ず、科学・技術の最先端の現場の側から、「生命倫理」、「環境倫理」、「情報倫理」などとして表面化してきた。

トインビー対談においては、既に、こうした現代的な「宗教復興」に関連する精神史的、文明史的な問題場面について正面から論及されていた。対談の中では、「精神的空白」を生み出しがちな近代世界の極みにおいて、「現代文明における宗教的変革への道筋」が端的に語られていた。

「第3部 哲学と宗教、第2章 宗教の役割、2、近代西欧の三宗教」においては、西欧近代に生じた「精神的空白を埋めようとする」代替宗教としての進歩信仰、ナショナリズム、共産主義信仰の台頭とその限界性にふれつつ、「現代文明における宗教的変革の道」に焦点が当てられていた。さらに、第3章「善悪と倫理的実践」では、西欧近代に生じた「精神的空白を埋めようとする」代替宗教としての「進歩信仰」が、現代社会においては、逆に予期に反して「魔的なるもの」として、時代の人間の「道徳的な水準を低下させる」ことにも触れられている。

　「トインビー　人類の道徳的行為の平均的な水準は、今日に至るまで向上していないのです。したがって、いわゆる文明社会が、いわゆる原始社会よりも道徳的に優れているとい言う根拠は、まったくありません。………われわれが、普通、文明と呼んでいる進歩は、あくまで技術や科学の向上、それに非人格的な力の操作などの向上に過ぎず、道徳的な向上とはわけが違うの

です。

　技術は、向上するたびに力の増大をもたらします。そして、この力は善悪両面に用いることができます。現代社会を特徴づける最も警戒すべき点は技術によって与えられたこの力が、未曾有の勢いで、未曾有の段階にまで増大してきていることです。しかも、そうした状況にあってこの飛躍的に増大した力を使用する側の人間の道徳的行為—実は非道徳的行為—の平均的水準が、依然として変わらないばかりか、むしろ実際には低下しているかもしれないということです。

　池田　まったく同感です。人間の道徳水準は、技術の進歩とは逆に、かえって低下していく傾向があります。それは、技術の進歩によって勝ち得た力が、道徳の果たした役割を代替してくれるかのような錯覚に陥った、人間の愚かさに起因しています。私は、この錯覚から抜け出すことが、人間の自ら招いた現代の危機を解決する、出発点であると思います」（同上）。

基礎的な関係を分断する複雑にして深刻と思われがちな現代的な危機の諸問題も、その問題の成り立ちの根底に戻れば、あるいは事柄は、きわめて単純でもある。急速な科学技術の進歩に幻惑される中で生じた人間の錯覚・転倒が、現代人の道徳的水準の低下を引き起こしたということに起因する。こうして、人間自身の愚かさが引き起こしてきた人間精神の変形、歪み・転倒から抜け出すことが課題である。

ユイグ対談、『闇は暁を求めて』では、こうした現代的な危機克服の道筋は、第４部の「人間の再発見」以降に集約的に論じられているが、第４部の冒頭には次のような文章が置かれている。

　「池田　現代の人間の問題に関して、私たちは、その不幸の根源は、一方では本能的な欲望に振り回され、他方では理性の支配に服従していくという、この時代が引き起こした精神の奇形にあるとの結論に到達しました。

　そこで問題は、これをどのように直すかということです。あなたは、人間の持っている種々の特質を調和せしめることであり、それが一方では本能を昇華し、他方で、そこに愛をはぐくむであろうといわれました。ではその人

間が持っている特質を、どのように調和せしめるのでしょうか。

　この点について、仏教では、思議しがたい生命の究極的本体を覚知すべきことを教え、この覚知が、自己の持っているあらゆる特質の調和の取れた働きをもたらすことを教えています。

　ユイグ　あなたは、私たちの願いとして、"人間の変革"と呼んでいるものの意味を、見事に要約して言われました。それは、つまり、何か新しい奇跡的な解決を期待することではなく、ただ、自身の歪曲をやめて、本来持っている条件をあらわさせ、平衡の取れた状態に戻すことが必要であるということです」（ユイグ対談、『闇は暁を求めて』、1981年、講談社）。

創立者の初期のトインビー対談、ユイグ対談などの中では、こうした形での新たな「伝統の再解釈」を基礎としつつ、精神史的、文明史的レベルでの危機克服への確かな方途が、端的に明示されていた。その中では、その後の対談の基礎となる伝統の「再解釈」が随所で展開されている。

ところで、加速する「宗教復興運動」の時代としての現代に注目してみると、厳しいことであるが、「人間の道徳的世界における水準の低下」という根本的な問題が、「他者」との係わりあいの場面において大きな決定的な問題を引き起こし続けてきたことが知られる。現代世界においては、異質な文明間・宗教間の接触の場面での人間の野蛮な自己中心的・排他的な「解釈」が、グローバルな社会構造ともリンクさせられながら、直ちにグローバルな危機として出て来る。それが20世紀の厳しい歴史の現実であった。「人間の内なる暴力性と人類全体の滅亡の問題がつながってしまう時代、それが20世紀であり、その意味では、人間の内面世界が地球大の大きさを持つにいたったともいえる。」[11]

伝統的な宗教が現代に復興してくる場合に即していえば、かわらざる「宗教的な真理」の「伝統」とその現代的な「解釈」（当然そこでは解釈者そのものの問題がでてくる）にかかわる基礎的な問題が、現代世界においては、再び、大きな現実的な意味を持たされて浮上してきたということである。現代的な問題として、「原理主義」をめぐる基礎的な問題場面について確かめてみる。

「宗教的真理」の「変わらざる伝統（灯）」として伝承されてきた事柄の大半は、現実には、ある特定の歴史的状況の中での解釈であり、その解釈や表現は当然その歴史的状況の制約を受けており変化していくものである。「宗教的真理」の「変わらざる」伝統と称されるものは、実は、ある時代の特定の解釈を通じて受け止められたものであり「変化しながら」その時代に浸透してきた事柄でもある。「宗教的真理」における、「変わるもの」と「変わらないもの」との関係は基礎的な問題場面である。

さらに、「宗教的真理」を継承していく上で形成されてきた、伝統的な「教義・儀礼・宗教組織」などは、宗派性を形成し、時の経過とともに習俗化され形骸化されながら「礼拝」の対象となる。そうした礼拝の「対象」として向こう側に立てられた伝統的と称する宗教の基礎的な形は、往々にして、人が受け止め易い形で固定化され慣習化される。そして自らが自明として疑いもなく受け入れた宗派的な基礎的な「固定観念」により、自らが自らを呪縛する。閉じた呪縛された世界の中で自己目的化・自己絶対化が進行していく。その上で、局面によっては、その固定化した観念を直訳的・教条的に異なった時代・社会の現実に当てはめ、急激に過激に現実世界に実現しようとし、他者感覚が欠如していくこととなる。そうした時代の現実を無視した「復古主義的」な固定的・教条的な伝統解釈の形は、自らを不動の「善」、「正義」として高みに置きつつ、自己目的化し、自己絶対化させる。その上で、他者を「邪悪なるもの」として固定化し排除の対象とするにいたる。

森孝一氏は、「原理主義者」について次のように定義している。9.11の場面を踏まえたうえでの定義でもある。

「原理主義者たちは、自分たちは真理を知っていると考える。その真理は単純であり、聖書やクルアーン（コーラン）やグルの言葉の中に明白に示されている。すなわち、聖典は解釈されることなく、文字どおりに直解的に信じるべきものである。このように原理主義者たちは、信仰理解において保守的な人々である。しかし原理主義者は、ただ個人的レベルでの信仰理解において保守的であるだけではなく、自分たちの保守的な価値観を現実の政治に

おいて実現しようとする人々である。『政治参加』が原理主義者と単なる保守的な信仰者を区別するものである。政治への参加の仕方は、テロからアメリカの宗教右翼のようなロビー活動まで、様々であろう。

　このように考えると、イスラーム原理主義者はもちろんだが、ブッシュ大統領の文明理解あるいはアメリカ理解もまた原理主義的である。すなわち、『9.11』とそれに続く現状は、『二つの原理主義』の間の闘争として理解することができるだろう。

　原理主義の特徴は、疑いを持たない自己肯定と自己絶対化である。これはあらゆる宗教に見られるひとつのあり方である。しかし宗教には自己絶対化に向かう傾向と並んで、宗教本来の自己超越的あり方への可能性が並存している。」[12]

こうした原理主義的な解釈からは、「他者の痛みを感じとる感受性」は抜け落ち、排他性・攻撃性のみが生じてくる。「そこ」に孕まれた根深い「自己中心性」・「差異へのこだわり」は、現実世界の基礎的な関係の成り立ち場そのものをその根元から分断させる。宗教的世界に生じがちな「自己目的化」「自己絶対化」という形での「自己呪縛」は、人を惑わす「魔的なもの」として働き続けることともなる。

現代世界に生じてきた「原理主義的解釈」とその問題克服への道筋は、21世紀の人類社会の避けがたい大きな課題となってきた。追い詰められ「過激な自爆テロ」を繰り返させるイスラーム原理主義者の独善的な解釈と、ブッシュ政権を支える新保守主義（ネオコン）とキリスト教右派の原理主義的なキリスト教解釈という二つの「原理主義」の衝突が、9.11以降の泥沼化した「テロとの戦争」を引き起こした土壌として働いている、と語られる。また、グローバリズムの時代には、逆に、いわばローカルな文化的・宗教的伝統の枠組みにしがみつく、というような原理主義的な「解釈」（解釈者）も台頭しがちともなる。

「原理主義」は、単純に過去の原理・原則に戻るという「復古的」、「保守的」な閉じた「伝統」解釈の自己呪縛と、その過激主義から、いかに自らを自

らが自己解体・自己解放していくことができるのか課題である。無批判に受け入れ固定化された観念による自己呪縛からの自己解放は、時代の厳しい歴史的生の現実に強いられつつ、現実の側から否定されながら他者と対話する中でしか開かれてこないのか。「原理主義とその克服」は、21世紀の宗教復興運動の中心的な問題場面である。

　現代的なグローバルな危機の諸問題に応戦しようとする異質な文明間・宗教間対話の可能性の場の拡大は、いわば、みずからの定めとして受け入れてきた伝統的宗教地盤に根ざしつつも、今・此処で、その与えられた「宗教的真理」と、その「伝統」をどのように現代世界において「受け止め直し」、どのように新たに「再解釈」し表現しえるのか、ということである。「精神性・宗教性復興」の高まりのなかでの要所は、それぞれの宗教的真理の「伝統」を現代世界の只中に、現代から将来にとって意味のある形で、価値創造的に「生かし返す」という的確な「再解釈の可能性の場がどのように開きだされてくるのか」ということである。

5　文明間・宗教間対話の源流とその「脱構築的解釈」の構造

　直前においては、現代に至って益々はっきりとした姿をとりつつあるグローバルな「宗教復興運動」の意味するものと、その現代的な問題場面としての「原理主義」をめぐる問題について俯瞰してきた。21世紀に入り一段と加速する歴史転換の渦の中で、20世紀に生じた「宗教復興運動」は、その混乱の根が照破されつつ、その核心に働いていたはずの草の根の「精神性・宗教性復興運動」に焦点が当て直されようともしている。

　そうした時代の底流を見定める時、1972年、1973年のトインビー対談以降に際立った形で始まり、その後の対談集の源流となった、創立者の1970年代の文明間・宗教間対話の極めて現代的意義が想起させられることとなる。そこでは、既に、現代世界における人類の統合に力を与える新しい「精神性・宗教性復興」への基本的な道筋が端的に語られている。現代的に言えば、「文明

間・宗教間対話の原型」が示され、21世紀の新たな「世界性を有した宗教とその条件」が鮮明にされていた。

　キリスト教世界は、第2バチカン公会議（1962-1965）を境目として、明確に「宗教間対話」の時代に入っていくこととなった[13]。1970年代に入り、その流れは世界各地で顕著となっていく。日本でも、従来の仏教とキリスト教の思想的交流の歴史を踏まえつつも、キリスト教世界の側からの「キリスト教と諸宗教」との対話が活性化してくる。トインビー対談が始められた1970年代初頭は、世界各地でキリスト教世界の側からの「宗教間対話」がグローバルに開始され始めた時期でもあった。創立者の1970年代に本格的に始まるグローバルな対話は、奇しくも、第2の1000年世紀末を射程に入れたキリスト教世界の側からの「宗教間対話」の求めに、「仏教世界」の側から深く呼応する出来事でもあった。ともに求められていることは、人類の存続にかかわるグローバルな危機に直面した現代世界をリードしうる、新たな「宗教的精神の復興」である。

　対談集、『闇は暁を求めて』は、1974年、1975年の2回の対談の後、往復書簡という形で練り上げられ、ルネ・ユイグ氏の編集により最初フランス語版で1980年に刊行された。その創立者の序文の中には、宗教的伝統の「再解釈と対話」の可能性の場をめぐる、自らの基本的な立場について端的に次のように語っている。

　「仏教は、現実社会の人間的苦悩に真っ向から取り組んでいくことを根本精神とする。仏教を開創したゴータマ＝ブッダが道を求めて出家した動機も人間苦の解決であったし、日蓮大聖人の生涯も、現実の人間苦を克服するための苦闘の連続であった。

　もちろん、私はこれらの偉大な人々にくらべれば、とるにたりない平凡な人間である。私のできることは、真理を発見したり道を開くことではなく、これらの人々によって灯された火を現代の人々に指し示すことである。

　あらゆる宗教がそうであるように、仏教においても、創始者たちが始めて真理を語った時には新鮮な響きを持っていた言葉も、時代の変遷とともに古

第3章　文明間・宗教間対話の新展開　81

びて聞こえるようになってしまった。しかし、その言葉の中に秘められた真理は、決して古びたり衰えたりしてはいない。黄金はどんなに埃をかぶっても、やはり黄金なのである。

　ただ、それが黄金であることを人々に納得させるためには、その表面を覆っている埃を取り除かねばならない。その、埃とは、歴史の推移の中で形成された固定観念や、それに対する反発から浴びせられた偏見の類である。とはいえ、私の理解や解釈そのものが、また新しい埃や泥を重ねることになってはいないかを恐れる。

　私が仏教の世界を離れた西欧の知識人、思想家との対話を思い立ったのは、ひとつにはこの点について自分でも納得したいがためであった。先に対話した故A・Jトインビー博士は、今世紀を代表する歴史家の一人であり、人類の文明を歴史的に捉えている大局的洞察力は、私の思考を全体的に検証するための何よりの鏡となった」（ユイグ対談、『闇は暁を求めて』、1981年、講談社）。

このユイグ対談の序文の中では、宗教的真理と開創者の立場、宗教的真理とその歴史的継承（信の伝統）をめぐる問題、宗教的伝統とその再解釈（者）の問題、宗教的真理の再解釈と宗教間対話の可能性、意義などにかかわる問題などに端的に触れられている。本格的な「文明間・宗教間対話」が開始された直後にあって、その根本的な意図について端的に触れている。創立者の序文の最後は次の文章で締めくくられている。

　「西洋文明の土壌に培われた優れた知性の代表としてのルネ・ユイグ氏に対し、私は学者としてではなく、東洋の仏法の実践家として人生を歩んできた。同じ学者同士の対話と違って、うまくかみ合っていないかもしれない。この対話は、二つの歯車のかみ合いとしてではなく、二つの魂の相互照射として読んでいただければ幸いである。そして何よりも、ユイグ氏という明晰な鏡を得て自らを移し見る機会を与えられたことを、私は感謝している」（同上）。

　ユイグ氏は、次のごとくその序文、そして本論を結んでいる。

「対話の利点は、二つ異なった、しかも同じ方向を目指す考えが出会うことにある。異なった考えというのは、互いにまったく遠く離れた二つの伝統の結果を反映しているからで、その距離は、何世紀も以前から西洋と東洋を隔てている距離に相当するが、根本的に異なったそれぞれの道を経ながら、なおかつ同じ結末に向かっているところから、共通の目的を有しているといえるのである。しかも、この結末は、それが由来する二元性を担っていることによって、重要性を有するのである」(同上、序論)。

「私たちの考えは、その説明の仕方は別々の理念によっていますが、基本的には、互いにそんなに隔たっていないことが分かります。そこにわれわれが触れ合わねばならない本質的なものがあります。もともとこれほど違った道をたどり、こんなにも異なった精神構造を受けながら、こうして類似した信念に一致したということこそ、どこまでも捕らえがたく、どこまでも隠されていようとひとつの真理を、私たちがともに予感しているということのしるしではないでしょうか』(同上、結語)。

対談においてのユイグ氏の立場は、現代世界の危機を介して、決定的に異なる東西の精神世界が出会い、違うままで「同じ」、といえるところにまで収斂されていくことができる。それぞれが「由来する二元性を担っている」ことにより、「対話」としての重要性を増すと捉えている。新たに「宗教的精神」を開拓し、それを支えとして「人間精神の質的向上」をはかることができる。互いに「精神性・宗教性」を高揚させ、調和させ、互いの収斂点に向かって上昇し協力することができるとする。またユイグ氏は、第６部「宗教的飛躍」、第１章「超越性」においては、芸術・宗教の人間に対する関係の仕方を同質のものとして捉える。

「芸術は、私たちを、宗教という、もうひとつの原初的な活動に近づけてくれます。人間は、この宗教を、もし象徴として捉えるのでなければ、技術や合理性の範疇に収まる儀式や教義によって、自分たちの水準に引きずりおろそうとしがちです。この恐れは、写実主義が芸術家に及ぼしたそれと似ています。

芸術と宗教は、人間に働きかけて、人間が自分自身を超えて、予感はされるが、自ら見ようとしない限り、姿を現すことはない、一つの実在に向かう同じ道を進ませるものです」(同上)。

「芸術家も、外的世界の経験と内的世界の経験を結び合わせようとします。しかし、彼がなすのは、それ以上のことであり、とどまることのない進歩に向かってそれを導こうとするのです。一つの作品が完成したとき、かれはそれを捨てます。しかし、それは、これを越え出ていくためです。………

したがって、芸術は人間の精神的機能を示す不断の超克、この上昇の流れの上に、いわば枝分かれして現れたものであるわけです。しかし、宗教が礼拝儀式と神学の教条主義の中に埋没していない場合、そうした宗教以上に、この上昇の流れがよくあらわれているところがどこにあるでしょうか?」(同上)。

創立者は、ユイグ氏の「宗教的精神」そのものに関する所論に応じつつ、「生命の不断の前進の中にこそ生命の完成した形は現れ出ている」との仏教の「因果倶時」論に対する解釈を提示する。

「日蓮大聖人の仏法においては、これが悟るところの究極のものであるというものを明確にあらわしました。しかし、この仏法を修行する立場としては、これで終点であるということはなく、どこまでも、前進していかなければならない。その前進していく生命の姿勢の中にこそ、実は終点が実現されているのだと教えます。………

私は、人間としての完成というもの自体、これと同じ原理によってなっていると考えています。人間が人間である以上、どこまで言っても、これで完成したという状態はありません。しかし、自らが未完成であるということを自覚して、その完成を目指して不断に努力を持続していくところに、実は完成された人間像があるのです。

生きた宗教とは、こうした人間のとどまることのない自己完成の努力の中にあるのであって、人間がその努力をやめ、単に儀式や教義の論議に終始するようになったときは、その宗教は死んでいるといわなければならないと思

います」(同上)。

　こうした「伝統的な根本概念」に対する「解釈」と、その簡潔な生き生きとした「表現」の中には、固定しがちな宗教的伝統の「解きほぐし」と、その伝統の基礎・核心にはたらく事柄の新たな「受け取り直し」、「再解釈」を見ることができる。ここには、伝統的な「根本教義の示す事柄」が、どこまでも一個の人間としての、しかも万人に通じる「普遍的な生き方」として生かし返されている。宗教的伝統と称して固定化し勝ちな伝統教義の「自己呪縛」の「枠」(「惑」)を脱し、あるいは時代的な制約を脱ぎ捨てて、元に返りつつ受け止め直すと言う、今・此処での生き生きとした「脱構築的な解釈」が展開される。現代世界の課題を自身の立場で受け止め生き抜く中で伝統の基礎に核心に働いているはずの事柄が生き返ってくるという、宗教的伝統の新たな「脱皮的変容」の形をここにも見ることができる。こうした形で随所に展開される宗教的真理とその伝統に対する生き生きとした「脱構築的解釈」が基礎にあって、伝統を異にする異質な文明間・宗教間にいくつもの「橋を架ける対話」を可能としていることが知られる。

おわりに

　以上、この小論では、創立者のグローバルに展開され続けている「文明間・宗教間対話」の新展開と、現代世界にグローバルに生じている「精神性・宗教性復興運動」への呼応・協同という出来事を想起しつつ、その基礎に働いているはずの事柄の一端を、構造論的に、あるいは精神史的に確かめ直そうとしてきた。
　直前では対話の基礎に働く「脱構築的な解釈」の一端に触れたが、「解釈」といえば、当然のこと、「解釈」と「解釈者」そのものの根拠、在り方というような問題が表に出てくることとなる。「解釈」と「解釈者」その人の在り方、成り立ちの場とは当然分けられない。教条的・排他的な原理主義的な解釈とそこに根差して働き出てくる人間の野蛮性が、現代世界においては、グロー

バルな「テロとの戦争」をも引き起こしてきた。こうした時局にあっては、現代世界の危機的な問題場面を介して、とくに対話を拒絶する「原理主義者」の立場と、その対極にある真摯に「対話し続ける者」の立場の違いが際立ってきた。とともに、転換を強いられる現代世界においては、「対話し続ける者」の基底に働く宗教的伝統の「脱構築的解釈」そのものにも大きな関心が寄せられている。

　伝統を異にする他者が出会い、対話が深まるためには、的確な他者理解とともに、自らの成立地盤そのものについての自己理解が基礎になければならない。なかんずく、他者との出会いにおいて聞きたいのは、具体的な問題場面に即しつつも、相手の「成り立ちの場」そのものの真相であり、それに対する相手の自己理解、自己解釈とその真摯な的確な表現であろう。他者との対話が深まるためには、自己を他者が理解しあえる形で、他者に向けて誠実に語りだす、ということが求められる。こうして現代世界の危機を介して、他者に向けて生き生きと語りだされてきた創立者の「脱構築的な自己理解、自己解釈」に応じつつ、それを鏡ともしつつ、他者もまた自らを新たに照らし出し「脱構築的な自己解釈」として語りだしてくる。求められているのは、こうした時代の共通の課題を生き抜く中での双方向の「脱構築的な自己解釈」と「脱皮的な自己変容」である。異なった文明・宗教のそれぞれが、自らを「脱皮的に変容させうる場」が切に求められている。

　歴史の只中で歴史を超える「永遠なるもの」と直接しつつ、一体のところで、宗教的真理の伝統を貫いてその根本に働く変わらざるものを、今・此処において「受け取りなおす」。仏法が仏法として変わらないと言いうる所、仏法の伝統を貫いてその基礎にある根本のところに直接しつつ、新たに「受け取りなおす」。端的に言えば、宗教的真理の歴史的な伝統を踏まえつつも、今・此処において、「生の根源に直接する」という人間としての根本経験が、歴史的な今・此処において絶えず新たな宗教的真理の展開を生じさせ続ける。今・此処を生きる新たな価値創造的な脱構築的解釈が基となって、さらに新たな宗教的な真理の伝統が形成されていく。あえて言えば、解釈者のこうした宗教的な

根本経験、直接経験の開けの場が歴史の直中に「現に開かれている」ということが、今・此処での仏法の根本的な立場を新たに展開することを可能にする。歴史と歴史を超える「この永遠なるもの」の開けは、今・此処において宗教的真理の伝統とその基礎に働き続けてきたものに直接しつつ、今・此処での、「如是我聞」として新たな法として語りだされてくる。

こうした創立者の現代世界の直中に開かれた「脱構築的な自己解釈」が、大きく他者を包み、目覚めさせ、脱皮させる場の「開けそのもの」として一段と歴史の只中に輝き出てきた。

注
1）『21世紀の人権を語る』（アタイデ対談、1995年）においては、ガンジー主義に対する仏教的な解釈を踏まえつつ、人間の本性とも言うべき根深い「我執」・「差異へのこだわり」（根源的エゴイズム）を越え出、「空じていく」（「無自性空」）道筋について語られている。

「日常生活の中に巣くっている、身分の貴賤や貧富の差、文化の違いなどへのこだわりの心の根には、何があるのか。仏法の知見はそれを見事に示しています。

釈尊は、人間の心に'見がたき一本の矢'が刺さり、その矢によって人間は突き動かされ、苦しんでいると喝破しています。経典には、次のようにあります。『私はその〔生けるものどもの〕心の中に見がたき煩悩の矢が潜んでいるのを見た』と。

この『矢』とは、『我執』をさすとされます。『我執』とは、『自我』（エゴ）への執着、こだわりいわゆる'エゴイズム'です。………

この『我執』を、現代的な表現で言えば、『差異へのこだわり』となります。釈尊が'見がたき一本の矢'を抜きされ、というのは、『差異へのこだわり』を超えよ、ということです。人種差別、民族差別、また他の宗教や文化への偏見、男女、老若などへの差別意識の根にある、『末那識』という根源的なエゴイズムを見抜き、打ち破る戦い―そこに抜本的な『人権闘争』への光源があると思います。

仏法では小我への執着を打ち破り、かのガンジーも目指した、宇宙究極の『真理』の体得―仏性の覚知によって発動する『大我』に生きる非暴力・慈悲の人間道を教えています。」（アタイデ対談、『21世紀の人権を語る』、潮出版社、1995年）

2）「良心不在」の混乱の時代であればあるほど、改めて、「良心」に本来的な基礎的な構造としての、「宗教的なるもの」との結びつきについて明確にしておくこ

第 3 章　文明間・宗教間対話の新展開　87

とが求められる。ここでは、西谷啓治の、「良心について―自分を確かめるということ」という講義の要所を紹介しておく。「自分を確かめる場」としての「良心」と、その「宗教的なるもの」「大きなものの開け」との連関に焦点が合わされている。

　「人間が良心的であることは人間関係が真に心の底から信頼しあえるための基礎であり、もっとも深くまた堅固な共同関係の基石をなすのである。人間関係、あるいは社会的関係の根本には、社会的な共通した（コモン）と言うような立場を超えたような、各人が個人である、「人にはとって代われない」、めいめいが「自分自身に関係する」という方向がある。社会関係というのは、いわゆる社会的ということを超えた、各人が個人個人の中にかえってゆく、各人が自分というものとして自分自身に関係してゆくという面が絶えずあって、それに支えられている。そういう人間と人間との間の関係である。本当に私的な関係ということが根本にあって、それによってかえって社会的な関係というものを、つまり制度とか体制とかという客観的な事柄も生かされてくるというところがある。各人がそれぞれの主体性をはっきりさせる。そこに立つということによって、かえって客観的な社会制度というものも、そこで支えられる。そうした良心の成り立ちの場には、人間が何か大きなものの「開け」の前に立たされるという根本的な立場というものが基礎になっており、それが社会の中へ持ち込まれて社会倫理が出てくる。その意味で良心というときには、根本的には、本来は、何か宗教的なものへのつながりがある。しかし現代人においては、自分が自分の確かさを求める場は、自我という立場が中心となって、そこにみんな集まっている。「根本のこと、『コン』とか『ge』とか言われるときの、一つのまとまった全体の立場というものがはっきりしていない。一番の根本、基調は昔から宗教で言われてきた何か大きな立場というものがなくなっていると思う。そこで主体性といっても非常に自己中心的な立場、社会正義といいながら、人を殺す、たとえば、敵・味方という闘争の立場がある」（西谷啓治著作集、第 17 巻、創文社、1980 年）。

3）西谷啓治は、1986 年の「宗教の本質としての神秘主義」において、現代世界における「世界宗教」の出会いの可能性に関連して、「神秘主義」の普遍性と「人間性そのもの」をめぐる基礎的な問題について、次のようにも論及している。

　「グローバル化した現代において問題となるのは、世界宗教がそれ自身の本質として、どんな民族に属していようと人間であればどんな人間でも、という普遍性を持っていながら、現在から見ると、キリスト教の支配してきた西洋―すなわち欧米諸国であるとか、仏教が支配してきた東洋―インド、中国、朝鮮、日本などであるとか、或いは、東南アジア、アフリカに伝播したイスラーム教はイスラーム教自身でそれぞれ一つの世界を持っていることである。そこで現代の新しい課題となるのは、本当に人類全体を包括する宗教を現実の中で成立させるということである。そうでないと、それぞれの世界宗教が自己矛盾に陥

るという問題が出てきている。それぞれが皆、普遍的な人間性を基礎にしながらも、現代から見ればキリスト教という特殊な枠を通じて、或いは、仏教という特殊な窓を通じて、現実の世界をある特殊な視野で眺めている。そういう状況からどうしたら脱却できるか、そこが問題である。………現代の最も重要な問題というのは、世界宗教がそれぞれ、キリスト教と仏教、キリスト教とイスラーム教、イスラーム教と仏教という形で互いに接触しあう、いやおうなしに付き合いせざるを得ない段階にたっているということである。それぞれ皆、世界宗教という立場だから、世界とか人類という地盤に初めから立っている。だからその接触の仕方というのは、それぞれが自分自身のうちで基礎的な立場へ引き戻されて、全て人間という存在が宗教的に見てどういうものであるかという問題へ自分の宗教の答えを、自己反省的に吟味することから出発しなければならない。………

　仏教とキリスト教のごとき二つの世界宗教の出会いにおいて、それぞれが自らを他と別なものと自覚し、おのおのが自らの自己同一へと自己反省する。この出会いには、それぞれがまったく自らの独立性へ帰る。そこにいわば絶対の『二』、絶対的な『差別』が出てくる。しかしそれぞれが互いに独立となって、同時にまた、相手が自分と同様に独立であることを知ることでもある。つまり、相手も自らと同じ基盤、つまり同じ『世界』、同じ普遍的な人間性、同じ『人類』的に立っていることを知る」（『宗教の本質としての神秘主義』『神秘主義と現代』所収、星雲社、1986年）。

4）「創造的生命の開花」、「創造的生命のダイナミズム」というような表現の中には、創立者の経験に裏打ちされた仏教の「空」に対する新たな解釈を見ることもできる。伝統的に「無自性」・「縁起」などとしてその内実が語られ続けてきた「空」を、伝統の異なる現代人にどう伝えるのかは基礎的な問題場面である。「空」として語られ続けてきた仏教の根本概念の成り立ちの場そのものを、いわば「虚空（宇宙生命）と一体」の場そのものの「開け」として、根源的生命の湧出する「創造的生命の開花」の場の「開け」として語られる。1989年のフランス学士院講演、「東西における芸術と精神性」においては、次のようにも語られる。

　「大乗仏教でとかれる『空』の概念は、ニヒリスティックでスタティック（静的）な小乗的概念とは、百八十度様相を異にし、刻々と変化し生成躍動し行くダイナミックな生命の働きそのものなのであります。

　皆様方に近しい人の言葉を借りるならば、一切の事象を『永遠の相の下』ではなく『持続の相の下』で捕らえようとしたベルグソンの生の哲学のほうが、よほど大乗的な『空』の概念に親密であるといってよい。私は、この大乗仏教の『空』が内包しているところの、生々脈動してやまぬダイナミズムを『創造的生命』と名づけておきたいとおもいます。

　その生命は、時間的、空間的な限界を乗り越え、小さな自己から大きな自己

への超克作業に余念がありません。すなわち、宇宙本源のリズムとの共鳴和音に耳を傾けながら、日々新たなる飛躍と自己革新を目指しゆくところに、その面目があるからです」(『21世紀文明と大乗仏教』、1996年、聖教新聞社)。

　1974年の創価大学入学式、創立者講演、『創造的人間たれ』に続く、1975年の入学式講演、「創造的生命の開花を」においては、次のようにも語られている。

　「私の胸にあふれてやまぬ"創造"という言葉の実感とは、自己の全存在をかけて、悔いなき仕事を続けたときの自己拡大の生命の勝ちどきであり、汗と涙の結晶作業以外の何者でもありません。"創造的生命"とは、そうした人生行動の弛まぬ切磋琢磨の中に浮かび上がる、生命のダイナミズムであろうかと、思うのであります。」(『創立者との語らい』)

5)『21世紀への選択』(テヘラニアン対談)第1章においては、「地球市民のための文明間の対話」をモットーとする戸田平和研究所が、研究を進める上でガイドラインとしてまとめた「対話のルール、10項目」が紹介されている。日常の自身の「対話のあり方そのものを問い直す」チェックリストともなりそうである。そのまま掲げておく。「対話のルール10項目」は、「他者性の尊重」に貫かれた「開かれた対話」という視点に貫かれている。

　「1、他者を尊重し、心情と精神の全てを持って他者の意見に深く耳を傾ける。2、総意への共通の基盤を探求するが、意見の多様さを認め、重んじて、グループ思考は避ける。3、不適切な干渉も、節度のない干渉もしない。4、討論に自身が貢献する前に、他者の貢献を認める。5、沈黙も言葉であることを忘れない。発言は、適切な問いを提起するか、事実を述べるか、主張を明確にするか、討論をより具体的な点へ、またはより大きな総意へ進めることによってなすべき寄与があるときに限る。6、重大な意見の相違があるときは、相違を認めた上で更に討議する。7、自身の意見を通すために他者の意見をゆがめることは決してしない。自身の異論を述べる前に、他者の立場に他者が満足するまで言い及ぶように努める。8、いかなる討議事項にも一致点を形成した後、次の議題に移る。9、グループの方針と行動のため、一致点に含まれる意味合いを引き出す。10、自身の同僚たちにその貢献を感謝する。」

6)拙稿、「創価の『人間復興』運動―その原風景と生の根本構造」(『創立者池田大作先生の思想と行動』所収、2005年)においては、創価の三代の「人間復興運動」、「精神性・宗教性復興運動」の基底を貫く戸田城聖先生の「獄中の悟達」・「地湧の菩薩」としての自覚と誓願を、「宗教的生(生の根源性)」とその「直接経験」に関わる中核的場面として理解した。その上で、それを「宗教基礎論的」あるいは「宗教本質論的」な立場で受け止めた。

7)西谷啓治は、「歴史と歴史を超えるもの」との根本的な連関、なかんずく、「宗教的真理とその歴史性」をめぐる問題場面については随所で触れている。此処では、論点を際立たせている簡潔な文章を引用しておく。

「歴史は本質的には宗教的なものといえると思う。つまり、歴史のうちから現れた宗教というものが、歴史というものの最後の真実を解明する鍵を提供するものである。歴史というものには、宗教が成立してくるような次元が含まれており、その次元から歴史というものの本質も本当に捉えられる。宗教的な真理に面して一人一人の人間が全人的な決断を迫られる場、………それが歴史というものの究極の根底を開示する次元である。そういう意味で、歴史の本質は宗教的なものであるといえる。歴史というものの『真』は、結局、超歴史的と同時に歴史的である『まこと』、つまり宗教的な『真』と別ではないのである。」
　　　（西谷啓治著作集。第20巻、創文社、1990年）
8）小林正弥は『非戦の哲学』の中で、「トインビー的文明論の予見力」について、次のように述べている。「西洋文明とイスラーム文明との衝突の危険を予見したのは、決してハンチントンが始めではなく、エルマンジュラが始めですらない。歴史的文明論の中心者A・J・トインビーは、すでに第二次世界大戦直後に刊行された『試練に立つ文明』（原著1948年、社会思想社、1966年）の第10章「イスラーム、西欧そして未来」において、今日の事態を予見するかのような叙述を行っている。そこでは簡潔な紹介がされている。世界の「西欧化」の中で、イスラーム世界は十字軍の場合以上に危機に瀕している。このような情勢で起こりうるのは、「狂信派」（外国の圧力によって惹起された復古主義）か「ヘロデ派」（外国のものを摂取しようとする開明派）である。この二つの路線をとる側は、ともに今後の生きた文明の成長に創造的な貢献をなしえない。「しかし、バハーイやアハディーの運動のような『新しい高等宗教の胚種』が見られるように、この『文明間の衝突』により、イスラーム世界の中から新しい『高等宗教』が生まれてくるかもしれない。」（小林正弥、『非戦の哲学』、ちくま書房、2003年）
9）拙稿、「フェミニズムと脱神話化への動向―自己呪縛からの脱皮的変容への動向―」（『女性学へのプレリュード』所収、1995年、北樹出版）「変容する老いと成熟の間―「近代批判」に関連して―」（『高齢学へのプレリュード』所収、2006年、北樹出版）は、共に、こうした転換期としての現代社会に特有の問題場面からの解放は、「自己呪縛からの開放」として、まずは「自己解体」として現れ出てくることについて触れている。
10）拙稿、「精神史的立場から見た人権―その現代的変容への道」（『人権はだれのものか』所収、1993年、有信堂）においては、強いられる「人権思想の現代的変容」への道筋について論及しておいた。
11）上田紀行は、オウム事件の直後に出された『宗教クライシス』の中で次のように述べている。「宗教が引き起こす問題を一般のスキャンダルと同次元でいくら論じても、それがいい意味でも悪い意味でもわれわれを魅惑し、とりこにする『魔力』を解き明かすことはできない。しかし、宗教という領域の内奥に存在する『力』と『構造』を見つめることなしには、その議論は空疎なままであり、

宗教の本質的な批判にも、擁護にもなりえない。宗教の提示する世界がわれわれの生にとって必須のものなのか、それとも無視できるものなのかを議論しなければ、宗教の引き起こす問題を批判することはできても、21世紀に向けての宗教と社会の未来像を構想することは不可能であろう」として、「21世紀の宗教と社会の大きな見取り図」を提示している。

「宗教クライシス」は、「宗教の引き起こす危機であり、宗教自身の危機である。そして、宗教を鏡に映し出されている現代という時代の危機でもある」。20世紀にいたって、人類は、その「悪意」、「憎悪」、「敵対心」によって、全人口をもほろぼすことができるようになった。「人類の内なる『暴力性』と人類全体の滅亡の問題がつながってしまう時代、それが21世紀であり、その意味では人間の内面世界が地球大の大きさを持つにいたったともいえる。宗教を論じる際に、たびたび『心の時代』であるとか、『精神性の時代』であるとか言われる。それはポスト科学技術時代の用語として、反科学的、反物質主義的な流れで使われるが、『心の時代』は、科学技術の発達によって、内面的な『心』のもつダイナミズムが地球全体の存亡にも関わる外面的な巨大な力を持つにいたったときに、ネガティブな形で成立していたのである」（上田紀行、『宗教クライシス』、1995年、岩波書店）。科学・技術の進歩という立場も、より広い立場からすると、予期に反して「魔的なるもの」として現れる。

12) 森孝一「『宗教国家』アメリカは原理主義を克服することができるか？」森孝一、『現代思想』2002年10月号
13) 森有正は、「霧の朝」（『思索と経験をめぐって』所収1965年11月、講談社学術文庫）において「第2バチカン公会議」の意義に触れて次のごとく語っている。時代の証言として紹介しておく。「この会議は、内容的には16世紀中葉のトレント公会議、1870年のバチカン公会議のあとをうけ、全世界のカトリック司教が集合する公会議で、第2バチカン公会議と呼ばれている。教義そのものには全然触れず、むしろ教会と現代世界の動向との間の調整が主要な課題となっている。議題は教会内部の政治機構の改善から、典礼執行の現代化（たとえば、祭式に、ラテン語の代わりに諸国語の使用を認めるということなど）、布教の方法の改善、また現代世界の重要問題に対する教会の態度決定など実に広汎な問題が含まれるが、原理的に最も重要なことは、宗教的自由の宣言であろうと思う。それは、宗教的信仰は、人間的水準で言えば、最終的には各個人の良心に従って選択決定される、ということの確認であって、カトリックの信仰といえどもその例外ではない、ということを明確にしたものである。宗教的自由の確認は、………プロテスタントやギリシャ正教、更に他の諸宗教や一般現代思想と対等の水準でディアローグが行われ、その関係がまったく新しい地平の中に展開される可能性が生じたのである。」

第4章

「生命倫理問題」への先駆的洞察

木 暮 信 一

はじめに

　「人間にとって生とは何か、死とは何か、あるいは生命とは何か−この人生究極の課題が、いま『脳死問題』として改めて問われ続けている」−これは創立者・池田大作先生の「脳死問題に関する一考察−日蓮大聖人の仏法の視座から」と題する論文[1]の冒頭の部分である。それは今から21年前に著されたものであり、後述するように、"第2次「脳死・臓器移植」ブーム"という時代状況の中、いまだ世論も是否論にゆれ、定見を模索している段階でのことであった。その後の「脳死・臓器移植」問題の推移を見ればわかるように、いかにその時点での提言が先駆的洞察に満ちていたものであったかは驚嘆の一語に尽きる。しかし、それはまた、池田先生の長期にわたる思索の結果を示すものであったとも考察できる。すなわち、遡ること12年、1975年に出版されたA. J. トインビー博士との『21世紀への対話』[2]においても、「死の判定」や「臓器移植」、「安楽死」という生命倫理問題が取り上げられ、示唆に富む活発な議論が展開されていたからである。

　1997年に、いわゆる「臓器移植法」[3]が成立されるに及び、少なくとも「脳死・臓器移植」という死をめぐる生命倫理問題には終止符が打たれた観を呈したが、21世紀になり、いまだ問題は存続しているように思われる。生命科学や医学のさらなる急速な進展により、バイオテクノロジーは微細な方向へかたちを変えながら"生命操作"を可能にしている。一方、そうした進展にもかかわらず解決できない難病も多く、そうした不治の病をめぐる安楽死問題も再燃

している。1990年代にマスコミあげて繰り返し議論が展開されたにもかかわらず、具体的な問題が提起されると、医療当事者や報道陣の稚拙とも思われる対応ぶりに驚かされるのではないだろうか。

したがって、本稿において、創立者・池田先生の生命倫理問題への洞察を再考することは時宜を得たものであると考えられる。ここでは、『21世紀への対話』（1975年、以下『トインビー対談』）、「脳死問題に関する一考察－日蓮大聖人の仏法の視座から」（1987-88年）、『生命の世紀への探求』（1990年、以下『ポーリング対談』）[4]、『科学と宗教』（1994年、以下『ログノフ対談』）[5]、『健康と人生』（2000年、以下『シマー・ブルジョ対談』）[6]をもとに論を展開したい。

1　わが国におけるバイオエシックス

"生命倫理"ということばはすでにわが国において定着したといってよいだろう。原語であるbioethics（バイオエシックス）は1960年代後半にアメリカでつくり出されたとされるが、それは「生命科学や医療の領域における関係者の行為・行状について、道徳的な価値観や原則に照らして論じる学際的研究の系統的学問」[7]を意味する。わが国においては、学問という意味合いより、むしろ文字通り、生命に関する倫理すべてを対象とすることばとして使われてきている。

そのきっかけとなったのは言うまでもなく「脳死・臓器移植」問題である。1985年に厚生省「脳死に関する研究班」が提出した「脳死の判定指針および判定基準についての報告書」[8]に疑義を打ち出した立花隆氏の『脳死』（1986年）[9]は、その意味で、わが国におけるバイオエシックス論議の嚆矢となったと断言できる。以来、法律制定までの10年間、個別的な問題は後述するとして、日本生命倫理学会が設立され（1988年）、さまざまな生命倫理問題が研究・論議されるようになり、また文部大臣のもとにつくられた「臨時脳死および臓器移植調査会」という諮問委員会（1990年）は、十分に機能したかどうかは別として、以後のさまざまな生命倫理問題に対する対応のスタイルを提供するこ

ととなった。それらと比較して、その間数多くの世論調査やシンポジウムがマスコミによって行われたにもかかわらず、生命倫理問題に対するマスコミの対応には蓄積されたものを感じさせる余地が少なく、問題が起こるたびに「時機尚早」「議論が尽くされていない」という原点回帰的な論陣が張られることは不思議なことである。

　その後、わが国におけるバイオエシックスの焦点は、「死をめぐる生命倫理問題」ではもっぱら「（積極的任意的）安楽死」の方へ移行し、また、それまでにほとんど手がつけられてこなかった「生をめぐる生命倫理問題」の方へ議論の的が絞られるようになった。前者に関しては、1995年のいわゆる「東海大安楽死事件」[10] に対して横浜地裁から出された「（医師による）積極的安楽死の新たな4要件」[11] がその後のガイドラインとなった。対照的に、後者の問題はかなり広範囲に及び、しかも「生をめぐる生命倫理問題」に関係する医学およびバイオテクノロジーは日進月歩の勢いにあるので、「ヒトクローンの作製禁止」[12] という基本的ガイドラインがわが国をはじめとして各国で制定されているものの、それ以外の生命科学的研究や生命操作技術に対するガイドラインには国による差が認められ、不安や危惧を提供するところとなっている。

　このような生命倫理問題に対する宗教界の反応は、一般的に言えば、鈍いといわざるを得ない。たしかに「生命の尊厳」や「人間生命の尊厳」、また「生命の始まり」「人格形成の始まり」など議論の対象として難しいものばかりであり、教義との整合性や宗教と科学の関係性なども当然ながら含んでいるからと思われる。

　そうした状況の中において、ローマ・カソリック教会の統一見解は、あまりにもかつますます原理主義的になっているという批判があるものの、微動だにしない非常に厳格なものを打ち出している。すなわち、「生命を神から与えられた賜物と考えるキリスト教の見地からは、人工妊娠中絶は原則的に許されない」、「死の判定が最大限慎重に行われるという上で、臓器を他人に提供することは一種の隣人愛の発露として認められる」、「安楽死や尊厳死の問題に対しては、生命維持の手段を通常のものと非日常的なものとに区別し、患者自身や回

りの人間に対して重大な負担をかけないような通常の手段を逸脱するような場合には、生命維持装置を取り外すことが許される」[13]という声明をあげることができる。さらに近年では、バイオテクノロジーの進展に基づく生命操作に対しても「人は受精の時から人格として尊重され、扱われるべきであり、それゆえその同じ瞬間から、人権、その中でもまず、無辜の人誰もの不可侵の生きる権利が認められなければならない」[14]と明確に基本指針を示している。

一方、仏教界はというと、いくつかの個別的見解は提出されているが、ヴァチカン・アカデミーのような統一性のあるものはなく、したがって世論を喚起するほどのものには到底及んでいない。その意味で、池田先生の世界的有識者との対談を通しての提言は画期的なものであったといわざるを得ない。しかも、それらの提言が、最先端の科学的知見を十分に考慮して展開されているので、具体的な生命倫理問題に直面した人々にとってのよきインフォームド・コンセント（十分な説明を受け、納得した上での同意）の基盤となっているとはいえまいか。

2　死をめぐる生命倫理問題

そこで、まず「死をめぐる生命倫理問題」の中から個別的に「脳死・臓器移植」と「安楽死・尊厳死」問題を取り上げて、まず問題点を整理してみたい。その後に、池田先生のそれらの問題に対する考察と対談者の考え方を見てみたい。

（1）「脳死・臓器移植」問題

すでにふれてきたように、わが国では1980年代後半からの第2次"脳死ブーム"より議論が次第に深まり、とともに世論調査やシンポジウムが度々行われ、「脳死・臓器移植」に対する社会的合意が形成されてきたように思われる。したがって、いわゆる「脳死臓器移植法」が1997年の初頭に国会に上程された際は唐突の感を抱く人が多かったようだが、マスコミによる「時期尚早

論」はあったものの、基本的に容認の機は熟していたように思われる。以後、1999年2月、高知赤十字病院にて法律に基づくわが国初の脳死体からの臓器摘出が行われ、ドナーの意思に基づき大阪大学で心臓移植が、信州大学で肝臓移植が、東北大学と長崎中央病院で腎臓移植が実施された[15]。以来2006年3月末まで、脳死体からの臓器摘出は44例にのぼっている（臓器移植を受けたレシピエント数は120-150例だと推測される）。

　当初から圧倒的なドナー不足が予想されていたが、この問題は現在に至っても改善されたわけではない（改善すべき問題ともいえないが）。この点が現国会における「臓器移植法」の改正論議[16]に直接的につながっているわけである。すなわち、一つは「家族同意案」（法律施行後3年後の見直しのとき町野朔上智大教授らによって提案されたものを踏襲）で、ドナーの拒否する意思がなければ家族の同意で臓器提供できるというものであり、現行法の15歳以上という年齢制限を外すというものである。もう一つは「年齢緩和案」（見直しのとき森岡正博大阪市立大教授らによって提案された「ドナーの意思尊重の原則」を貫く案を踏襲）で、年齢制限を12歳以上まで下げるというものである。いずれにしても、ドナー不足を少しでも解消し、低年齢者への臓器移植を可能にしようとするものであるといってよいだろう。

　ドナー不足のところへ議論が集中しているように思われるが、もう一つ大きな問題点として、予後がそれほどよくないという点を指摘できる。開始されてから2年間ほどはレシピエントの死亡例も低く、職場復帰の例も報告され、楽観的な見方が広がったのは事実である。しかし、本年3月末時点で25名というレシピエント死亡数がまとめられ、それは全レシピエントの少なくとも約17パーセントだから、意外と高い数字であるといってよいかもしれない。それを反映してか、医療者を対象とした世論調査[17]であったが、最近では「脳死臓器移植」容認が40パーセントほどに減少しているようである。

　こうした「脳死・臓器移植」問題に対して、池田先生は1975年の『トインビー対談』（上、p.184-189）では非常に慎重な姿勢をとられていて、「現段階では、提供者の死が絡む臓器移植については、原則として行うべきではないとい

う基本線を貫くことが必要ではないでしょうか。わたしが現段階での臓器移植に反対するのは、一つはこの"死の判定"の問題があるからです。もう一つは、臓器移植の"要"ともいわれる拒絶反応を克服する医学的手段が、十分に確立されていないからです。しかし、仮に拒絶反応の抑制が可能になったとしても、医学の進むべき方向は、あくまでも臓器移植ではなく、人工臓器の開発にあると私は考えます」（上、p.189）と述べている。対して、トインビー博士の意見にはより積極的なものを感じるが、おおむね池田先生の慎重論に合意しているように思われる。

　その後およそ10年間の経過があり、当然ながら医学的な進歩もなされ、状況は大きく前進したものと思われる。1987年から1988年にかけて発表された「脳死問題に関する一考察－日蓮大聖人の仏法の視座から」（1、2、3）において、池田先生はこの脳死問題を詳細に論じ、「仏教の視座からとらえた場合にも、もっとも肝要なことは『脳死』を正確に診断し、その不可逆性を確実に確認することにある。この医学的基盤の上に立って、各人が仏教の臨終の姿に浮かび上がった生命主体の在り方を学びつつ、脳死状態への態度を決めることができると思われるのである」（2、p.139）と指摘している。そこでは、あくまでも慎重論の立場に立ちつつ、厳密な上にも厳密な死の判定が行われれば、仏法的な観点からも脳死を人の死として認められるとの画期的な視点が提供されたのである。わが国の宗教界から初めての提言でもあったので、大反響を喚起させたことは言うまでもない。それだけではなく、その後の脳死臨調の答申や「臓器移植法」の骨格にまで影響をもたらしたのでないかと考えるのは考えすぎであろうか。

　こうした池田先生の、厳密な脳死判定（可能ならば脳血流消失も判定基準に加える）、脳死・臓器移植への社会的同意形成、ドナーおよびレシピエントの自由意思の尊重、臓器移植は一時的な代替医療で移植対象疾患の原因解明および人工臓器開発などに関する提言は、その後の『ポーリング対談』（p.148-151）、『ログノフ対談』（上、p.141-150）、『シマー・ブルジョ対談』（p.241-251）でも展開され、対談者とほぼ合意に達している。本来、そうした提言や合意内容について

（２）「安楽死・尊厳死」問題

次に「安楽死・尊厳死」問題であるが、「脳死」問題と比較して、「安楽死・尊厳死」問題の方がはるかに歴史が長い。「ヒポクラテスの誓い」の中に「たとえ頼まれても有害なものを誰かに投与したり、そのようなことをするようにと誰かに指示したりもいたしません。同じように、流産させるために婦人に堕胎に役立つものを与えません」[18]とあるように、遠くギリシャにまで遡ることができる。しかし、ここでは用語の整理や代表的な事件にふれて、問題点を明らかにしたいと思う。

まず「安楽死」は「良き死」を意味するギリシャ語 $ευθαναδια$ に由来し、英語では euthanasia である。分類されている用語を定義的に述べると[19]、「積極的安楽死：不治の病にある患者の苦痛を除去するために、患者の生命を積極的に短縮させること」、「消極的安楽死：不治の難病および意識不明の患者の治療ならびに延命措置を中止すること」、「任意的安楽死：安楽死において患者本人の意思や同意をその本質的条件とすること」、「非任意的安楽死（強制的安楽死）：本人の意思の有無に関わらず、（心身障害者はもとより）不治の病にある者の生命を積極的に短縮すること」というようになる。また、「尊厳死」については、後述する「カレン事件」で使用されたものである。

問題点を明らかにするために、いくつかの事件を概略的に取り上げたいと思う。最近の事件[20]に関しては詳しい情報がないので、ここではふれないことにする。

【山内事件】[21]

これは 1961 年、愛知県で起きた事件である。その５年前に脳溢血で倒れた父親は２年前から全身不随となり、以来衰弱と上下肢を動かしたときの痛みが激しかった。生計を担っていた息子は「殺してくれ、早く死にたい」と父親から嘱託され、またシャックリの発作時に「患者の命はあと１週間」と医師に告

げられ、牛乳に有機リン殺虫剤を混入させたものを用意した。何も知らなかった母親がそれを飲ませたために父親は死亡した、という事件である。

第1審では「尊属殺人罪」での有罪判決であったが、第2審の名古屋高裁は「嘱託殺人罪」で「懲役1年・執行猶予3年」の判決を下した。このとき、同時に「安楽死が違法とならない6要件」[22]を示した。それらは、

① 病者が現代医学の知識と技術からみて不治の病に冒され、しかもその死が目前に迫っていること、
② 病者の苦痛がはなはだしく、何人も真にこれを見るに忍びない程度のものなること、
③ もっぱら病者の死苦の緩和の目的でなされること、
④ 病者の意識がなお明瞭であって、意思を表明できる場合には、本人の真摯な嘱託または承諾のあること、
⑤ 医師の手によることを本則とし、これにより得ない場合には医師により得ない首肯するに足る特別な事情があること、
⑥ その方法が倫理的にも妥当なものとして認容し得るものであること、

というようになっている。この「安楽死」に対するガイドラインが裁判所の見解として発表されたことは十分に評価されるところである。わが国において、このガイドラインの存在は安易な事例の続発を防ぎ、かつ欧米のような「安楽死合法化運動」に対する抑制を果したともいえるかもしれない。

【カレン事件】[23]

この事件は1975年4月に、アメリカ・ニュージャージー州で起きた事件である。カレン・アン・キンラン嬢は友人の誕生パーティーで飲酒後、睡眠薬（精神安定剤）を服用して昏睡状態に陥り、病院に運ばれた。脳に回復不能と考えられる障害を受けており、光・音・痛み刺激に反応を示す程度で「植物状態」と診断された。レスピレーターが装着され、チューブで流動食を送り込み、かろうじて生命を保持している状態であった。入院後体重は減少し、愛くるしかった顔はゆがみ、正視に耐えられないほどに変貌してしまったとされ

る。

　同年9月、カトリック信者であった両親は「近代医学による異常な人工延命よりは、患者を尊厳死させ、神のもとに返す」よう医師に要求したが、拒否されたので、「美と尊厳をもって死ぬ権利」を裁判所へ請求したのである。対して、同年11月、州高裁は「患者が自らの意思を決定できない場合には、患者は生き続けることを選ぶとみなすのが社会通念である」ことを理由に、訴えを退ける判決を言い渡した。

　両親はこれを不服として、州最高裁へ上告した。1976年3月、州最高裁は患者の父親を法律上の後見人に指定した上で、「個人が死を選択する権利は、人間の生命尊重を持続させる州の利益に優先する。すなわち、肉体的な衰弱が進み、回復の見通しがないときには州の権利は弱められ、プライバシーとしての個人の権利が強められる」という理由で、「後見人が十分な資格を有する医療機関から、患者が今後治療を続けて回復の見込みはまったくないとの結論を得た場合には、人工呼吸装置を取り外してもよい」との判決を下すに至った。

　（同年4月、連邦最高裁への上告は断念されたので結審した。同年5月カレン嬢の人工呼吸器は外されたが、自発呼吸が復活しており、植物状態のまま1985年6月肺炎による呼吸困難で死亡するまで生き続けたのである。体重は54kgから30kgへ減少していた。）

　この事件を契機として、「尊厳死」や「死ぬ権利」ということが広く議論されるようになったことは言うまでもない。また、それがカリフォルニア州をはじめとして制定された「自然死法」[24]に結びついていったのも事実である。

【東海大安楽死事件】
　事件は1991年4月に起きた。約4ヵ月前から東海大学付属病院に多発性骨髄腫のため入院中の患者の容体が悪化して、昏睡状態になった。患者の家族から「おだやかに死を迎えさせたい」と訴えられ、内科助手は点滴チューブを外すなど、すべての「積極的治療」を停止した。しかし、その後も患者が荒々しい呼吸を続けるなどしたため、家族は見かねて「苦しみを取り除いてほしい」と同医師に依頼。医師は鎮静剤や向精神薬を投与したが、患者の様子に変化が

なかったため、塩化カリウム・20ccを静脈に注射した。家族の見守る中、患者は数分後に息を引き取った。これが事件の概要である。

1992年7月に同医師は起訴され、1995年3月に「懲役2年、執行猶予2年」という有罪判決が下された。その後控訴はなく、4月に判決が確定した。

このとき、横浜地裁は「本件は安楽死に当たらない」理由として、「生命を短縮するには患者本人の明示の意思表示が必要」との原則を貫きつつ、「(医師による) 積極的安楽死の新たな4要件」[27]を示した。それらは、

①患者が耐えがたい肉体的苦痛に苦しんでいる、

②患者は死が避けられず、その死期が迫っている、

③患者の肉体的苦痛を除去・緩和するために方法を尽くし、他に代替手段がない、

④生命の短縮を承諾する患者の明示の意思表示がある、

というものであり、"医師による"と限定したことで、名古屋高裁の6要件から⑤⑥が省略されたかたちになっている。一方、治療行為の中止など「尊厳死」に関係する場合などを「間接的安楽死」と表現し、この場合、先の4要件に加え、患者の意思を「家族の意思表示による推定」でも足りるとし、薬物投与・栄養補給・水分補給などあらゆる措置がその対象となるとした。したがって、「積極的安楽死」に対してはより厳しい明確な判断を示したものと評価できるものの、その一方で「尊厳死」に対しては要件を緩和させる方向で、司法としては初めて"容認"という判断を下したといえよう。

以上のような事件のほか、最近では筋弛緩剤の投与や人工呼吸器の取り外しという安楽死事件が相次いでいるが、そこでも4要件や6要件に基づく議論が展開されていることは当然として、患者側の苦痛の緩和や尊厳性の維持という「(死ぬ権利をも含む) 幸福権の追求」と、検察側のあくまでも生命は尊重すべきであるという「生命の尊厳観」とが、真っ向から対峙していることが見て取れる。

そして、現代において問題にされているのは「積極的任意的安楽死」であり、一部合法化に及んでいる国や州もあるものの[25]、依然としてその是否をめ

ぐって議論が繰り返されている。たとえば、「安楽死は一種の鎮痛治療の結果である」という「治療論」や、「どうせ不治の病ならば、苦しみ少なく早く死なせた方が合理的である」という「功利論」、「自己の生命の処分も含めて、自分に関することを主体的に決定することこそ人権である」とする「人権論」の立場から「安楽死是認論」が展開されている。一方、「治療に当たる医師にとって安楽死という逃げ道はない」とする「医の敗北論」や、「人間生命の尊厳を原理的に認める」という「人命尊厳論」を基盤として「安楽死否認論」が展開されている[26]。

こうした「安楽死・尊厳死」問題に対して、トインビー博士は「私は、安楽死とは、ある人を罰するためでもなければ、その人から他の人々を守るためでもなく、本人自身への慈愛の行為として一個の人間を殺すことであると定義づけています。たとえ正気の人でも、これ以上生き続けることに耐え切れなくなって、死を望んだり、殺してほしいと願うことは、ありうることです。肉親との死別、自己の能力の喪失などが、その人の人生を耐えがたいものにしたという場合もあるでしょう。また、他人の重荷となって生き続けることは、自分としては人間の尊厳と相容れないと感じる、という場合もあるでしょう。…このような人が死なせてほしいというのに、その要求を拒むべきでしょうか。私は拒むべきでないと信じます。そういう状況にある人の要求を拒むことは、私は、その人の尊貴な権利である人間の尊厳性を侵すことになると信ずるのです」（『トインビー対談・上』、p.321）と述べている。博士の意見は「権利論」や「功利論」の立場に立ちつつ、容認できる余地を提示しているものと思われる。ポーリング博士もほぼ同様に「私が関心をもっているのは、人間は尊厳に死ぬ権利を持っているということです。実質的に死んだも同然の人間の意識を回復させようと、できるだけ長く患者を生かしておこうとする集中治療病院の行為を抑制しようという努力を、私は支持しているのです」（『ポーリング対談』p.142）と展開している。

対して、池田先生は「私は、自らの生命を断つということは、生命の尊厳という、人間にとって最も大事な理念に反することになると考える」（『トインビー

対談・上』、p.319）と明言し、仏教の生命観から「仏教は、過去・現在・未来の三世にわたる生命の連続を前提とし、それにしたがって人間の持つ宿業もまた持続していくものと考えます。苦しみは死によって終わるのではなく、苦しみの業として死後も続いていくとするのです。この業そのものは、その人自身の力で転換する以外にありません。このように考えれば、仏教には、安楽死を正当化する根拠は何もありません。また、自殺についても、生命は宝器であるという理由から、認めることはできません」（『トインビー対談・上』、p.332）と否認している。また、より現代的な「積極的安楽死」に対しても「人間生命は、いかなる人といえども、"仏性"を内在し、それを顕現できる可能性を有していると仏法では説きます。積極的安楽死は、"仏性"顕現の可能性を奪ってしまう行為となりかねないゆえに、否定的にならざるをえないのです」（『シマー・ブルジョ対談』、p.256）と展開している。対談者のブルジョ博士が「仏法の考え方は、よくわかります」と賛意を示している点は興味深い。

このように現代的な難題である「安楽死・尊厳死」問題に対して、池田先生の「知性、理性、感情は、この生命自体の表面の部分であって、生命全体ではありません。知性や理性、感情は、この全体的生命を守り、そのより崇高な発現のために奉仕すべきものです。それが生命の尊厳を守り、尊厳性を現実化する道であると考えます。したがって、知性や理性、感情には、全体的生命を破壊したり、その持続を収束させる瞬間を決定する権利はないといわざるをえません」（『トインビー対談・上』、p.333）という透徹した生命観や尊厳観は、対談者の思想に一石を投じるだけでなく、難題に対する明確な回答を示しているのではないかと思われるのである。

3　生をめぐる生命倫理問題

わが国の生命倫理問題に関する議論の流れを概観するとき、20世紀末まではすでに述べてきたように「脳死」論議がその中心であったように思われる。それが、2003年4月の「ヒトゲノム解読完了」[27]が象徴するように、まさに

21世紀では遺伝子をもとにした「胚」論議への移行を呈している。すなわち、「移植医療」を中心とした議論から、「生殖医療」、「再生医療」やそのための「遺伝子治療・遺伝子診断」をめぐる議論への移行であり、「生をめぐる生命倫理問題」がその焦点となっているといってよいだろう。「移植医療」でさえ、従来のドナーからレシピエントへという「臓器移植」の概念から、自己の細胞から再生医療技術を駆使して臓器をつくり、それを自分自身に移植するというものに変りゆくことはさほど遠い話ではないので、むしろ「生をめぐる生命倫理問題」に仲間入りすることになるかもしれない。

こうした生命科学やバイオテクノロジーの急速な進展を背景として、「ゲノム解読完了によって病気の治療が一新する。例えばオーダーメイド医療も可能になる」、「クローン技術によって目的の組織や器官が自在につくれ、壊れたパーツは取り替えることができる」というようなことが喧伝されてきた[28]。しかし、そうした楽観的な展望の陰にさまざまなリスクが存在することも予想され、したがって新たな生命倫理問題が噴出してくることも予期されているのである。

ゆえに、欧米諸国では統一的な考え方のもとに、さまざまな倫理原則やルールが整備されてきている[29]。その考え方の基本というのは「人権」に対するものであり、アメリカとヨーロッパ諸国では異なるとらえ方も認められる。すなわち、アメリカ型のものは「人権とは個人の自由と権利である」というように定義づけられる。したがって、自分の体の一部をどう使おうとそれは本人の自由であり、広範な処分権をその人個人に認めるということが基本になるわけである。実際、移植目的で提供された臓器や組織の売買は法律で禁止されているが、提供された組織を保存・加工して売買することは認められ、広くビジネスとして行われている。アメリカでは身体の一部をどのように扱うかは個人のプライバシー権に属することとして処理されるので、倫理的また法的問題の中心になるのは、意思決定をするのに必要な情報を開示され十分な説明を受ける権利をいかに保障するか、プライバシー権を保護するために個人情報をいかに、どのように守秘するべきかという点になるわけである。一方、ヨーロッパ、な

かんずくフランスでは「人権には個人を超えた公共の秩序という面がある」という立場に立っている。人の生命や身体に関することがらについては、すべて個人の自己決定にゆだねるのではなく、社会が何をしてよいか悪いかを明らかにして、個人の自由と権利にタガをはめるべきだという考え方に基づいているのである。1994年6月に制定されたフランスの「生命倫理法」[30]は、まさに守られる人権には個々人の意思を超えた公共の秩序という側面があるという立場に立ち、人体を、物ではない、人の尊厳が及ぶ特別な保護の対象と位置づけているのである。

対して、わが国ではそうした基本的な考え方に関する議論が欠落していて、したがって法整備も立ち遅れているようである。たとえば、法律で規定しているのは「ヒトに関するクローン技術等の規制に関する法律」（2000年12月）だけである。「ヒトES細胞の樹立と使用に関する指針」（2001年9月）や「ヒトゲノム・遺伝子解析研究に関する倫理指針」（2001年3月）は管轄省の行政指導指針であり、「遺伝学的検査に関するガイドライン」（2001年3月）や「ヒト遺伝子検査受託に関する倫理指針」（2001年4月）は専門学会による自主ルールである。

そこで、「生殖医療」や「再生医療」という「生をめぐる生命倫理問題」において議論されている"人の生命の始まり"についてふれてみたい。受精卵の操作や再生医学研究を進める上において、人の生命の始まりはどこからか、胚や胎児は人なのか、人の生命の始まりにおいてどこまで医学の利用対象としてよいのか等々の問題である。

クローン人間の作製に関しては世界各国でそれを禁止する法律をもって規制してきたが、胚を用いた研究に対する規制は各国さまざまであり、そこに「人の生命の始まり」に対する考え方の違いが見て取れる[31]。例えば、ドイツ・オーストリアでは生殖医療以外の目的での胚作製や使用を認めていない。フランスでも原則禁止で、胚を壊さないで、かつその胚に直接利益があるか生殖技術改善のためでのみ、国の許可で可能にしている。イギリスでは受精後14日以内の胚のみ、国の認可機関の許可で可能としており、研究目的での胚作製

も、また生殖医学かつ再生医学目的の研究に対しても認めている。アメリカでは、従来から民間での胚性幹細胞を使った研究は認められていたが、「現在研究所で冷凍保存されている余剰胚（不妊治療のために行われた体外受精胚で、もとのカップルがもう使用しないとしたもの）に的を絞り、それらがいずれ死滅したり破棄されるのであれば、人の生命を救うという高い目的に奉仕する科学研究のために利用することは許される」、また「民間機関での研究により生み出された60種類余りの幹細胞株はすでに破棄されている胚から作り出されたものであり、その生死の決定はすでに済んでいる」という理由で、2002年よりそうした研究に公的資金が援助されるようになった[32]。

　わが国においては、「クローン技術規制法」により、「胚とは一つの細胞または細胞群であって、そのまま人または動物の胎内において発生の過程を経ることにより一個の個体に成長する可能性のあるもののうち、胎盤の形成を開始する前のもの」と定義されている。したがって、胎外で培養される場合には、子宮内にあるなら胎盤形成されて胎児（＝胎芽）となるはずの受精後7日目頃を過ぎても胎盤が形成されないため、「胚」として扱うことができるようである。そして、ヒト胚研究に関する基本的な考え方は、「ヒト胚は生命の萌芽としての意味を持ち、他のヒトの細胞と異なり、倫理的に尊重されるべきものであり、慎重に取り扱われなくてはならない」という理由のもと、余剰胚に限って、インフォームド・コンセントや無償の原則を条件に、再生医学研究のために貰い受けることが許されている[33]。

　以上のように、「胚」をめぐる研究に対する各国の対応を見てきたが、ここでも、ドイツ・オーストリア・フランスの厳しい立場、すなわちそれは受精の瞬間から"もの"ではない"人"を意識した対応と、イギリスやアメリカの受精後1-2週間は条件付きながら胚研究が許されるという立場、それはその段階では"もの"として扱えるという対応が認められるのである。そして、わが国は後者に追随しているようでもある。

　「人の生命の始まり」に関する法律上の見解や研究者たちの対応を概観したのであるが、それでは各宗教の教義ではどうなっているのであろうか[34]。カト

リックの見解は従来から「受精の瞬間から人である」とまとめられ、体外受精そのものに反対、体外受精胚の提供・着床前診断・胚の研究利用にも反対という立場である。近年、この見解はますます強固なものになっているようである。一方、プロテスタント諸派では統一見解はなく、「人格は徐々に形成されるもので、初期胚には人格はない」としているようである。したがって、胚の提供や遺伝子診断、胚の研究利用など広範に認めうる立場と考えられる。ユダヤ教では「子宮に着床した時点で人となる」と考え、医療目的での受精卵遺伝子診断と胚の研究利用を認めている。イスラム教では「受精後40日以降に人となる、すなわち魂が受肉する」とし、医療目的での受精卵遺伝子診断と胚の研究利用は認められている。

対して、仏教各派では統一見解はなく、基本的に「受精の瞬間」が「人の生命の始まり」と考えているようである。ただ、受精のあり方において、卵子と精子の合体だけでなく、"識"の流入を想定しているところが特徴的な点であり、それがいつ流入するのかは不明である[35]。したがって、それは受精の瞬間と考えればカトリックと同様な対応が導かれるし、また、子宮着床から胎盤形成時と考えればプロテスタント的な対応も、さらに受精後14日頃の神経管形成が人格のもとであるからその時点と考えれば比較的緩やかな対応も導き出せるかもしれない。ちなみにわが国で近年行われた全国意識調査[36]では、「いつの時点から人として絶対に侵してはならない存在か」という質問に対して、「受精の瞬間から」が30.1％、「人間の形がつくられはじめる時点（受精後14日ぐらい）」が16.9％、「母体外に出しても生存可能な時点から（妊娠22週）」が15.1％、「出産の瞬間から」が7.6％であり、「わからない」が29.4％であったと報告されている。

最後に、こうした「生をめぐる生命倫理問題」に対しての池田先生の見解を見ておきたいと思う。ここでの引用はもっぱら『シマー・ブルジョ対談』からのものである。

まず「生命の始まり」をめぐって、「仏法の経典を見ると、受精・受胎の時点をもって生命の始まりとしていることがわかりますが、昔は、今日の胎内生

理学等が示すようには、母親の胎内の様子は明確でなかったと思います。現在の体外受精（体の外で精子と卵子を出合わせて受精すること）、人工授精（人工的に精液を直接子宮内に送り込み受精させること）という問題に対処するには、科学的、医学的知見にも即しながら、『生』というものをあらためてとらえ直す必要がありましょう」（p.275-276）と前提を明らかにした上で、「仏法では人間の『生』については、人間の『死』と同様にプロセスとしてとらえております。まず仏典を見ると、受精・受胎によって『生命』が宿ることが示されています。仏典によっては、『中有身』が宿るとも、『識』が入胎するとも示されています」（p.276）とし、その「識（＝阿頼耶識）」から、胎児の発育とともに、深層意識である末那識や意識的な心も顕現するというプロセスを提示している。そして、「この瞬間から人間の生命が始まる」とか「人間であると認める」という瞬間を特定できるというものではなく、むしろ「少しずつ生命体が複雑になって次第に人間になっていく」というブルジョ博士のとらえ方に賛同を示しているのである。

「人工妊娠中絶」に関しては、「仏法の慈悲は胎児の生命尊厳にまで及ぶという根本精神からすれば、基調としては、人工妊娠中絶によらないで問題を乗り越えるほうが良いことはわかっています。しかし、これには中絶の時期の問題もからんできます。仏法は産児制限（調節）の方向をさし示しているように思えます。そのうえで、出産にともなう負担が母体の健康に著しくかかわるケースや、暴行等による本人の意思と反した妊娠のケースなどについては、当事者である両親、とりわけ母親の意志を尊重して決定すべきではないでしょうか。また仏法的には、どうしても中絶をしなければならなかった人への宗教的なケアをなすべきでありましょう」（p.289）と述べている。さらに、今後の「遺伝子診断」や「遺伝子治療」をもとにした「選択的中絶」問題を射程におきながら、「『遺伝子治療』が今後、視野のなかに入ってくるならば、賢明な利用を考えることも必要です。しかしながら"治療"から"操作"へと転落する歯止めはしっかりとかける手段を講じておく必要があるでしょう」（p.289）と提言している。

そして、「生殖医療」についても、「特定の精子を選び、人工授精に使用することには、私は反対です。人間生命の尊厳は、IQや特殊な能力などによって決まるものではなく、どのように人生を歩んでいくかによって決まるものであるからです」(p.293)と明言し、生殖技術の商業化に対して警鐘を鳴らしつつ、「生命操作の先走りは、基本的人権をも侵しかねない状況を引き起こしています」と警告している。最後に「いかなる医療であれ、リスクがゼロということはなく、生殖医療もその例外ではありません。したがって倫理的な議論とともに、安全性をまず確保することで、発展する医療技術の『責任』を示すべきであると考えます。そのうえで、どう活用するかは親の"生まれる子"に対する"責任"にかかっているでしょう。子供をもつ親として自らがどう生き、また子にどのような人生を生きてほしいのか、たしかな人生観を基盤としながら、慎重に生殖技術の利用を考えていくべきでしょう」(p.296)と締めくくっている。

こうした見解の中に、仏法の生命観に基づく人間生命の尊厳観、慈悲の精神や寛容の精神が見て取れるとともに、生命科学や先端医療の急速なる進展をも包摂しながら対応するという深い見識がうかがえる。それはまた、今後もさまざまな形に変容していくであろう21世紀における生命倫理問題への視座を提供しているのではないかと思われる。仏法の生命観がそれを可能にしているとも考えられるが、むしろ池田先生の先駆的・創発的・統合的思索のなせる技であると考えるものである。

おわりに

20世紀後半から21世紀にかけての生命科学やバイオテクノロジーの発展には目を見張るものがあった。それは今後もさらに加速しながら続くものと思われるが、それが20世紀において多くの生命倫理問題を提起してきたように、21世紀においてもさまざまな生命倫理問題を起こしていくことは十分予測されるところである。

本稿において、さまざまな対談集で展開されてきた生命倫理問題に対する創立者・池田大作先生の考察を取り上げた。「死をめぐる生命倫理問題」に関しては、「脳死・臓器移植」問題や「安楽死・尊厳死」問題の背景や問題点を整理したうえで、それらに対する池田先生のまさに先駆的といえる提言について考えてみた。一方、「生をめぐる生命倫理問題」については個別的な問題には言及できなかったが、そこでの法整備の基本となる「人権」のとらえ方や、議論の焦点である「生命の始まり」の問題について現状を明らかにした上で、そうした生命倫理問題に対する池田先生の創発的・統合的提言を紹介した。

　最後に、池田先生の先駆的考察や創発的・統合的提言の底流をなすと思われるハーバード大学・記念講演「21世紀文明と大乗仏教」[37]の一部を引用したいと思う。

　「『死を忘れた文明』といわれる近代は、この生死という根本課題から目をそらし、死をもっぱら忌むべきものとして、日陰者の位置に追い込んでしまったのであります。近代人にとって死とは、単なる生の欠如・空白状態にすぎず、生が善であるなら死は悪、生が有で死が無、生が条理で死が不条理、生が明で死が暗、等々と、事毎に死はマイナス・イメージを割り振られてきました。（中略）

　死は単なる生の欠如ではなく、生と並んで、一つの全体を構成する不可欠の要素なのであります。その全体とは『生命』であり、生き方としての『文化』であります。ゆえに、死を排除するのではなく、死を凝視し、正しく位置づけていく生命観、生死観、文化観の確立こそ、21世紀の最大の課題となってくると私は思います。（中略）

　従って死とは、人間が睡眠によって明日への活力を蓄えるように、次なる生への充電期間のようなものであって、決して忌むべきではなく、生と同じく恵みであり、嘉せらるべきことと説くのであります。ゆえに、大乗仏典の精髄である法華経では、生死の流転し行く人生の目的を『衆生所遊楽』とし、信仰の透徹したところ、生も喜びであり、死も喜び、生も遊楽であり、死も遊楽であると説き明かしております。（中略）

大乗仏教で説くこの『大我』とは、一切衆生の苦を我が苦となしゆく『開かれた人格』の異名であり、常に現実社会の人間群に向かって、抜苦与楽の行動を繰り広げるのであります。こうした大いなる人間性の連帯こそ、いわゆる『近代的自我』の閉塞を突き抜けて、新たな文明が志向すべき地平があるといえないでしょうか。そしてまた、『生も歓喜であり、死も歓喜である』という生死観は、このダイナミックな大我の脈動のなかに、確立されゆくでありましょう」。

　ここで展開された「生も歓喜、死も歓喜」という生死観にこそ、21世紀におけるさまざまな生命倫理問題に対峙しゆく基本的な視座があるものと考える。そう考えるとき、逆に、生命倫理問題というのは「生も歓喜、死も歓喜」という人生観への契機としてとらえることもできるように思われるのである。

注
1) 池田大作「脳死問題に関する一考察－日蓮大聖人の仏法の視座から」、(1):『東洋学術研究』、vol.26-2, p.129-149, 1987.（2）:『東洋学術研究』、vol.27-1, p.128-155, 1988.（3）:『東洋学術研究』、vol.27-3, p.109-148, 1988.
2) A. J. トインビー・池田大作『21世紀への対話（上・下）』、文藝春秋社、1975.
3) 「臓器の移植に関する法律」: 1997年6月17日成立、7月16日公布、10月16日施行. 同法律に施行後3年目に見直し作業をする旨が記載されている.
4) L. ポーリング・池田大作『生命の世紀への探求』、読売新聞社、1990年.
5) アナトーリA. ログノフ・池田大作『科学と宗教（上・下）』、潮出版社、1994年.
6) R. シマー・G. ブルジョ・池田大作『健康と人生』、潮出版社、2000年.
7) アメリカで編集された生命倫理学辞典『Encyclopedia of Bioethics』(Eds. W. T. Reich et al., 1976) の「Bioethics」の項より引用（著者訳）.
8) 厚生省・脳死に関する研究班（班長：竹内一夫杏林大学教授（当時））『脳死の判定指針および判定基準についての報告書』、1985年.
9) 立花隆『脳死』、中央公論社、1986年.
10) 「東海大学のいわゆる安楽死事件」については各紙で報道された：「東海大の末期がん患者死亡事件」、毎日新聞、1992年7月3日号、「東海大事件・積極的安楽死と認めず」、毎日新聞、1995年3月28日号.
11) 星野一正「東海大学のいわゆる安楽死事件の判決をめぐって」、『国際バイオエシックス研究センター・ニューズレター』、第16号、1995年.
12) 2001年6月に施行された「ヒトに関するクローン技術等の規制に関する法律」.

13) キリスト教倫理はその典拠を「聖書」にもとめているが、それだけではなく、カトリックの場合ではローマ法王の発布する教書や声明がその根幹になっている．宮川俊行『安楽死と宗教』（春秋社、1983年）を参照．
14) 秋葉悦子訳・著『ヴァチカン・アカデミーの生命倫理』、知泉書館、2005年．
15) 読売新聞、1999年2月25-28日号．河北新聞のHP（kahoku. co. jp/spe/spe057/index. htm）による．
16) 木暮信一「（脳死）臓器移植法の見直しについて」、『東洋哲学研究所紀要』、vol. 16, p.168-186, 2000.
読売新聞のHP（yomiuri. co. jp/iryou/news/iryou_news/20060407ik04.htm）参照．
17) 毎日新聞、2006年4月28日号．
18) 星野一正編著『生命倫理と医療』、丸善、1994．巻末に付録として「ヒポクラテスの誓い」（星野一正訳）が掲載されている．
19) 阿南成一『安楽死』、弘文堂法学選書、1978年．
20) 「京都京北病院・筋弛緩剤投与による安楽死事件」（1996年）、「川崎協同病院・筋弛緩剤投与による安楽死事件」（1998年）、「仙台北陵クリニック・筋弛緩剤投与による安楽死事件」（1999年）、「富山射水市民病院・人工呼吸器取り外しによる安楽死事件」（2006年）などをあげることができる．
21) 前掲（19）を参照．
22) 前掲（19）を参照．
23) 唄孝一「続・解題カレン事件－シュプリーム・コートの場合」、『ジュリスト』、vol.622, 1976.
24) 初めての「自然死法」はカリフォルニア州議会で1975年議決された．内容については『ジュリスト』（vol. 630, 1977）参照．
25) 1995年アメリカ・オレゴン州で「尊厳死法」が成立．連邦最高裁の違憲審査を経て1997年に決定される．オランダでは2001年に「安楽死法」が成立している．
26) 前掲（19）を参照．
星野一正『わたしの生命はだれのもの――尊厳死と安楽死と慈悲殺と』、大蔵省印刷局、1996年．
創価学会生命倫理研究会・東洋哲学研究所共編『生と死をめぐる生命倫理3――安楽死・尊厳死をどうみるか』、第三文明社、2001年．
27) 1991年に始まった「ヒトゲノム解読計画」は2003年4月の解読完了宣言を経て、2004年10月に完成版の論文発表（Nature）がなされ、ゴールに到達した．それによると、当初10万遺伝子、概要発表時でも3-4万遺伝子と予測されていたものが、22287（20000-25000とも記載されている）遺伝子であると報告された．
28) 吉川泰弘「生命科学よ驕るなかれ」、『第三文明』、1月号、2001．
29) 橳島次郎『先端医療のルール――人体利用はどこまで許されるのか』、講談社現代

新書、2001 年.
30）1994 年 6 月、フランス議会は被験者の保護と臓器移植・生殖技術・遺伝子診断などの先端医療の包括的な規制を目的とした「生命倫理法」と総称される法律を成立させた．前掲（29）に詳しい．
31）前掲（29）参照．
32）英文科学ニュース（lifescience-mext. jp/trc/cont/00_www/news/past01/01bush_sum. htm）、「ブッシュ大統領の幹細胞研究に関する見解表明演説」参照、2001.
33）総合科学技術会議・生命倫理専門調査会「ヒト胚の取扱いに関する基本的考え方（最終報告書素案）」、2004．
34）前掲（14）および（29）を参照．
35）福永勝美『仏教医学事典』、雄山閣、1990．
36）2000 年 1 月に旧科学技術庁の委託で野村総合研究所が行った「ヒト胚性幹細胞及びクローン技術等の研究開発動向及び取扱に関する調査」．
37）池田大作『21 世紀文明と大乗仏教―海外諸大学での講演選集』、第三文明社、2000.

第2部　文学・歴史・人間

第5章

体験としての読書
―ドイツ文学と創立者池田先生―

田 中 亮 平

序

　創価大学創立者池田大作先生の著作や講演には幅広い文学の素養が豊かなバックグラウンドを形作っていることは、なんびとも反駁し得ないところであろう。すでに戦中からその読書遍歴はスタートしており、戦後間もない頃の読書会とその準備のための「読書ノート」や[1]、『若き日の日記』には昭和20年代の池田大作青年の苦闘の青春の記録とともに、文学作品の読書記録もまた多くしるされている[2]。

　こうした青春の日々の読書体験、または古今国内外の文学作品の受容体験は、やがて1979年刊行の『私の人物観』をはじめとして、数々の人物論をあつかった著作の中にその結実を見ることとなる[3]。さらには正続二編の『若き日の読書』があらわされて、青春時代の読書体験が直接著者によって語られているし[4]、アンドレ・マルローや井上靖などの著名な作家との対話編をはじめとして、『古典を語る』『世界の文学を語る』など、広くわが国や世界の文学を論じた対話編もある[5]。

　本稿ではこうした池田先生の幅広い文学の素養から、特にドイツ文学の分野に的を絞ることにし、ドイツ文学という各論的分野から、池田先生と文学のかかわりとそこにみられる特徴を考察してみたい。

　そうはいっても、池田先生の著作においてドイツ文学に関する言及は、他

の国の文学と比較して格別多いとはいえない。ユゴーやホイットマン、ガンディーやタゴール、あるいはまた魯迅やトルストイと比肩できる存在は、ドイツ文学においては、ひとりゲーテを挙げうるのみである[6]。したがって本考察のなかではドイツ文学全体を視野に入れながら考察を始めるが、後半では特に論点をゲーテに絞っていくことになる。

はじめにわが国において、明治期以来ドイツ文学がどのように紹介されてきたかを概観し、池田青年の読書遍歴の開始時点で、ドイツ文学の作品がわが国においてどのような位置づけを占めていたかを確認し、あわせて池田大作という1人の文学の読み手について、どのような特色が見られるかを考える。創立者には仏教実践者としてはもちろん、それを超えた思想・科学・芸術の分野における業績は数多く、さらには文学の分野における作品も豊富で、その意味ではきわめて稀有な特色を持つ読者であるといえるからである。

続いて創立者青年時代の読書体験において、ドイツ文学が占めていた位置を確認する。その際には後年雑誌に公表された「読書ノート」における記述を典拠とする。

最後にゲーテに的を絞り、後年の刊行物の中から『私の人物観』を取り上げ、そこに展開されたゲーテの人物論や作品論を考察する。その際には、特にそこに見られる仏教実践者としての創立者の独自の視点を浮き彫りにしていくことをめざしたい。また同時にそれを通じて創立者において読書がいかなる意味を持っていたかという点をも明らかにしていきたい。

1　わが国におけるドイツ文学受容

明治13年（1880年）、シラーの戯曲『ヴィルヘルム・テル』が英語からの重訳として、『瑞正独立自由の弓弦(ゆみづる)』の題名で出版された。訳者は斎藤鉄太郎で、ドイツ文学の作品がまがりなりにもわが国に紹介された最初の例であるとされる[7]。明治17年にはゲーテの『ライネッケ狐』による『狐の裁判』がつづき、翌18年には森鴎外の手によってハウフの『隊商』のなかのエピソード

が『漢詩盗侯行』と題して『東洋学芸雑誌』に掲載されている。これはすでに明治14年（1881年）にドイツ語から意訳し、漢詩の形でまとめていたものをこのときに発表したもので、ドイツ文学の作品ではドイツ語から直接翻訳発表された最も早い例のひとつである。

明治10年代までは外国文学の紹介そのものがすくなく、シェークスピアをはじめとするイギリス文学やフランス文学に隠れて、ドイツ文学の翻訳はわずかである[8]。しかし20年代に入るとその数も徐々に増えていく。なかでもメルヘンがしきりに紹介されており、グリムの『子供と家庭のための童話集』の一部や、ハウフのメルヘンなどは繰り返し出版されている[9]。しかし本格的な作品の紹介によってドイツ文学がわが国でも広く読まれるようになるきっかけを作ったのは何といっても森鴎外であった。ドイツ留学から帰国したあとの明治22年（1889年）から、かれの精力的な翻訳紹介が始まり、ホフマンの作品もこの年に紹介される。ゲーテの『ミニヨンの歌』を含む翻訳詩集『於母影』も同年発表されている[10]。

このあと明治末年までに翻訳紹介されたドイツ文学の作家をあげると、20年代にはレッシング、クライスト、アイヘンドルフらが、30年代にはシュニッツラー、ハイネ、ニーチェ、ハウプトマン、オットー・ルートヴィッヒなどの名前が見える[11]。

明治年間を通じての出版点数をみると、シラー、ゲーテ、シュニッツラー、ズーダーマン、ハウプトマン、ハウフなどが目立っている。しかしそれぞれ多くても10点から20点程度にすぎない[12]。

大正期から第二次大戦以前の昭和期には、外国文学の翻訳出版の点数は飛躍的に増加し、各種の文学全集や個人全集、また改造文庫や岩波文庫などの発刊も相次いだ[13]。必然的に他国の文学と並んでドイツ文学の作品も質量ともに豊富に翻訳され、文学史にその名を残す作家の主だった作品はたいてい翻訳で読めるほどになった。大正から終戦までの35年間では、ゲーテ、ヘッセ、シュニッツラー、トーマス・マン、ハイネ、シュトルム、リルケ、ホフマンらがもっとも多く出版されており、なかでもゲーテは450点ほどで他を圧してい

る。これに次ぐヘッセでも230点ほどに過ぎない。戦後の十年間でもゲーテの230点、ヘッセの130点が他の作家を圧倒している[14]。

　このことからも明らかなように、わが国のドイツ文学受容の歴史において、その影響力の強さと長さにおいてゲーテに勝るものはない。ゲーテの著作集、選集、全集と題されたものだけで13を数える。戦後はわずかに2種類であるので、その大半は、明治10年代から戦前までの時代に集中しているのであるが、それにしても本国ドイツは別として、これほどまでにゲーテが読まれた国はほかに見当たらないとされる[15]。

　先述の『独逸奇書狐の裁判』と題され、明治17年（1884年）、井上勤の翻訳で出版された『ライネッケ狐』[16]に続いては、明治26年（1893年）『ヴェルター』のドイツ語からの抄訳が『わかきエルテルがわづらひ』と題し、緑堂野史によって出版される[17]。しかしこれに先立って高山樗牛が英語から訳して「山形日報」に『淮亭郎の悲哀』と題し、明治23年（1890年）に連載していた。やがて明治37年には久保天随のドイツ語からの完訳『うえるてる』が続くが、その影響は大きく、いわゆる「ヴェルター熱」と呼ばれる現象が見られた[18]。

　『ファウスト』の場合は明治30年（1897年）、『悲劇ファウスト』と題して大野洒竹によって第一部のはじめが翻訳されたのが紹介のはじめである[19]。37年には高橋五郎の第一部完訳が続く。その後新渡戸稲造の梗概紹介『ファウスト物語』、町井正路の訳と続くが、いずれも第一部のみに限られていた。いうまでもなく大正二年の森鴎外の一部二部の全訳によって、はじめて完全な形でわが国に紹介されることになる[20]。

　なぜこれほどまでにゲーテがわが国に受け入れられたかを考えれば、たまたまゲーテのヴァイマル版全集133巻が出版され[21]、グンドルフらの研究者がゲーテを神格化した時期が、わが国におけるゲーテ紹介の時期に重なっていたことが一因をなしているといえる[22]。さらに明治憲法制定期から、第一次大戦の中断を除いて第二次大戦の終戦に至るまで、日独間には政治的親近性が強かったという事情も加えうるであろう。その結果ドイツ文学が英・米・仏の文

学と肩を並べつつ、時によってはそれら以上に好意的に迎えられることになった。その際にゲーテがその代表格としての位置を保ち続けたことは明らかである。

　しかしまたこうした外面的な事情とは別に、とくに大正時代から昭和初期にかけて、その「全人的人格の具現としての文学は、阿部次郎、安部能成といったような哲学者やその他の文化的教養人たちの人生観や世界観の形成にかなり深いかかわりをもち、その内面生活の好伴侶となった」[23]。つまりゲーテのわが国における受容は、ドイツ文学に限らず、ひろく外国文学の作家の中でも極めて特異なほどに、読者の知的、情感的、また倫理的営みの深部にまで達していたといえる。つまりゲーテは深く「日本人のもの」になっていたのである。

　創立者の読書遍歴がスタートする終戦前後の時期、ドイツ文学の古典的な作家や作品はすでにほとんど翻訳され、同時代の作品も精力的に紹介されていた。なかでもゲーテは全人的教養の理想として受け取られていたといえる[24]。

　こうした外国文学の受容の歴史を考えるとき、そこにはさまざまな位相を区別することができる。時代状況の差異を尺度に考えることも可能であろうし、作品やあるいはジャンル別に分けて考えることもできるであろう。また受容者の側の差異に注目することも可能である。この点についてはすでに星野慎一氏の論考があるが[25]、私なりに整理してみると、こころみに三つの種類の読者に分けられよう。

　まずはもっとも狭い範囲の読者として専門の研究者が考えられる。研究である以上、彼らの「読み」には学問的厳密さをベースにした批判的分析や解釈の作業が伴うのが普通である。しかし啓蒙書や紹介書を別にして、その研究成果は同業者を中心とした限定的な範囲の読者層へむけて発信されることが多い。

　日本におけるこうした形でのドイツ文学研究の形成は、はじめお雇い外国人として明治政府に招かれてやってきたフローレンツにより東京帝国大学で始められた。その後京都大学や早稲田大学においても同様の講座が開設されることになって、今日の日本におけるゲルマニスティク研究に及んでいる[26]。

　第二にこうした研究者とは別に、文学に職業として携わる読者がいる。作家

や評論家を中心として、一部の思想家、哲学者を加えてもよいであろう。従来外国文学の受容が論じられ、研究の対象とされる際には、この種の読者が関心の中心に置かれることが多かった。比較文学研究においても、こうした種類の読者における受容研究は、通例「ある作家のある国の文学一般、あるいは個別作家への影響」等々という形で行われ、中心的な課題のひとつとなってきた。

　たとえばかつて雑誌『國文學　解釈と教材の研究』に「近代文学に投影した外国文学」と題した特集が二回にわたって掲載された。その目次を見ると「ツルゲーネフと日本文学」「トルストイと日本文学」といったものから、さらに個別的に「二葉亭とゴンチャロフ」「漱石とメレディス」などの論考が並んでいる。ちなみにこの特集においてドイツからはゲーテ、ハイネ、ニーチェの3人が取り上げられている[27]。

　しかし第3の種類の読者として、専門の研究者でもなく、また文筆活動を職業とするわけでもない読者が存在することはいうまでもない。通例こうした読者はみずからの読書体験を公的に発表する機会をもたない。しかしこうした読者たちは第1第2の層の読者たちに劣らず、あるいは彼ら以上に対象の作家や作品を愛し、より深く理解する場合がある。

　印象深い一例として先述の星野慎一氏が挙げた例を見てみよう。太平洋戦争さなかの昭和18年、池谷澄夫という名の外科医がラバウル戦線に投入され、やがて補給もたたれて孤立することになる。住む家もなく洞窟生活を送り、食べ物にも事欠く有様に陥る。戦争末期の爆撃下で、待っているのは飢えかマラリアによるのたれ死にしかないという極限状況下にあって、しかしながら池谷軍医はゲーテの『ファウスト』の原書を読みふけるのである。

　「本は谷間の洞窟のなかの湿気でバラバラになってしまったので、ゴムの木から樹液を取りガソリンで溶いたものを糊にかえ、アメリカ軍の落した落下傘爆弾の紐を解いて、糸にして綴じ、背のうの皮を表紙にしました。そして、越中ふんどしを風呂敷にしてつつみ、それを携帯して居りました。

　　何回もくりかえし読んだため、ところどころ暗記して、一人で口ずさんで居りました」[28]。

もちろん池谷氏の場合に、たまたま愛読書がゲーテの『ファウスト』だったわけであり、別の人であればまた別の愛読書になったことであろう。しかしながらこうした形での読書体験には、やはり素直に頭を垂れるしかないような、ある尊貴なものが輝き出ている。生存の限界点、戦争という野蛮と暴力の論理、そして未開のジャングルという原始的環境のただなかにおかれた人間の、「文化の力」とも「精神の力」とも呼べるようなものへの渇仰がそこに見られるのである。

　こうした読書体験は、それ自体が生存の一部をなしている。この場合読者は本をただ読むのではなく、その一部や、もしくはその真髄なりを「生きる」のであるといえる。それはまた時として逆に読者を生存から引き離す作用をすることもある。『若きヴェルターの悩み』によってみずからも自殺を図ったという読者は作品の発表当時からいたし、そこまでいかずとも憂鬱症に陥った若者たちも多かった。ゲーテ自身そうした若者の一人を匿名で訪問していることは有名なエピソードである[29]。わが国にもそうした例があったようだが[30]、いずれにしてもこうした読み方も含めて言えば、読者は作品をただ読んだだけではなく、それを「生きた」のだといえるであろう。

　ひるがえって創立者池田先生の文学論や読書論を考えるとき、この第3の読者の観点が重要であると思われる。創立者は職業的な文学研究者ではない。しかし良く知られているように、詩人として、小説家として、またなにより仏教哲学者としての業績は数多いから、作家・著述家としてみた第2の読者層の観点で考察することができる。しかしそれに加え、仏教指導者として、平和運動家として、また文化・教育の施設や団体の設立者として、つまりその行動者としての側面に注目すれば、第3の読者層の観点で考察することもできる。ここではこの行動者としての側面、すなわち「文学を生きる」という読みのあり方を立脚点として、創立者におけるドイツ文学、とりわけゲーテの受容のあり方を考察してみることにしたい。

2 「読書ノート」にみられるドイツ文学

　雑誌『第三文明』の1964年3月号から8月号までの6回にわたり、池田先生の「読書ノート」が掲載された。副題に「入信前後（昭和21年〜22年頃）の雑記帳から」とあり、簡潔な警句類と並んで、古今の思想家、政治家、文学者などの著作の一節が抜書きされている[31]。著者自身が別のところで明かしているところによれば、敗戦の年に17歳であった池田青年は、一家の生計を支えつつ夜学に通い、古本を購入して読書にいそしんだ。

　「私は主に文学書や哲学書を、夢中になって読んだ。感銘した文章に接すると、すぐさまザラ紙のノートに書き写した」[32]。

　また別の箇所の記述には、この「読書ノート」は近隣の友人たちとともにつくった読書サークルでの討議資料としても役立てられていたとある[33]。ともあれ池田青年のその後の豊かな読書経験の、その始まりの部分の歴史を物語るのがこの「読書ノート」であるといえる。

　『第三文明』で紹介されているのはもちろんノートの一部と考えられるが、ドイツ文学に限れば、シラーから一つとヘルダーリンから2つ、それにゲーテから五つの部分が以下のように書き写されている。

　「一人立てる時に、強き者は真正の勇者なり」（シルレル）[34]。

　「人間的な美、神々しい美の長子は芸術である。
　無はいかに崇高でも、無から無しか生じない」（ヘルデルリーン『ヒュペーリオン』より）[35]。

　「形づくれ！　芸術家よ！　語るな！
　たゞ一つの息吹だにも汝の詩たれかし

みずから勇敢に戦った者にして初めて
英雄を心からほめたたえるだろう。
暑さ寒さに苦しんだものでなければ
人間の値打(ねうち)なんかわかりようがない。

　　最も良いこと
頭と胸の中が激しく動いていることより
結構なことがあろうか！
もはや愛しもせねば、迷いもせぬものは、
埋葬してもらうがよい。

われわれは結局何をめざすべきか。
世の中を知り、それを軽蔑しないことだ。

　　ズライカ
民も下(しも)べも征服者も
みな常に告白する。
地上の子の最高の幸福は
人格だけであると」(高橋健二訳『ゲーテ詩集』より)[36]。

　「一人立てるときに…」というシラーからの引用は、周知のように、創立者の長編大河小説『人間革命』の一章をかざるタイトルとしても用いられている[37]。また若き日の創立者の生活信条として、またのちには信仰実践上のモットーとして、この言葉のままに苦闘の青春時代が送られていたことは広く知られている通りである。
　ヘルダーリンの『ヒュペリオーン』については、のちに創立者自身によって『若き日の読書』のなかで、当時存在した鎌倉文庫中の一冊を購入して読んだという解説が加えられている[38]。引用されているのは物語りも中ほどにさしか

かり、主人公ヒュペリオーンが恋人のディオーティマらとともに、アテネへの小旅行に向かう途中で、古代の諸文化の特質について友人らも交えて論じたときに語った言葉である。

「人間的な美…」の部分は、古代アテネの住人が幼いころからその人間性を損なわれることなく発達せしめることができた結果、肉体的にも精神的にも十全で欠けることなき理想を達成しえたと語り、これを神々にも等しいもの、すなわち美であるとする。この美はみずからを永遠化し反復するために、まずもって芸術を生み、ついで美への愛としての宗教を生んだと論じている箇所である。

ヒュペリオーンはこうしたアテネ人、あるいは通常古典古代の理想的人間性とされているものの本質を、中庸であり、また自由であるとし、その対極の専横と隷属とをエジプトに見出す。これがその次の引用の「無は如何に崇高でも…」の部分である。「崇高なもの」はここでは専制君主の権力であり、人間性の自然な発達が抑圧されているこの世界では、それは精神を欠いた空虚な無限に他ならない。すなわち「無」である。

彼はこの後さらに「北方の人間」、すなわち近代ヨーロッパの悟性的人間の本質へと論を進めていく。すなわち引用箇所を含む作品のこの部分は、「美」の観念を機軸に、古典から近代にいたる諸文化のもつ人間像の特質をスケッチした箇所であり、きわめて重要なモチーフが提示される部分である。後年の『若き日の読書』には簡潔に次のように記される。

「また、ヘルダーリンの観念は、古代ギリシャの世界に遊びつつ、人類の歴史と文化の帰趨にも思いを馳せていった」[39]。

池田青年が『ヒュペリオーン』から抜き書きした二箇所が、アラバンダとの友情のくだりでもなく、ディオーティマとの恋愛のくだりでもなく、このような人類史を俯瞰的に述べた部分のエッセンスともいえる箇所であることは興味深い。後年の創立者の文学論には、巨視的・俯瞰的な視点への関心が特徴のひとつに挙げられるのだが、はやくもこの時点でその萌芽が見られるからである[40]。

第5章　体験としての読書　127

またこの作品に対する創立者の特別の愛着の念は、『若き日の読書』の次のような一節にもうかがえる。

「ここに、一冊の本がある。決して高価な本ではないが、私にとっては無二の、懐かしい青春の書である。
　この本も、はやくも三十年の光陰が過ぎ去った。しかし、粗末なザラ紙に印刷された思い出の書は、いまなお私に、青春の詩(うた)の高貴な魂を、気高くも語りかけてくるようだ」41)。

こうした愛着にもかかわらず、批判的な視点も欠けてはいない。引用とは別に、「読書ノート」に書き残された次の一節がそのことを示している。

「ヒュペリオーンへ
　君は青春の神秘の世界を実感し、親愛なる友人、恋する異性との神聖なる物語(ロマンス)をなせり。『幽霊のごとき青春を軽蔑せねばならぬ』。君の心は、実に純粋であった。されど君よ、その心を唯の感情の炎と消えしめてはならぬ。
　僕は、矢張り、正義の観念の強い、意志の強い、信ずることを行う人間が好きだ」42)。

このノートに登場する三番目のドイツの文学者はゲーテであり、抜書きされている5つの部分はいずれも詩の数行である。
「形作れ！…」の一節はゲーテの詩集中「芸術」の項の冒頭に掲げられたモットーで、晩年の格言詩のひとつである。晩年のゲーテはクセーニエンやエピグラムといった古代詩形から離れ、ルネッサンス期のドイツに盛んであった素朴な形式を用いて好んで格言詩を書いた。それらは散文で書かれた『箴言と省察』と対照を成す韻文の警句集をなしている。その総数は900編に上るといわれ、ここに引用されたものもそのひとつである43)。
「みずから勇敢に…」は『西東詩篇』中、「格言の書」の一節である。詩集自

体は 1814 年にゲーテがペルシャの詩人ハーフィーズの作品を知って、生に対して肯定的な、その意味で健康な詩世界に共感し、インスピレーションを得て作った連作詩集であり、全 13 巻からなる。1819 年に完成したが、この時代はナポレオンのヨーロッパでの覇権が終わりを告げ、ウィーン復古体制が始まった時代に重なっている。ゲーテみずからも巻き込まれたフランス革命以来およそ四半世紀にわたる戦乱の時代がようやく終わり、再びめぐりきた平和の時代であった。

　ナポレオンによるドイツの支配は、民族主義の機運をたかめ、やがて国民国家建設が絶対的正義となっていく時代を招来していく。『西東詩篇』の冒頭に歌われる

　「北も西も南も裂ける
　　王座は砕け、国々は震う、
　　逃れよ、きよらかな東方の
　　族長の気を味わうため」[44]

との一節には、1813 年のナポレオンからの解放戦争が間接的に歌われている。周知のようにゲーテは「フランス革命の友になりえ」ず[45]、むしろヨーロッパに秩序と文化を回復したナポレオンを終生高く評価していた。その意味でもそのナポレオンからの解放に熱狂したナショナリズムとは無縁であったが、同時に、ほかならぬこのドイツ民族主義勃興の時代に、ゲーテはまったく異文化のペルシャの詩世界に親しみ、やがて最晩年の「世界文学」の理念へといたる孤高の道を歩み始めるのである[46]。

　格言という形式は、人生の智慧や諸事万般にわたる教訓を簡潔な詩形式で表現したものであるため、たとえ異郷の文学に由来するものであっても、その普遍的性格のゆえに、土着性や個人性を離れて読者の共感を呼び、最も容易に文学的な共有財産となることができる。ゲーテもこの時期には翻訳を通じてオリエントの格言を読み、そこからインスピレーションを得て彼自身の格言詩を書

いた。なかにはそうした翻訳から半分を拝借し、半分は自作のものをつけたものまである[47]。

こうみてくると若き日の創立者が、他にもあまたあるゲーテの詩の中からこうした格言詩を我が物とすべく、『読書ノート』に書き写したことが意味深く思われてくる。まず第1に、若き池田青年の感受性は異郷の詩世界に対して開かれており、オリエントの詩境と西欧ドイツのゲーテを二重に受け入れているからである。それはさながらゲーテが、同様に開かれた心で異文化のオリエント世界に分け入り、その人生智を受け入れたのに似ている。

第2に1946年前後の時代は、まさに終戦後の混乱のきわみにあった時代である。日本的ナショナリズムの猛威が荒れ狂った15年に及ぶ戦乱の時代が終わり、それに代わる価値観を若者が探し求めていた時代である。『西東詩篇』当時のゲーテを取り巻く時代状況に類似したこの時代にあって、「国家」の枠を超えた、より広々とした境地を志向したこの詩集が、若き池田青年に感銘を与えたとすれば、その志向性は後年の壮大なスケールで展開されることになる創立者の異文化間対話へむかう志向性と軌を一にしているといえるからである。

「最も良いこと」の詩と、「われわれは結局何を」の一節は、いずれも晩年の格言詩で、前者は「エピグラム風に」と題されて詩集に入れられ、後者は「穏和なクセーニエ」とよばれる格言風詩集に含まれている。最後の「ズライカ」の詩はふたたび『西東詩篇』からの引用で、同名の巻に見られる詩の前半部分である[48]。

なお、この翻訳についていえば、あまたあるゲーテ詩集の翻訳の中で、創立者が手にしたのは高橋健二訳である。ゲーテの詩集には様々な編纂の形態があり、もっともオーソドックスなのはゲーテの生前最後の全集でとられた分類を採用した形態の詩集である。「最後の手になる全集」となづけられ、ゲーテの生前には、その3分の2にあたる40巻が、死後に残りの20巻が出版されたが、一般には「決定版全集」とよばれる。その意味で、作者自身の観点にもとづいたテーマ別の編集になっているが、その分だけ制作年代ごとに大雑把なま

とまりはあっても、厳密に時代順になってはいない。死後の全集ではヴァイマル版やアルテミス版とよばれる全集がこの形を踏襲している[49]。

　一方では成立事情ごとに極力年代順に編纂したものもある。この場合ゲーテ自身の最後の分類は採用されない。代表的なのはハンブルク版やミュンヘン版など比較的近年の諸版である[50]。この「読書ノート」に引用された高橋健二訳『ゲーテ詩集』は、後者の年代順の編成を取っており、訳者の言によれば、これはインゼル版とよばれる年代順配列の詩集にならったものである[51]。氏は昭和13年に『新訳ゲーテ詩集』としてこの訳を出していたようだが、のちに新潮文庫におさめられたのが1951年であるから、「読書ノート」の1946〜47年当時は文庫になる以前の版であったと考えられる。

　氏の配列の中で、創立者が引用した詩はすべて「西東詩篇以降」、すなわち1814年から作者の死の年にいたる晩年の19年間の部分からのものである。若き創立者の注目を引いたのが、青年時代や壮年時代のゲーテの詩ではなく、むしろ晩年の詩であったことは、もうひとつの注目すべき事実である。価値観の転倒した終戦直後の世相のなかにあって、健康ではないからだで一家の生計を背負って働きつつ、一方では向学の志やみがたく夜学に通い、なけなしの小遣いで書物を求め読んだこの時代の創立者の姿を思うとき、その読書が人生の意義を求める真剣な作業であったことは容易に想像できる。そうした探究心がさぐりあてた先人の知恵の結晶が、この「読書ノート」の抜書きであるといえるだろう。

　貧しいなかにも人格の練磨を求めてやまない若き池田青年に、老ゲーテの「地上の子の最高の幸福は、ただ人格だけである」との言葉が感銘を与えたこと、また昼も夜も多忙な中、旺盛な知識欲を燃やし続けていた名もなき若者に、その「頭と胸の中が激しく動いていることより結構なことがあろうか」という一節が心に響いたこと、そして終戦直後の人心荒れ果てた世相に流されることなく、真摯に誠実に苦闘のなかに身をおいていた若き日の創立者に「暑さ寒さに苦しんだものでなければ人間の値打ちなんかわかりようがない」の一句が共感を生んだことを、この「読書ノート」は雄弁に物語っている。

まとめれば、「読書ノート」時代の創立者池田先生に見ることのできるドイツ文学の記録は、シラー、ヘルダーリン、ゲーテのものである。このうちゲーテの受容は格言詩に始まっている。ゲーテ自身、自分の詩作品はすべて自身の体験に根ざしたものであると語っているが[52]、読み手の池田青年も苦闘時代のただなかでゲーテの詩に出会い、みずからの体験としていった。

このことはゲーテに限らない。若き池田青年における読書は、人間の存在の意義をもとめる探求であり、読書のための読書ではなく、それを通じて「人格」を形成すること、すなわち「生きる」ことそのものであった[53]。こうした読書のあり方、ゲーテ受容のあり方は、後年の人物論、ゲーテ論にも一貫して引き継がれ、発展させられていくことになるのである。

3　『私の人物観』のゲーテ論

時代的には「読書ノート」のあとの創立者の読書体験を語る資料は、『若き日の日記』における記述である。そこには読書について、また文学についての記述も数多いが、しかしながらドイツ文学の作品についての言及は見られない。

ドイツ文学について創立者のまとまった記述がなされたのは、さらに20年ほど後の1978年、『私の人物観』における「不滅の巨峰ゲーテ」の項が執筆された時であった。

この著作においては、プラトンやデカルトといった哲学者、アショカ大王やリンカーンといった政治家、あるいはベートーベンやダ・ヴィンチといった芸術家と並んで、6人の文学者が取り上げられている。トルストイ、ユゴー、タゴール、ゲーテ、魯迅、ホイットマンである。この著作は一面では青年期からの豊富な読書体験に根ざしながら、おもだった人物についての素描的な総括を加えて編纂したものであり、ひとつの結節点を形作る書物であるといえる。しかしまた他方では、文学をテーマとするその後の著作群の劈頭を飾る作品でもある。

この書の前書きにおいて著者は述べている。

「それら著名人の行き方を通して、有名無名を問わず流れ通っている、人間性の"根"の部分に触れたかった。志したところは、『偉人論』というより『人間論』にあったのである」[54]。

すなわち取り上げられた歴史上の著名な人物がどういう分野で業績を残した人であれ、著者の考察の重点はその業績ではなく、それらを生み出した人物像のほうにおかれている。文学者の場合、作品を無視して作家を論じるわけには行かないが、その場合でも深く作品論に立ち入ることは避けられている。

ゲーテの項は、ダンテの『神曲』と『ファウスト』の比較から始まる。前者は秩序(コスモス)を描き、後者はカオスを描く。前者は「信仰の軌道という確かなる至福への道」を示し、後者は「錯綜を極める懐疑」を示す。そのカオスは曙光をはらんだものであり、「人間」の時代の到来を予感させる。巨視的なパースペクティブの上から、ルネサンス、ゲーテ時代、そして著者の現代が配置され、関係付けられる。

こうしてゲーテ考察の、いわばカンバスの下地塗りを終えた後、シュトルム・ウント・ドランクからはじめてゲーテの生涯の概略がたどられ、ヴァレリーの言を援用しつつ、その長寿、しかも創造的長寿が大成の鍵であったと論じられる。

「恋に、創作に、そして演劇活動にと、彼は生きて生きて生き抜いた。停滞も怯懦もなく、そこには『生涯青春』の気概が貫かれている。ゲーテがあのような大をなした秘密を解く鍵も、そこに潜んでいるように思えてならない」[55]。

このあとゲーテの人物論に焦点が移り、ゲーテの性格のなかからとりわけ創立者の興味を引く三つの点、すなわち「持続力」「直観力」「創造力」が論じられるが、その中でとりわけ二点目の直観力について、仏教指導者としての著者

独自の視点が現れている。

「主客対立を骨格とする近代科学の方法論が、何よりも自然から『生命』を奪ってしまう危険性を、仏法で説く『依正不二論』にも通ずる目をもって批判し続けた」[56]。

ここにのべられた「依正不二論」とは主体（正報）と環境（依報）の相互依存性を規定した仏教上の概念である。ゲーテの自然に対する立場取りが融合的、統一的で、主体と客体の分離を超越した境地において成立していることは大きな特徴であり、この点に着目したわが国の作家や哲学者も数多い[57]。その際にさらに仏教的な自然観との対比の上から、そこに類縁性を指摘しようとした論考もある[58]。

スピノザの影響にもとづくゲーテの汎神論的世界観は、青年時代のシュトルム・ウント・ドラング期を通じて様々な作品に反映している[59]。いくつかの抒情詩、たとえば『ガニュメート』や『五月の歌』がその例であり[60]、『若きヴェルターの悩み』の冒頭近く、第2伸の手紙の次のような一節にも現れている。

小川のほとりで草むらの小動物を観察するうちに、それら無数の生き物の存在を通じて、ヴェルターは神の存在を感じる。

「永遠の歓喜のうちにわれわれをただよわせながら支えてくださる神の愛の息吹きを感じる。そうすると、あたりのものがかすんできて、ぼくのまわりの世界と空全体が、恋人の姿のようになって心のなかにまとまる。」[61]

青年時代のこうした祝祭的かつ陶酔的な一体感は、やがてより観照的で静寂な一体感へと変化していく。その頂点をなすのが『旅びとの夜の歌』である。1781年秋にイルメナウ近郊キッケルハーン山上の猟番小屋の壁に書き付けられたこの8行の自由韻律の押韻詩は、即興的な機会詩であるにもかかわらず、極限まで切りつめられた言語表現のなかに、外的宇宙の全体から詩人の主体の

内面にまでわたる完全な世界像が余すところなく盛り込まれている。

「山々は
　静かに暮れて
　木末(こぬれ)には
　風もそよがず
　夕鳥の声
　木立に絶えぬ
　待てしばし
　汝(なれ)もまた憩わん」[62]

　たとえば『五月の歌』にうたわれた、朝まだきの万物が目ざめ躍動し、やがて自然界全体が愛の祝祭に包まれ、詩人もそこに恍惚として参入していくという青年期の主客合一の境地とまったく対照的に、ここでは夕闇迫るなかに、静寂と落ち着きの中へ万象一切がその現象としての存在を滅するようなかたちで一体となっていく。

　こうした境地はとりわけ仏教への類縁性を感じさせる。たとえば哲学者の西田幾多郎は友人九鬼周造の墓碑銘にこの詩の自作の訳をほらせたという逸話も残っている[63]。西田の場合には禅との類縁性から無我の境地や空の世界像をそこに見出したものと思われる。

　これに対し創立者の「依正不二論」の場合は主体と客体のあいだの作用と反作用に基づく相互の影響関係の上に成立する一体感を意味している。つまり同じ主体と自然の合一の境地を言い表すにしても、より動的で実践的な概念である。ここに仏教思想家であると同時に行動家でもある創立者のゲーテ解釈の大きな特徴がある。文学を「生きる」という創立者の読みの姿勢の特徴が、ここでも一貫しているといえるのである。

　こうした立場からみたゲーテの自然観と仏教的概念との類縁性への関心は、その後の創立者によるゲーテ論の中心的テーマのひとつを形作って行くことになる。一例のみ上げれば、1988 年に発刊された『私の人間学』において『ファ

ウスト』がとりあげられ、第1部でのファウストの言葉に「宇宙即我」という仏教的思想の契機が見出され、また聖書の翻訳の場面について、そのロゴスの否定から行為を原現象として定立するに至る過程に、東洋的思考の特徴が見出されると論じられる[64]。

　それは仏教の思想に精通した立場から、対比を介さず直接に『ファウスト』に盛り込まれた思想を読み解き、現代的な意義を掬い上げようとする試みであると位置づけることができよう。

結び

　青年期の創立者池田先生が、戦後間もない時期にあってその読書遍歴を開始した頃、すでにドイツ文学の多くの作家が、古典に限らず同時代のものも含めてわが国に紹介されていた。

　創立者のドイツ文学との出会いは、シラー、ヘルダーリン、ゲーテといった古典作家に始まる。ゲーテについては、はじめとくにその格言詩に関心が寄せられるが、のちには『若きヴェルテルの悩み』、『ファウスト』について論じられている。しかし終始一貫して創立者の興味はゲーテの生きた軌跡にあり、作品もそうした生涯の記録として意味を持っていた。

　さらに創立者にあっては仏教の概念をもちいたゲーテの思想と作品の解釈に新しい局面が開かれている。もともと仏教については知識を持たなかったゲーテであるから、直接それの受容や影響関係を見出すことはできない。したがって従来、本来は別個に存在するこれら二つの世界を対比的に論じることがなされてきた。

　これに対して創立者の場合には、仏教的概念を援用しつつ、直接ゲーテの作品や思想世界を解釈する。そこでは対比を超えて、合一を目指す志向性が働いている。すなわち創立者自身の内的世界に、ゲーテの生とその内面世界を融和的に位置づけていこうという試みであり、まさに文学を「生きる」という読みのあり方である。言葉を変えて言えば、こうした読書はひとつの積極的な行為

であり、「体験としての読書」なのである。創立者の青年時代からの読書体験と、それに根ざした発言に一貫しているのは、まさにこうした特徴であり、それはまた同時に、ゲーテに限らず現代の日本においてはすでに読まれることの少なくなった古典文学一般の、再生と復興の試みとなっているのである[65]。

注

1）『第三文明』第37号から第42号に掲載。池田大作『若き日の読書』新装版（第三文明社、1993年）参照。読書サークルや読書ノートについては、特に88頁、115頁など。
2）池田大作『池田大作全集』第36巻、第37巻。韮沢賢一「創立者に見る、若き日々の読書―創価大学中央図書館「池田文庫」渉猟―」、『創価教育研究』第2号所収（創価大学創価教育研究センター、2003年）、311頁参照。
3）『私の人間学』（読売新聞社、1988年）、『人間と文学を語る－ロマン派の詩人ヴィクトル・ユゴーの世界』（潮出版社、1991年）などがある。
4）注1）参照。さらに、池田大作『続若き日の読書』（第三文明社、1993年）。
5）池田大作／アンドレ・マルロー『人間革命と人間の条件』（潮出版社、1976年）。池田大作／井上靖『四季の雁書』（潮出版社、1977年）。池田大作／根本誠『古典を語る』（潮出版社、1974年）。池田大作『世界の文学を語る』（潮出版社、2001年）。
6）ユゴーについては注3）参照。また『世界の文学を語る』でも1章があてられている。ホイットマンについては『続若き日の読書』、9-24頁。ガンジーについては「「ニューヒューマニズム」の世紀へ」などの講演。タゴールについては『私の人物観』、67-78頁。魯迅については、同127-138頁、また『私の人間学』、48-50頁など。トルストイについては、同307-342頁、また『私の人物観』、19-30頁など。
7）ハイネは、1854年にビュルガーという名のオランダ人に会い、この人がシーボルトと共に長崎にいたときに、日本人の若者にドイツ語を教えたことがあり、この若者が後にハイネの詩を日本語に訳して出版したという事実を話したと伝えている。このことは証明されていないようだが、事実とすれば、これがドイツ文学受容の最初の例となる。ハイネ著、高池久隆訳『告白』、『ハイネ散文作品集第3巻回想記』（松籟社、1992年）、205～206頁。
8）国立国会図書館編『明治・大正・昭和翻訳文学目録』（風間書房、1959年）による。明治年間については701ページ以降参照。
9）グリムについては、桐南居士訳『西洋故事神仙叢話』（集成社、1887年）、呉文聡訳『西洋昔噺第一号、八ツ山羊』（1887年）、上田万年訳『おほかみ』（吉川半七、1989年）など。ハウフについては、霞城山人訳『砂漠旅行亜拉比亜奇譚』

（浜本伊三郎、1887 年）、杏堂散史訳『妖怪船』（松成堂、1888 年）、田中祐吉『旅路の空』（イーグル書房、1888 年）など。

10) ホフマンの『スキュデリー嬢』が三木竹二と共訳で『玉を抱いて罪あり』と題し、3 月 5 日から 9 月 21 日にかけて読売新聞に連載された。なお詩集『於母影』にはハイネやレーナウなどの詩も収められ、雑誌『国民の友』の付録として出版された。
11) たとえばレッシングの『エミリア・ガロッティ』が、森鴎外訳『戯曲折薔薇』（しがらみ草紙 1889-1892 年）として連載され、翌年にはクライストの『チリの地震』や『聖ドミンゴ島の婚約』も紹介されている。その他詳細については注 8) 参照。
12) 注 8) の前掲書による。シラーの再版等も含めた掲載点数がのべ 22 点、ゲーテがのべ 19 点、シュニッツラーが 18 点、ズーダーマンが 15 点、ハウプトマンが 13 点、ハウフが 10 点となっている。
13) 1926 年（大正 15 年）、改造社の「円本」と呼ばれた『現代日本文学全集』や翌年の新潮社『世界文学全集』などがある。また岩波文庫は同年 7 月刊行を開始し、改造文庫は 1929 年（昭和 4 年）に創刊された。韮沢賢一、前掲論文、305-308 頁参照。
14) 注 8) 前掲書参照。なおヘッセに続いてはシュニッツラーの 254 点（昭和 21 年から 30 年は 174 点）、トーマス・マンの 182 点（同 92 点）、ハイネの 154 点（同 75 点）、シュトルムの 131 点（同 30 点）、リルケの 122 点（同 32 点）などがある。
15) 星野慎一『ゲーテと仏教思想』（新樹社、1984 年）、56-58 頁参照。
16) 星野慎一『ゲーテ』（清水書院、1981 年）、176 頁参照。また富士川英郎「ゲーテと日本文学」、『国文学解釈と教材の研究』第 6 巻 14 号（學燈社、1961 年）所収、23 頁参照。
17) 富士川英郎、前掲論文、24-25 頁参照。
18) 星野慎一『ゲーテ』、178-180 頁参照。
19) 川戸道昭・榊原貴教編『明治翻訳文学全集≪新聞雑誌編≫ 34、ゲーテ、ハイネ集』（1998 年、大空社）、139-145 頁。
20) 富士川英郎、前掲論文、27 頁参照。
21) ヴァイマル版ゲーテ全集 143 巻は 1887 年（明治 20 年）から 1919 年（大正 8 年）にかけて刊行された。
22) フリードリッヒ・グンドルフの『ゲーテ』は 1916 年（大正 5 年）に出版された。
23) 富士川英郎、前掲論文、27 頁参照。
24) 星野慎一『ゲーテ』、195 頁以下、同『ゲーテと仏教思想』（新樹社、1984 年）、16 頁以下参照。
25) 星野慎一『ゲーテと仏教思想』、17 頁以下参照。なお木村直司氏はプロテスタン

トのキリスト教徒、詩人・作家、哲学者、ドイツ文学者、広範な読者の5種に類別している。木村直司「Die Goethe-Rezeption in Japan」、『ゲーテ年鑑』第25巻（1983年）、6頁。

26) カール・アドルフ・フローレンツ（1865-1939年）は1889年からドイツ文学、ドイツ語学を講じた。なお東京大学に独逸文学科が開設されたのは1887年（明治20年）。宮永孝『日独文化人物交流史ドイツ語事始め』（1993年、三修社）参照。
27) 『國文学解釈と教材の研究』第6巻7号および14号（學燈社、1961年）。
28) 星野慎一『ゲーテと仏教思想』（新樹社、1984年）、22頁。
29) 1777年11月のこと。青年はゲーテと同年のプレッシングという人であった。
30) 星野慎一、前掲書28頁参照。
31) プラトン、ルソー、モンテーヌ、バイロン、カーライルなどの欧米の作家・思想家と並び、国木田独歩、徳富蘆花、三木清、高山樗牛など、わが国の作家・思想家の名も見える。
32) 池田大作『若き日の読書』新装版（第三文明社、1993年）、12頁参照。
33) 同、89頁参照。
34) 出典不詳。ただし『ヴィルヘルム・テル』第1幕第3場のテルのせりふに、「強い者はひとりでいる時が一番強いんです」（桜井政隆・桜井国隆訳、岩波文庫、1957年）とある。
35) 手塚富雄訳『ヒュペーリオン』、『ヘルダーリン全集第3巻』所収（河出書房、1966年）、73、75頁参照。
36) 高橋健二訳『ゲーテ詩集』（新潮文庫、1951年）、212、213、217、218、219頁参照。
37) 池田大作『人間革命』第1巻（聖教新聞社、1965年）。
38) 池田大作『若き日の読書』新装版（第三文明社、1993年）、51頁参照。
39) 同、56頁。
40) のちに述べる池田大作『私の人物観』（潮出版社、1978年）所収の1章、「不滅の巨峰・ゲーテ」（91-102頁）はその代表的な例である。
41) 『若き日の読書』新装版、50頁。
42) 池田大作「読書ノート」、『第三文明』第39号（第三文明社、1964年）、3頁。
43) "Goethes Werke", Band 1 （Hamburger Ausgabe), hrsg. und kommentiert von Erich Trunz, S.642.（エーリッヒ・トゥルンツ編・注『ゲーテ全集』第1巻）、642頁。
44) 生野幸吉訳『西東詩集』、『ゲーテ全集』第2巻（潮出版社、1980年）所収、91頁。
45) エッカーマン著、山下肇訳『ゲーテとの対話』（下）（岩波書店、1969年）、48頁。
46) 小岸昭訳『文学論』中の「世界文学論」、『ゲーテ全集』第13巻（潮出版社、

1980年）所収、91頁以下参照。とりわけエッカーマンとの対話、1827年1月31日の記述にある「今日国民文学はあまり意味がない。世界文学の時代が到来しているのだ」という発言は有名である。

47) たとえば「まかり間違っても、／うかうかと抗弁の場に釣りこまれるな、／賢いものも、無知のやからと争えば、／無知の手中に落ちる。」（生野幸吉訳『西東詩集』、前掲書132頁）は、ゲーテが読んだディーツ訳のオリエント詩集中の「愛の講釈を垂れるなかれ、／心よ、敬虔な人らと争うなかれ、／賢いものも、無知のやからと争えば、／無知の手中に落ちる。」の後半を取ったものである。"Goethes Werke", Band 2 (Hamburger Ausgabe), hrsg. und kommentiert von Erich Trunz, S.585-586.（エーリッヒ・トゥルンツ編・注『ゲーテ全集』第1巻）、585-586頁参照。

48) この詩の後半部は「自分自身をなくしさえせねば、／どんな生活を送るもよい。／すべてを失ってもよい、／自分のあるところのものでいつもあれば。」（高橋健二訳、前掲書220頁）となっている。

49) ヴァイマル版（"Goethes Werke", herausgegeben im Auftrage der Großherzogin Sophie von Sachsen, Weimar）については注21）参照。アルテミス版24巻および増補3巻（Artemis-Gedenkausgabe der Werke, Briefe und Gespräche, hrsg. von Ernst Beutler, Zürich und Stuttgart）は、1948年から71年にかけて刊行された。

50) ハンブルク版14巻（"Goethes Werke", hrsg. und kommentiert von Erich Trunz, Hamburg）は1948年から59年にかけて、またミュンヘン版20巻・32分冊（"Goethe Sämtliche Werke", hrsg. Karl Richter, München）は1985年から99年にかけて刊行された。

51) 前出の高橋健二訳『ゲーテ詩集』232頁参照。

52) エッカーマン『ゲーテとの対話』1823年9月18日の対話。前出の山下肇訳では上巻、59頁。

53) 前出の「読書ノート」の冒頭の一句は「一書の人を恐れよ」であり、第2の句は「書を読め、書に読まれるな」である。このことは端的に創立者の読書の目的をあらわしている。

54) 池田大作『私の人物観』（潮出版社、1978年）、2頁。

55) 同、100頁。

56) 同、100-101頁。

57) 小川侃「ゲーテと日本―「日本的表現主義」への文脈―」、『日本及日本人』通巻第1610号（日本及日本人社、1993年）参照。

58) 西田幾多郎、亀井勝一郎、倉田百三などがあげられている。星野慎一『ゲーテと仏教思想』、133頁以下参照。また木村直司「Goethe und die japanische Mentalität」、『ドイツ語圏研究』第18巻（上智大学、2001年）、171-185頁参照。

59) 河原忠彦・山崎章甫訳『詩と真実第三部』（潮出版社、1980年）、『ゲーテ全集』

第 9 巻、178-180 頁参照。また高橋健二『評伝ヴァイマルのゲーテ』(河出書房新社、1975 年)、83 頁以下参照。
60) 田中亮平「青年期ゲーテの三つのヒュムネについて」、『岡山大学教養部紀要』第 17 号 (1981 年)、187-205 頁参照。
61) 神品芳夫訳『若きヴェルターの悩み』(潮出版社、1979 年)、『ゲーテ全集』第 6 巻、8 頁。
62) 山口四郎訳『小曲集』(潮出版社、1979 年)、『ゲーテ全集』第 1 巻、57 頁。
63) 星野慎一『ゲーテと仏教思想』、136-141 頁参照。
64) 池田大作『私の人間学』上巻 (読売新聞社、1988 年)、243-246 頁。
65) 池田大作『世界の文学を語る』(潮出版社、2001 年)、5 頁。著者はこの書に寄せた序文を、「新たな「文芸」の復興が「人間」の復興につながり、さらには「生命」の復興へと連動していくことを祈りつつ、ここに本書を上梓いたします。」という言葉で締めくくっている。

第6章

歴史における人間論

坂 本 幹 雄

塚もうごけ我泣声は秋の風　芭蕉[1]

1　歴史における人間論に向かって

　私は3年間にわたって「歴史における人間論」講義を担当した。このタイトルが私を悩ませた。「歴史における人物論」ならまだわかる。それならば選定した人物の特徴を把握し、その人物の意義を論ずればよいだろう。もちろんこのタイトルであってさえ相応の歴史認識と歴史解釈とが要求されるはずである。選定した人物の何をもって特徴とするのか、その意味と意義は何であるのか、そもそもそうした歴史認識と歴史解釈とが現代において一様であるはずもない。自分はいったい歴史とは何であると思うのか、どのように考えるのか、自分の立脚点、史観を明らかにしなければならないだろう[2]。少なくともそうしようと努力しなければならないだろう。このように「歴史における人物論」でさえ、一寸考えただけでも一筋縄ではいきそうもなく、そうたやすいことではないだろう。
　それが「歴史における人間論」となれば、上記を踏まえた上で、つまり歴史上の人物を介して人間を論じていかなければならない。人間を論じていると、師表を垂れることにもなりかねない。しかし私は教師＝説教師として、まさにそうでなければならないのかもしれない。その資格もあるのかもしれない。そういったことは私も職業柄、そう苦手というわけでもないが、生来、あまり志向するところでもない。それを回避しようとすれば哲学の方に向かってしまう

かもしれない。哲学になると果てしなき問いのみあって答えがなくなってしまうかもしれない。答えはなくともよいが、私は哲学専攻というわけではないから、議論の収拾がつかなくなってしまうかもしれない。

　歴史上のエピソードを中心的に紹介する趣旨をもつこの科目が、哲学のように抽象的になりすぎては面白くないはずである。しかし歴史における人間を論じるとなれば、おそらく歴史の教訓として人間とはこういう存在であるとか、さらに進んでかくあるべしとかの言明、少なくとも何がしかの示唆を提供していかなければならないだろう。このように歴史における人間論について、あれこれと思い悩んだわけである。本稿は、このように試行錯誤しながら「歴史における人間論」講義を担当して経験したことを報告するところから始めてみたい。

2　本稿の意図と構成

　「歴史における人間論」という科目は後述のように創価大学の創立者池田大作先生の著作を教科書として採用している。したがってここにいう「歴史における人間論」とは創立者のそれを含んでいる。あるいは担当者が創立者のそれにどこまで肉薄できるのかということが問われている。かくして本稿は、史観と人物論・人間論とを合わせた側面からの創立者研究の内容となる[3]。

　以下、本稿は大きくは4つの部分からなる。まず私に上記のような感懐を抱かせた「歴史における人間論」講義の具体的内容と経過を報告する（第3節・第4節）。次に私の観点とはまったく異なる創立者の人物論に関する衝撃的な先行研究があるから、それに検討を加えてみることにしたい（第5節）。本稿の前半の中心はこの第5節である。そして創立者の史観について簡単に言及（第6節）した後に、この先行研究に対する私なりの代替案として創立者の歴史における人間論の特質を師弟論として提示することにしたい（第7節）。本稿の後半の中心はこの第7節であり、かつ結論部分である。もって今後の創立者研究の方向性と方法を考えていく際の何かヒントになれば幸いである。

3 人間学コースの「歴史における人間論」

　まず創価大学通信教育部におけるスクーリングのプログラムと実践報告をしておきたい。それに先立って創立者の著作が教育の場面に本格的に反映されてきた人間学コースの趣旨と開設経過について簡単に紹介しておきたい。本学通信教育部において2003年度から人間学コースと平和・環境コースという2つの学際的テーマのコースが開講された[4]。人間学コースは、創立者の著作や対談を主たる教科書としてカリキュラムが編成された。創立者の思想と哲学の根幹をなす法華経の研究や創価教育の父牧口常三郎先生の価値論なども設置された。

　私は、この人間学コースの科目のうち「歴史における人間論」を冒頭に述べたように2003年度から2005年度の3年間にわたって担当してきた。2006年度から文学・歴史コースと健康・生きがいコースを新たに開講することになり、これに伴って上記コースの見直しが行われた。その結果、「歴史における人間論」の2006年度生からの新規受講生募集は終了した。人間学コースの「歴史における人間論」は、文学・歴史コースの「歴史における人物論」と「古代ギリシャに学ぶ」に発展的に解消されることになった。

　本稿ではこの3年間でひとまず区切りのついた創立者の著作を教科書とした「歴史における人間論」のスクーリング実践報告から始めて今後の創立者研究への手がかりを探ってみることにしたい。

　さてまず「歴史における人間論」の教科書には、創立者の『私の人物観』（池田2001a）が選定された[5]。冒頭にも述べたように歴史全般にわたるこの科目はひじょうに幅広く、開講に際して、最初から1人で担当することは難しいということになった。そこで共同担当となり、日本史専攻の開沼正氏、神学・哲学専攻の山崎達也氏と分担してきた。開沼氏が織田信長・豊臣秀吉・徳川家康および上杉鷹山、山崎氏がソクラテスとプラトン（時にデカルト）、そして私は、教科書の概要、教科書の冒頭にあげられているガンディーを取りあげてみ

た[6]。

　なお本学通信教育部では教科書の他、「学習指導書」とスクーリング講義要綱を準備することになっているため、開沼氏が学習指導書（開沼2003）を、そして私が次のようなスクーリング講義要綱（坂本・開沼・山崎2005）を執筆した[7]。

　「歴史に名を残す人間とはどんな人間だろうか。もちろん人類なり国民というレベルで何か大きく貢献するところがあったからである。1つあるいは多くの分野で他に抜きん出た業績を残したからである。中には悪行の限りを尽くしてその名を残した人物もいる。「悪の魅力」というが当面、主題としては取り扱わない。また無名の庶民は歴史を動かす原動力である。ある時代特有の人々の観念や生活様式はどのようなものだったのだろうか。このような点は民衆史として背景知識とはなるが、これも主題というわけではない。本講義ではまずよい意味で歴史に名を残した偉人・巨人を対象とする。／本講義はいわゆる伝記・偉人伝に学ぶわけである。その学び方としてまず学習指導書の「人物論とはどのような科目か」（10〜11頁）を読んでみよう。偉人の「偉」の部分だけではなく「生身の人間」はどうであったか。これが本講義の人物論の基本的視点の1つである。／テキストの読み方については同じく学習指導書の「学習方法」（11〜12頁）を参照してみよう。テキストで取りあげられている人物のほとんどはおそらく受講生全員がすでに知っている有名な人物である。その選定は奇をてらうことなくまさに王道・正攻法となっている。各人物に著者独自の視点から鋭く切り込んでいる。対象となる偉人だけではなく著者自身の選定と視点にも注目してほしい。なおテキストは有名な人々が対象となっているが、著者には従来あまり顧みられなかった人物を多数紹介し、偉人列伝の書き換え（少なくとも追加）を要求するような実績もある。／科目名には「歴史における」と入っている。この点について、まず歴史を学ぶ際には、現在の私たちの観念・言語・生活様式等から＜過去＞の方が劣っており、＜現在＞の方が優れていると一方的に裁断しないように留意してほしい（逆もある）。それでは先ほどの「生身の人間」と

いう人物像を把握することはできないだろう。当該人物をいろいろと誤解してしまうことになりかねない。過去の人々がいかなる環境・状況の中で、何を問題として、どのように発言し、行動したのか、その当時における意味は何であったのか、慎重にアプローチしなければならないだろう。／また本科目は「人間論」である。したがって思想的側面が濃厚に出る。思想は相対主義的な側面が大きく、自然科学史のある部分のように直線的に進歩を語れない点が1つの大きな特徴である。つまり過去の思想はそのようには陳腐化しない。歴史における人間を顧みることは尽きせぬ教訓を今を生きる私たちに常にあたえてくれることだろう。」(坂本・開沼・山崎 2005. 143 頁)

本科目の難しさは「人物」ではなく「人間」となっている点である。歴史上の人物を特徴づけるだけでは足りないのである。それを起点として人間論を展開しなければならない。これが冒頭に述べたように私を悩ませた。

4 「歴史における人間論」最終講義

ともかく上記のような分担で夏期と秋期の2回の3年間にわたって講義を行ってきた[8]。私にとって最終回となって、ようやく一人前となった感がある。その2005年の秋期スクーリングはまさに1人で担当することとなり、かなりの時間を本講義の準備に費やした。そのスクーリングの講義内容と状況を次に紹介する。

2005年11月19日・20日の2日間の集中講義のスクーリングの内容と経過を報告する。当日の受講者数は68名だった。まず人間学コースの趣旨と特徴、教科書・「学習指導書」・参考文献紹介および講義要綱の解説を行った。次いで折から本学に隣接する東京富士美術館においてナポレオン展が開催中ということもあり、受講生の中にはすでに見学した方もいれば後日見学予定の方もおり、創立者のナポレオン論(池田・モワンヌ・モーラ・高村 1997)を取りあげてみた。創立者のナポレオン論については開沼氏が同氏の論文(開沼 2005)において議論しているため、同氏のご好意により、これを教材として受講生に読ん

でいただき議論した。

　ついでメインとしているガンディーについては、少年時代・青年時代について、それまでも中心的に取りあげてきたが、今回は岡田尊司氏の『誇大自己症候群』（岡田 2005）の中で論じられている誇大自己という興味深い仮説にもとづくガンディー像を紹介した。またガンディー研究家ラダクリシュナンの創立者に関する著作（ラダクリシュナン 2000）を紹介した。そしてそこに見られるソクラテスとプラトンの関係に言及した。

　最後に師弟論を考える素材として、2点ほど紹介した。1つは親しみやすさを持たせるべく歴史小説として井上靖『孔子』（井上 1976）を紹介した[9]。また日本人がいない点に配慮し、最近、私が興味を持った芭蕉の生涯を紹介した。

　以上のような講義内容であったが、受講生には大いに議論していただいた[10]。さまざまな発言があったが、とりわけ印象的だった発言が2つあった。1つは第二次大戦後にガンディーが断食に入ったというラジオ・ニュースをリアルタイムで聴いたというお話、「ガンディーの断食は歴史という感じがしません」という。もう1つは、芭蕉が江戸大火で芭蕉庵を失った後、しばらく山梨にいたという話をしたところ、山梨から参加の受講生から、地元の芭蕉の俳句の講についてご紹介いただいた。まさに社会人教育ならではの受講生の教養と経験の豊かさの表われたスクーリングであったと思う。以下ではこのようなスクーリングの講義の準備・実践・反省の中で考察したことを中心に述べていきたい。

5　創立者の人物論をめぐって
　　　─創立者はプラグマティストか

　開沼正氏の「池田大作の人物論」（開沼 2005）は、池田研究におけるおそらく先駆的な文献の1つだろう。しかも決定版的なタイトルである。開沼氏のこの論文は、同氏のご好意によりスクーリングの資料とさせていただいた。そして受講生と議論したことは先に述べた通りである。ここでは、その議論の際に

第 6 章　歴史における人間論　147

感じたことも交えながら、私なりの歴史における人間論と創立者解釈を明らかにしていく触媒として引き続き活用させていただくことにする。日本史専攻の開沼氏と私の見解とをつき合わせてみる趣向である。

　結論からいえば、開沼氏の創立者の人物論を要はプラグマティズムと解する見解、開沼氏の表現を用いれば、人々の「激励」に「「便利な」人物」の利用という見解、このような見解に対して私は部分的には感心しつつも、かなりの違和感を持った。以下では今後の創立者研究の発展に寄与することを期して、この論文のいくつかの論点から批判的に吟味してみたい。

　まず開沼氏は、『私の人物観』（池田 2001a）（初版は 1978 年）と『新・私の人物観』（池田 2001b）（初版は 1995 年）とをもとに創立者の「取りあげられる人物」を「①時代を変えるための何かをした人。／②権力（現状維持勢力）に立ち向かった人。／③使命（自分が生まれた意義）に徹した人。／④強力なリーダーシップで民衆のために尽くした人。／⑤後継者の育成に力を注いだ人」（開沼 2005. 26 頁）の 5 つに「分類」している。そしてこの「取りあげ方の特徴」として日本人が少ない[11]、行動家、および「悪い点にはほとんど言及しない」の 3 点をあげ、「なぜそのような特徴がでるのか」を考察している。

（1）　日本人不在論

　まず第 1 の特徴の日本人が少ない点について、激励のための素材としては、「日本人のあまり知らない」「先入観のない」日本人以外の人物の方が「効果的」と見なされたとしている。これを日本人少数論、思い切って日本人不在論と呼ぶことにしよう。興味深い指摘であるが、これについては、他にもいろいろと推測できるだろう。たとえば、はたしてそれほど意図的だろうか、偶然の結果のような気もする。つまり単に創立者の読書経験の反映の結果のような感じもする。あるいは先入観回避というよりもスケールの大きさにおいてやはり世界篇が勝った結果かもしれない。

　開沼氏は、日本人不在論の中で創立者が「あえて理解されにくいかもしれない人物」「イメージの固定した人物、好き嫌いの評価の分かれる人物」を「わ

ざわざ取り上げる」ことをしないのだという。しかし開沼氏は、激励に「「便利な」人物」としてナポレオン伝（池田・モワンヌ・モーラ・高村 1997）をあげる。ナポレオンこそまさに典型的に評価の分かれる人物である。激励にはまったく不向きな人物ではないだろうか。

　そもそも仮に「先入観のない」日本人以外の人物の方が激励に「効果的」と見なされて『私の人物観』（池田 2001a）と『新・私の人物観』（池田 2001b）等が著わされているとする。そうすると創立者が日本人について詳しく論じた著作は枚挙に暇がないのだが、この点の説明がまったくつかない。

　　（2）　激励万能論＝「いいとこ取り」プラグマティズム

　日本人不在論はさておき、いずれにしてもこの一連の考察の中で、本質的に問題となるのはもっと別のところにある。次のような文章である。
　「池田にとっては、実在の人物だろうが架空の人物だろうが、人々の励みになればそれでいいということだろう。」（開沼 2005. 29 頁）
これはあまりといえばあまりな評価である。これを激励万能論＝「いいとこ取り」のプラグマティズムと呼ぶことにしよう。
　あるいは次のようにも述べられている。
　「人間には必ずいい点もあるのだから、それぞれの人物がもつ多面性の中から「いい点」を取りあげる。そうしたことを繰り返せば誰でもどれかひとつやふたつは当てはまるものがあるだろう。／……つまるところ人物論は池田の方便である。」（開沼 2005. 29～30 頁）
この人物の「いい点」しか見ないという第3の特徴も激励万能論に集約できるだろう。人物論が方便とは身もフタもない言い方である。結局、これだと創立者はプラグマティストでしかない。確かにプラグマティストという側面はあるのかもしれない。
　ところで激励論に関しては次のような季羨林氏の見解がある。季羨林氏は創立者の質問に答えて善書・悪書の基準として次の7点をあげている。
　「①その本が人の前進を励ますことができるか、もしくは後退させるか。

②その本が人に楽観的精神を与えるのか、悲観的にさせるのか。

③その本が人の智慧を増すのか、愚かさを増すのか。

④その本が人の倫理道徳のレベルを高めるのか、下げるのか。

⑤その本が人に力を与えるのか、惰弱にするのか。

⑥その本が人を励まし、困難に立ち向かわせるのか、屈服させるのか。

⑦その本が人に高尚な美感を与えるのか、それとも低級で下品な感じを与えるのか」（季・蒋・池田 2002. 85頁）（番号は引用者が変更した）。

そして季氏は、創立者の著作はこの基準に妥当する良書だという。この基準は、一見すると、激励論の立場からみれば、傍証となるものだろう。しかしこの基準の中には③、④、⑦のような基準もある。これらの基準を激励次元に入れてしまうことには無理があるだろう。

季氏も指摘されているように激励の観点は重要だろう。しかし創立者は仏教徒・「仏法者」である。明確な形而上学と本質論に根差しているのだから、やはり激励万能論＝「いいとこ取り」のプラグマティズムという評価は適切とは思えない。それに創立者は、詩人であるし、その言説はロマン派的な瑞々しさを感じさせる。激励万能論者＝「いいとこ取り」のプラグマティストというには、あまりに仏教徒・「仏法者」としての洞察や詩人独自の直観という側面の方が濃厚ではないだろうか。

この点を確認するため、1つの記事を取りあげてみたい。それは私がたまたま上記のスクーリングを行っていた当日の新聞に発表された創立者のスピーチ（池田 2005）である。スクーリングで紹介しながら議論もしてみた。さてそれを読むとホイットマン、ヘミングウェイ、プーシキン、ホフライトネル（ローマクラブ名誉会長）、ペッチェイ（ローマクラブ創立者）、ハロルド・ニコルソン、チャップリン、ドストエフスキー、ナポレオン、オルコット（『若草物語』の作者）および牧口常三郎先生が引用されている。

確かに博覧強記・博引傍証の「激励」であるが、そうであることは直ちに「いいとこ取り」のプラグマティズムであることを意味しないだろう。このスピーチだけではなく、常に見られるように日蓮大聖人の教義・仏法に適合的で

あること、一脈通じていることが常に意識されている点である。実際には、上記の引用人物の列挙はスピーチの半分であって、このスピーチでも『日蓮大聖人御書全集』（日蓮1952）から「主師親御書」「祈禱抄」「聖愚問答抄」「御義口伝」「崇峻天皇御書」「諌暁八幡抄」「単衣抄」「辨殿尼御前御書」「曾谷殿御返事」「聖人御難事」「兄弟抄」「兵衛志殿御返事」（建治元年11月）「兵衛志殿御返事」（建治元年8月）「如説修行抄」「閻浮提中御書」「大田殿女房御返事」と実に多くが引用されている。さらに和歌が4首詠まれていることも付け加えておこう。

　創立者は、根拠として仏法が常に先にあり、かつその主義主張が明確であって、このような立場をプラグマティズムとはやはりいえないだろう。上記例証は列挙しているだけではないかとの指摘がただちに予想される。

　そこで別の端的な事例をあげよう。創立者が毎年発表されている「SGIの日」提言がある。今年の提言も創立者の仏法者としての立場を示す明快かつ興味深い例である。たとえば「仏法を基調にした人間主義の枠組み」の「ケーススタディー」としてモンテーニュ論（池田2006a）が展開されている。モンテーニュは「仏教的伝統とは無縁でありながら、仏教とくに法華経から日蓮仏法にいたる大乗仏教の人間主義の系譜に、驚くほど親近する思索と行動を残している」と解釈されている。

　開沼氏の創立者の人物論＝激励万能論＝「いいとこ取り」のプラグマティズムの解釈は、私にはどうしても腑に落ちないのである。また激励だけではなく伝統的な読書家として読書の復権を唱えている創立者の側面ももっと素直に見るべきではないだろうか。読書家ならばそうであるように、創立者にも大切にしている思想家や文学者およびその作品があることは自明ではないだろうか。創立者は、折々に取りあげた人物に関して、若かりし頃から親しんできたと表明されているではないか。人間主義を標榜する創立者のこれがまさに人間らしさというものではないだろうか。

　開沼氏の創立者の人物論は、せっかく先駆的な取り組みをしながらも、なぜ素直な伝統的な解釈にならず、プラグマティックな解釈になってしまったのだ

第6章　歴史における人間論　151

ろうか。今しがたも見たように、またたぶん殊更に強調するまでもないことなのかもしれないが、もっと仏教・宗教の側面に配慮して見るべきではないだろうか。それを欠いているから創立者の人物論が激励万能論＝「いいとこ取り」のプラグマティズムにしか見えないのではないだろうか。仏教・宗教の側面を外した創立者研究は、どんなに巧みに特徴を整理できたとしても、結局はその本質を把握することはできないのではないかと思う。

　開沼氏は、激励という文脈を重視しているから単純な実証主義史家というわけでもなさそうである。しかし創立者が仏教徒・「仏法者」である点、文学者・詩人・読書家である点等にもやはり「留意」しなければならないだろう。開沼論文は、創立者のこのような多面性が激励に一元化されてしまっているのである。

　かくしてこのように批判する以上は、代替案も提示しなければなるまい。しかも人物論を超えて人間論とならなければなるまい。いつもながらに、言うは易く行うは難し。

（3）　読者論

　さてそこに進む前にさらに開沼氏の論文の問題点について2点ほどを確認しておきたい。まだ肝心の結論部分も残っている。1つは開沼氏によれば、取りあげられた人物を「多くの」読者が聖人君子と「勘違い」してしまうという点である。誤読の問題である。今度は読者論である。「「池田先生が取り上げたのだから、その人物は全人格において素晴らしい」という勘違い」（開沼 2005. 30頁）があるという。極端な場合には、人間ではなく超人として崇拝してしまうことすらあるという。万能であるとする過剰解釈と欠点を見ないという過少解釈の指摘なのだろうか。いずれにしてもこれは私にとっては衝撃的な見解であった。実際、これでは創立者の愛読者に対する侮辱と受け止められかねまい。そのような危惧を感じた。

　しかしそれにしてもこの「人物論の効果」という著者の意図を離れたという読者論は実証性を欠いている。開沼氏は経験から語っているのかもしれない。

しかし読者アンケート調査を実施するなりもう少し慎重な調査と評価とが求められるように思う。

ところでスクーリングにおいてこの「人物論の効果」を受講生に確認したところ、「ええっ、そんなことはない」、「万能なんて誤解はしていない」との声もかなり聞かれた。開沼氏の言うような聖人君子として受け止めている読者はそれほど多くはなさそうである。それほど創立者の読者はナイーブではないのである。しかしこれをもって実証的に完全に反論できたというつもりはまったくない。この調査のためにスクーリングを実施していたわけではないから確認としては不十分だっただろう。いずれにしても読者論としては、もう少し慎重にもっと綿密な実証的調査を踏まえるべきだろう。

ついでながら読者論としてもう1点あげておきたい。私の場合である。私は創立者の一愛読者・ファンでもある。これまで創立者の著作を繙き、「激励」を受けただけではなく、宗教特に仏教の理解の深化、知的好奇心の広がりといった点が得られたと思っている。さらにまた文章表現等の読書の楽しさも味わってきている。プラグマティズムは妥当しないのである。私のような読者が多いとはいえないが、私だけであるとも断定はできまい。

結局、創立者という著者の意図は、はたして激励だけだろうか。おそらくそうではあるまい。創立者の言説には、教養・知識・情報・実践・政策・教育・芸術等々、その時々の文脈において多様な意図があるのではないだろうか。それゆえにこそまた創立者は研究テーマに値するのではないだろうか。

（4） 歴史認識と歴史解釈

いま歴史が問題となっているが、この点に関しては開沼氏の見解にもっとも抵抗を感じた。いよいよその衝撃の結論部分を見よう。

「池田の人物論は、それがそのまま歴史ではないということを認識しなければならない。人を激励するための人物論と歴史的な事実を重視する人物論とを立て分けることに留意したい。」（開沼2005. 30頁）

これを読むと実証主義的立場からの批判かと思える。このような思考こそは脱

構築されねばなるまい。私は、歴史認識そのものが言語論的転回によって成立しないような現在の状況において、それほど「立て分け」「留意」する必要があるとは思わない。創立者が史実の選択を無視しているわけではないことは開沼氏があげている『波瀾万丈のナポレオン』(池田・モワンヌ・モーラ・高村 1997) を見ても簡単にわかることである。周到にも近代フランス政治史家、ナポレオン肯定派と否定派という評価の異なるフランス人2名をゲストに迎えて確認しつつ議論を進めているからである[12]。

　この「立て分け」という分断・切断の思考路線は、すでに論文の最初の方で次のように表明されて見事に上記の結論と呼応している。

　「通常、「人物論」といえば、その人物の生い立ちから死ぬまでを編年形式で順に紹介していくものが多い。そこでは史料批判をはじめとする歴史学的考察が不可欠になってくる。しかし『私の人物観』によれば、池田の意図は「それぞれの人物の業績をうんぬんすることにあるのではない」(3ページ) とのことである。人物がかかわった個々の歴史的事実はそれほど重要ではないということである。」(開沼 2005. 24～25頁)
しかし「史料批判をはじめとする歴史学的考察」(開沼 2005. 24頁) がまったく無視されているというわけではあるまい。「業績をうんぬんすることにあるのではない」ということが「人物がかかわった個々の歴史的事実はそれほど重要ではない」(開沼 2005. 25頁) ということをはたして意味するのかどうか。人物評価は個々の出来事や著作を通してしか語りえないのではないか。

　先にあげたモンテーニュ論にも彼が生きた当時の状況・文脈に即した理解が明示されている。ナポレオン論もそうである。選択した史実を踏まえて仏法の立場から大胆に歴史解釈を展開する創立者の人物論を堪能したいものである。

　いまや歴史家創立者の解釈がある。歴史家開沼氏の解釈もある。そして歴史家私の愚考解釈もある。恣意的ではなく、リアリティーがあるとの説得・納得、大方の理解、共通理解に達すればよいのではないだろうか。そうしないかぎり所詮は歴史解釈も進まないのではないだろうか。

（5） 日常世界と学問世界

　開沼氏の結論は、「池田研究」の否定、少なくとも消極性を含意しているという点で私にとって衝撃であった。「池田研究」は、開沼氏の路線を取れば、文学と宗教社会学的な分析等、現在想定されている状態よりもはるかに狭く限定されたものになるだろう。日常世界と学問世界との分断、創立者の言説から学者が学ぶものなど何もない。激励用の言説と学術とは区別すべし。開沼氏の結論は、このように明確に読みとれる。これは「池田研究」の否定ではないのか。

　日常世界と学問世界、激励用の言説と学術、このような二項対立図式こそ脱構築されねばならない。創立者の著作は、「一人の人間の生命の尊厳を守りゆく大感情と、社会科学のあらゆる成果を吸収しつつ「中・長期的な展望」を見据えていく透徹した知性」（池田・ホフライトネル 2005. 156 頁）の書であり、「人類の歴史の大いなる流れを分析し、解釈し、見通す」「社会科学の眼」と「詩の眼」・「文学の眼」（池田・ホフライトネル 2005. 154 頁）を兼ね備えた著作ではないかと思う[13]。それゆえにこそ実際にも本学通信教育部の学術研究としての創立者研究として第 1 巻（創価大学通信教育部学会編 2005）、本書第 2 巻刊行と続き、現に創立者の思想と各自の専門分野をリンクした研究がここに存在しているのである。

　しかし翻って「池田研究」に関して否定的含意を持つ開沼氏のような大胆かつ特異な論文はこれまでに明らかになかった。これに私が刺激を受け、取りあげたことによって、私は「池田研究」を今回もここまで自分なりに促進することができた。むしろこのような触発しあう論争的な構図こそ研究の本来の姿であるような気もする。かくして開沼論文はおそらくは逆説的な意味で「池田研究」に寄与するものなのかもしれない。

6 創立者の史観—民衆・東洋・多元論

　創立者の歴史に関する言説を全面的に検討することは、ここではとてもできない。別稿を要するテーマであり、他日を期したい。ここでは創立者の歴史における人間論に迫るべく議論しているだけである。しかしながらテーマが歴史なのであるから、ここでいちおう創立者の史観に関して少しだけ言及しておきたい[14]。まず次が押さえておくべき基本だろう。

　「私は、師である戸田第二代会長から「歴史を学ぶことは史観を学ぶことだ」と徹底的に教えられました。そして、「"常に民衆という大地から歴史を見る"という史観を持て」と教わりました。」（ボールディング・池田 2006. 241頁）

　このように民衆史観が基本である。大乗仏教・日蓮大聖人の「民衆仏法」がその論拠であることも付記しておくべきだろう。

　次に創立者の史観の一例として『東洋の哲学を語る』（池田・チャンドラ 2002. 326～329頁）を参照してみたい。その中で創立者は「歴史は一直線に進行し、最後の審判に至るというキリスト教的歴史観」と「プラトンをはじめ古代ギリシャ、ローマにも見られ」る「インドの輪廻思想に代表されるアジア的な循環史観の違い」に注意を喚起している。そして「キリスト教的歴史観」＝「ヘーゲル、ランケ、マルクスに代表される西洋中心の一元的歴史観」とこれに対する批判となるトインビー、シュペングラーの「多元文明史観」を対比し、前者の行き詰まりを指摘しながら「多様性の中の調和」、「三草二木の喩え」へと議論を進めている。

　なお創立者は、20世紀末にベストセラーとなったフランシス・フクヤマの『歴史の終わり』とサミュエル・ハンティントンの『文明の衝突』の史観に関しては批判的である（ボールディング・池田 2006. 234頁、サドーヴニチィ・池田 2004. 106頁、238頁、テヘラニアン・池田 2000. 43頁）。けだし仏教徒がこのような徹頭徹尾西洋中心型の史観に対して批判的であるのは当然だろう。

7　師弟論としての人間論

　私は、経済学から歴史に関わっているけれども、以下はあくまでも創立者の著作の一読者としての私の解釈に過ぎない。創価教育の源流・創価（教育）学会初代会長牧口常三郎先生、創価学会2代会長戸田城聖先生の特質を仮にそれぞれ牧口価値論、戸田生命論と呼ぶことにすれば、創立者の特質は果たして何だろうか[15]。それは師弟論をおいてほかにはない。これが本稿の最大の主張である。

　創立者の人物論・人間論の大きな柱は、師弟論と＜権力者と民衆＞の対立の構図という2つの視点に尽きると思う[16]。後者は今回言及せず、別の機会にゆずることにして本稿ではその師弟論の一端に論及することにしたい。

　創立者の師弟論の文献はそれこそ枚挙に暇がない。膨大な言説がある。日々増えつづけている。その日々に増えつづけているという点も肝心である。本稿では端的な例として西洋と東洋から一例ずつ、ソクラテスとプラトンによる例証と「従藍而青」の2点をもってその迫真の師弟論を例証してみたい。

　創立者は、ソクラテスとプラトンの関係について次のように解釈している[17]。

　「ソクラテスとプラトンの関係を、一言で言えば「信受」にあったということができよう。／もちろん、他の弟子もソクラテスを愛し、尊敬していた。しかし、彼らはどこまでも「自分の常識」の範囲内で、ソクラテスの偉大さを受け止めていた。ゆえに、ソクラテスの行動が自分の常識から「はみでる」場合には批判さえした。／これに対し、プラトンは、ソクラテスその人を、そのまま信じ受け止めていた。ゆえに、ソクラテスの「魂の種子」は、プラトンの生命の大地に、深く根をおろし、やがて限りなく豊かな実を結んだ。この結実は、プラトン自身のものであると同時に、プラトンという土壌を得て"新たに蘇ったソクラテス"その人でもあった。……ソクラテスの死から生まれた新しいソクラテス。それがプラトンであった。」（池田1990.

120〜121頁）

　これこそプラトンの第7書簡の表現を用いれば、ソクラテスとプラトンの「魂の飛び火」の師弟関係である。そして創立者が説く「偉大なる「信受」の力」の論拠は、日蓮大聖人の御書である。この点が次のように説き明かされている。

　　「この大海のごときプラトンの大きさも、すべて「ソクラテスを信受した」という一点に源流があった。／御書に「無作の三身をば一字を以て得たり所謂信の一字なり、仍って経に云く『我等当信受仏語』と信受の二字に意を留む可きなり」……と仰せである。／大聖人の仏法にあっては「信受」が一切の根本であり、「信受」によってこそ、仏という最極の境地を得ることができるのである。」（池田 1990. 122〜123頁）

　かくしてソクラテスとプラトンの関係を論じた結論として創立者は次のように師弟の道の中に普遍的な人間の生き方を見い出している。

　　「プラトンはソクラテスの不二の分身であり、二人を分けることはできない。ソクラテスなくしてプラトンはなく、プラトンによってはじめてソクラテスは、永遠の人類の宝となった。／「師弟の道」は死をも超える。「師弟の道」こそ、この変転する世界にあって「大いなる魂」の理想の光を連綿と受け継ぎ、永遠化させていく唯一の道である。それはまた、いつの時代にあっても、人類の文化的遺産ともいうべき人間の生き方なのである。」（池田 1990. 121〜122頁）

　次に東洋の例として、創立者とチャンドラとの対談（池田・チャンドラ 2002）をあげたい。その中で創立者は、天台の「従藍而青」に触れながら次のようにやはり師弟の道＝人間の道であると説いている。

　　「師弟の道がなければ、何事も成就しません。そこに人間性の極致があります。／動物には親子はあっても、師弟はありません。師弟があるのは人間だけです。師弟があるから人間性の開花があり、人間としての前進もあります。／天台大師の『従藍而青（藍よりして而も青し）』という言葉があります。「青は藍より出でて、しかも藍より青し」ということで、弟子が師

匠よりも立派になっていかなければならないということです。／……私には師弟しかありません。それ以外の生き方はありません。」(池田・チャンドラ 2002. 20～21頁)

いずれにしても東洋は当然と言うべきだが、やはり日蓮大聖人の御書が師弟論の論拠である。

さて創立者は仏教徒・「仏法者」である。そこでこの際、仏教の原点・基本に立ち返って歴史認識と歴史解釈の一例としての師弟論を提示してみたい。仏教の原点といえば、釈尊である。釈尊は享楽生活と苦行生活を経て覚醒・成道・悟達した。諸行無常すなわち世界も人生も無価値・無意味である。これが基本だろう。そして人間生活の享楽と苦行を排して中道を説いた。中道は実際には少欲知足であるから、現代人にとって見れば苦行だろう。現代人が中道に立脚した生き方と軽々しく言うことはできないだろう。日本のような現代資本主義文明の国民は享楽生活の国民と言うしかない。釈尊の示唆するところ、ほとんど1世紀と（しか）生きえぬ人生が無意味・無価値であるとはいえ（がゆえに）、私たちは今世において一日一日ベストを尽くしていくしかないだろう。

それはさておき釈尊の生涯は悟達後の方が長い。釈尊は、成道後、煩悩断絶とばかりに自殺したわけでもなければ、現代人から見ればおそらくは苦行にしか見えないだろうが、しかし苦行をしていたわけでもない。80歳まで生きたらしいから現代から見ても長寿の生涯である。いったい何をしていたのか。残っているものは何か。そう煎じ詰めてみると弟子を導く様々な教えを説いた説法の生涯だったというしかない。これに尽きるだろう。

以上の認識と解釈とは、釈尊に関する史料批判を経た一般的な歴史認識におそらく反するものではないだろう。反実証的・反事実的ではあるまい。「梵天勧請」が伝説であるにしても、したがって結局、説法教化の道に入った動機は判明しないとしても、釈尊の生涯が弟子を導く生涯だったことを否定する者はいないだろう[18]。ここまで入れてもまだ一般的な歴史認識の枠の中にあるだろう。しかし歴史解釈としては私の1つの解釈に過ぎない。繰り返せばリアリティーと説得力があるかどうか。大方の賛同が得られるかどうか、共通理解が

得られるかどうか。それが問題であるに過ぎない。

　仏教の開祖は、弟子を導く生涯だった。仏教とは師弟の道である。創立者もその仏教の伝統の継承者に他ならない。そして創立者は、ソクラテスとプラトンの魂の飛び火の関係・仏法の信受の関係そのままに、ひたすらに戸田城聖先生の弟子として師弟の道を歩んできた。師弟の生き方を実践してきた。一方、創立者は今日まで、師として創立者の建学の精神に賛同して集った弟子たる本学の教職員・学生に様々な指針を示し、また創価学会の指導者として弟子たる会員を導き続けてきた。今後ともそれが変わることはありえないだろう。

　いまこれから最後に強調したい点は、この実践の方ではなく思想・理論の方である。すなわち強調したい点は師弟論である。いま思想・理論が実践に裏打ちされているということが確認できた。その上で本稿が結論として主張したい点はひとえに創立者の言説の方である。

　最早、言わずもがなのことではあるけれど、仏教にかぎらず偉大な宗教は創始者を継承する弟子によって存続発展し現在に至っているわけである。古来、宗教にかぎらず人間が何かを習得しようとする時、そして人間は必ずそうしようとするものだろうが、師を求めることは当然のことである。こう思いをいたせば、現代は、学芸の道・職人世界等を除けば、信伏随従して師を求めるあり方・生き方は失われているか少なくとも失われがちだろう。

　このような歴史的文脈において見れば、創立者は、まさに師弟論の復権を唱えているのだと見ることもできるのではないだろうか。教育関係の議論の中にはおそらく膨大な師弟論の蓄積があるのだろう。私はそれらに不明であるに過ぎないのかもしれない。しかしまた私はそれらから啓蒙されてはいない。いずれにせよ創立者ほど師弟論を強調して、これを全面的に展開した思想家を私はほかに知らない。かくして本稿のテーマとする歴史における人間論とは、歴史における師弟論にほかならない。

注
1 ）見えることのなかった弟子一笑追善の句。芭蕉の出典は諸版があるらしい。さしあたって、中村（1970）と萩原（1979）を参照。念のためこの機会に本句を

確認した。芭蕉（1970. 188 頁）は「塚も動け我泣聲は秋の風」（おくのほそ道）、「つかもうごけ我蹟詠は秋の風」（真蹟詠草）（中村俊定校注）、芭蕉（1979. 151 頁）は「塚もうごけ我泣声は秋の風」（おくのほそ道）（萩原恭男校注）と異なっている。私は「塚も動け我泣く声は秋の風」と覚えていた。このようにして言葉は伝わりながらも微妙に変化していくのかもしれない。そしてまた意味の方はどうなのだろうか。そんな感懐を抱いた。

2）私の専攻は経済学史である。こちらの方の見解は、一応、拙著坂本（2002. i〜vii 頁、1〜9 頁）を参照いただければ幸いである。

3）創立者研究のテーマに関しては、坂本（2005b）を参照いただければ幸いである。そこで作業仮説的に少し分類めいたことをしている。本稿は、そこであげえなかった点をテーマとしたつもりであり、その流れから見れば、その分類項目の追加になる。

4）私は平和・環境コースの方では、「経済と倫理」という科目を担当している。この取り組みについては、拙稿坂本（2005a. 244〜250 頁）を参照いただければ幸いである。

5）18 章からなる。タイトルは以下の通り。「ガンジーの魂と実践」「トルストイの"顔"」「よみがえるアショーカ」「運命の戦士　ベートーベン」「勝利の人　ユゴー」「人類愛に生きたタゴール」「ノーベルの遺産」「不滅の巨峰　ゲーテ」「プラトンとその師ソクラテス」「レオナルド・ダ・ヴィンチの眼光」「魯迅の懊悩と勇気」「宇宙の律動とアインシュタイン」「ホイットマンの人間讃歌」「孤高の哲人　デカルト」「東西を結んだ若き情熱　アレキサンダー」「生命の探究者ベルクソン」「"民主"の星　リンカーン」「教育の慈父　ペスタロッチ」以上 18 名。また教科書の他に参考文献として『新・私の人物観』（2001b）、『私の人間学』（1988）を紹介している（開沼 2003. 12 頁）。このうち『新・私の人物観』のタイトルになっている人物は以下の通り。ナポレオン、ミケランジェロ、諸葛孔明、ネルー、ダンテ、コペルニクス、マルコ・ポーロ、鳩摩羅什、マリー・キュリー、チャーチル、スピノザ、シュリーマン、カニシカ、インディラ・ガンジー、マーチン・ルーサー・キング、エレノア・ルーズヴェルト、シモン・ボリバル、以上 17 名。

6）私は経済学史専攻者であるから、たまたまガンディーと同時代をしかし互いに圏外で生きたケインズを、時間の許す時には少し取りあげてみた。後述のスクーリングではケインズについて、資料を大量に用意して配布したが、以前までと同様に時間がなくなってしまい、両大戦時の活躍を中心として手短に紹介するに留めた。またスクーリングではこのほか折から編集中だった私の長寿の偉人伝という記事（坂本・尾熊 2006）を紹介した。

7）スクーリング講義要綱は担当者を全員掲載している。この引用文の文責は私にあって両氏にはない。

8）全体として私の担当した割合は 2 割程度だった。その他 2005 年度は地方スクー

リングとして2回開講したが、私は担当していない。
9) 曾根博義氏の「解説」（曾根1995）の中にあるいわば井上師弟論も紹介し、あわせて創立者との交流（井上・池田1973）も紹介した。なお歴史小説と歴史の違いについては学習指導書にて混同しないように注意されている（開沼2003. 8〜10頁）。実際には、歴史文学者の歴史考証の緻密さと歴史学への寄与もよく指摘されているところだろう。司馬遼太郎文学や塩野七生古代ローマ史物語などを想起すればよいだろうか。歴史文学は、虚実を積極的に織り交ぜているため、また作家の想像力による主張などが渾然一体となっているだろうから、歴史学の立場から見ると、参考資料としてはその取り扱いが時には厄介だろう。本講座と類似したタイトルとして童門冬二氏の『歴史に学ぶ人間学』（童門2002）がある。これは歴史エッセイというべきものだろうか。典拠はまったくあげられていない。
10) 以上のように体系性のあまりない講義内容となってしまった。本講義は良くも悪くも学際性の科目の性格が表われたように思う。また経済学史専攻者として知の総動員志向の私の性癖なり経済学徒の雑学性が表われたのかもしれない。はたして後日、ある受講生からお便りがあり、体系性がないとの指摘があった（私自身が実際に講義中に表明している影響もあったかもしれない）。しかしお便りがあるくらいだから、かなり印象に残る講義ではあったようであり、実際その後も何かと議論しているとのことであった。しかしともかくそれなりの一貫性はあったと思う。それは本稿のテーマと結論が示しているだろう。
11) 日本人が少ないという点のほか、もう1つ気にかかる特徴は、女性が少ない点である。この点はスクーリング講義の際に私も指摘し、受講生からも意見があった点である。教科書には女性はいない。参考文献に指定の『新・私の人物観』（2001b）の方も3名と少ない。これは日本人が少ないという点とはおそらく事情が違うだろう。対象となった歴史の性格＝歴史の男性中心の反映というべきだろうか。素材の持っている以上の厳密さを要求すべきではない、ということだろうか。もちろん創立者の女性に関して論じた著作は数多くある。創立者の女性思想は、母性論を中心として有力な研究テーマの1つである。さしあたって池田・ヘンダーソン（2003）、ボールディング・池田（2006）、池田（2006b）等を参照されたい。
12) ナポレオン論の対談の白眉は、私にとっては、ナポレオン否定派のモーラ氏の肯定方向への変化（池田・モワンヌ・モーラ・高村1997. 412〜413頁）であった。
13) 創立者の指導者・政治家の資質に関する議論（池田・ホフライトネル2005. 154〜156頁）から援用して、創立者自身に適用してみた。
14) 創立者の史観に関して、西洋中世哲学への先見性（山崎2005. 36頁）、日韓関係に関連したアジアの民衆史観（尹2005. 213〜214頁）の指摘がある。なお後者に関しては創立者と趙文富氏との対談の中で日韓関係史の壮大な解釈が展

開されている。趙・池田（2002）の特に第3章を参照されたい。
15) さしあたって牧口価値論に関しては、牧口（1982）、戸田生命論に関しては、戸田（1983）池田・斉藤・遠藤・須田（1996. 38～40頁）等を参照されたい。
16) 後者ももちろん仏法の根拠によるが、別稿の課題として他日を期したい。
17) プラトンの第2書簡（林 1983. 14頁）が傍証として引用されている。ここではプラトン全集の方から全体を引用して確認しておこう。「そして最大の予防策は、書き留めずに学び取っておくことです。なぜなら書かれたものは世人の手に渡る運命を免れません。それゆえわたしは、これまでけっしてそれらの問題について書物を著わさなかったし、プラトンの著作なるものも何ひとつ存在しないわけだし、また将来も存在しないでしょう。そして今日プラトンの作と呼ばれているものは、理想化され若返らされたソクラテスのものに、ほかなりません。」（プラトン 1975『書簡集』314C）。ところでプラトンの『書簡集』はその真偽が古くから問題とされてきた。本稿のテーマから見て格好の材料を提供してくれるものである。長坂公一氏の訳者解説（長坂 1975）を確認してみたい。長坂氏によれば「第七書簡」は「最も信頼できるもの」だが、「プラトンの没年以前に同書簡が存在したことを証拠立てるに充分な外的史料は、ない」。一方「書簡内の言葉でなら、真作の証拠と思われるものは幾らも挙げられ、それらによって、執筆年代もかなり詳しく推定できるが、それら内的史料にもとづく判断も、所詮は推測の域を出ない。史実への言及にせよ用語法上の特徴にせよ、客観的論拠と認められるものが、やはり充分とはいえないからである」。このような状況にあるけれども「しかし、書簡の真偽もさることながら、読者個々人の内的体験の深まりにつれて、明らかになってくる味わい、というものもあることを忘れてはなるまい。……じっさい、古代の思慮豊かな学者たちが、深い感銘を覚えつつ書写し伝承してくれたものを、現代人のいわゆる「客観的証拠の不足」のみを理由に、手もなく葬り去ってよいものかどうか」（長坂 1975. 224～225頁）。長坂氏の「書簡内の言葉を先ず第一に信頼するという」立場に基本的に私も賛成である。
18) 「梵天勧請」に関する創立者の解釈としては、池田・チャンドラ（2002. 194～205頁）を参照されたい。

参考文献
芭蕉 1970『芭蕉俳句集』中村俊定校注、岩波文庫。
芭蕉 1979『芭蕉　おくの細道』萩原恭男校注、岩波文庫。
ボールディング、エーリス・池田大作　2006『「平和の文化」の輝く世紀へ！』潮出版社。
趙文富・池田大作　2002『希望の世紀へ　宝の架け橋　韓日の万代友好を求めて』徳間書店。
童門冬二 2002『歴史に学ぶ人間学』潮出版社。

林竹二 1983『若く美しくなったソクラテス』田畑書店。
池田大作 1988『私の人間学』（上・下）読売新聞社。
池田大作 1990『今日より明日へ 45 ―池田名誉会長のスピーチから　人物編　ナポレオン　ナイチンゲール　ソクラテス／プラトン』聖教新聞社。
池田大作 2001a『私の人物観』レグルス文庫。
池田大作 2001b『新・私の人物観』レグルス文庫。
池田大作 2005「第 2 総東京最高協議会での池田名誉会長のスピーチ」『聖教新聞』2005 年 11 月 20 日。
池田大作 2006a「新民衆の時代へ平和の大道」（第 31 回「SGI の日」記念提言）『聖教新聞』2006 年 1 月 25 日、1 月 26 日。
池田大作 2006b「婦人部代表者会議での名誉会長のスピーチ」『聖教新聞』2006 年 3 月 6 日、3 月 7 日。
池田大作・チャンドラ、ロケッシュ 2002『東洋の哲学を語る』第三文明社。
池田大作・ヘンダーソン、ヘイゼル 2003『地球対談・輝く女性の世紀へ』主婦の友社。
池田大作・ホフライトネル、R・D. 2005『見つめあう西と東―人間革命と地球革命』第三文明社。
池田大作・モワンヌ、フィリップ・モーラ、パトリス、高村忠成 1997『波瀾万丈のナポレオン―「人間」と「歴史」のロマンを語る』潮出版社。
池田大作・斉藤克司・遠藤孝紀・須田晴夫 1996『法華経の智慧― 21 世紀の宗教を語る』第 1 巻、聖教新聞社。
尹龍澤 2005「在日韓国人問題の地方参政権問題についての一考察―池田大作先生の人権思想を知る一つの手がかりとして―」創価大学通信教育部学会編『創立者池田大作先生の思想と哲学』（創価大学通信教育部学会）所収、212 ～ 226 頁。
井上靖 1995『孔子』新潮文庫。
井上靖・池田大作 1977『四季の雁書』潮出版社。
開沼正 2003「歴史における人間論」『学習指導書　人間学コース』（創価大学出版会）所収、8 ～ 12 頁。
開沼正 2005「池田大作の人物観」『創価教育研究』第 4 号 24 ～ 30 頁、創価大学創価教育研究センター。
季羨望・蒋忠新・池田大作 2002『文明てい談・東洋の智慧を語る』東洋哲学研究所。
牧口常三郎 1982『牧口常三郎全集』第 5 巻、第三文明社。
長坂公一 1975「『書簡集』解説」水野有庸・長坂公一訳『エピノミス（法律後篇）・書簡集』（プラトン全集 14）所収、岩波書店。
日蓮 1952『新版日蓮大聖人御書全集』堀日亨編、創価学会。
岡田尊司 2005『誇大自己症候群』ちくま新書。
プラトン 1975『エピノミス（法律後篇）・書簡集』（プラトン全集 14）水野有庸・長

坂公一訳、岩波書店。
ラダクリシュナン、N. 2000『池田大作師弟の精神の勝利』栗原淑江訳、鳳書院。
サドーヴニチィ・ヴィクトル・A、池田大作 2004『学は光―文明と教育の未来を語る』潮出版社。
坂本幹雄 2002『経済学史』創価大学出版会。
坂本幹雄 2005a「人間主義経済学序説」創価大学通信教育部学会編『創立者池田大作先生の思想と哲学』(創価大学通信教育部学会)所収、229〜256頁。
坂本幹雄 2005b「あとがき　創立者研究へのプレリュード」創価大学通信教育部学会編『創立者池田大作先生の思想と哲学』(創価大学通信教育部学会)所収、337〜342頁。
坂本幹雄・開沼正・山崎達也 2005「歴史における人間論」『学光』編集委員会編『学光』第30巻第1号(4月号)143頁、創価大学通信教育部。
坂本幹雄・尾熊治郎 2006「高齢思想のフロンティア」尹龍澤・佐瀬一男・坂本幹雄編『高齢学へのプレリュード』北樹出版。
創価大学通信教育部学会編 2005『創立者池田大作先生の思想と哲学』創価大学通信教育部学会。
曾根博義 1995「解説」井上靖『孔子』(新潮文庫)所収、422〜428頁。
戸田城聖 1983『戸田城聖全集』(第3巻・論文・講演編)戸田城聖全集出版委員会編、聖教新聞社。
テヘラニアン、マジッド・池田大作 2000『二十一世紀への選択』潮出版社。
山崎達也 2005「普遍概念形成のメカニズムと空の論理―創立者講演「スコラ哲学と現代文明」から創出される論理空間―」創価大学通信教育部学会編『創立者池田大作先生の思想と哲学』(創価大学通信教育部学会)所収、34〜81頁。

付記

　本稿は本文中にもあるように創価大学通信教育部人間学コース「歴史における人間論」講義を担当した成果でもあります。本講義を共同で担当し、さまざまなご教示と資料の提供をいただいた開沼正・山崎達也両氏に深く御礼申しあげます。そして本コースの何百名にも及んだ受講生の方々に深く敬意と感謝とを表します。なお尾熊治郎氏から文献資料の収集に際してご協力いただきました。記して深く感謝の意を表します。

第7章

人間の本質としての人間革命
―ルネ・ユイグとの対談『闇は暁を求めて』から―

山　崎　達　也

はじめに

　「人間革命」は創立者池田大作先生の小説の題名であり、また創価学会の運動論を示す概念として一般的に知られている。しかし創立者は、フランスの美術史家ルネ・ユイグとの対談『闇は暁を求めて』のなかで、創価学会という一つの組織のなかでの人々の歩みだけが人間革命の実証例ではないことを指摘している[1]。つまり創立者は、あらゆる世界の、あらゆる分野で、人間は人間革命をめざすべきであることを提唱しているのである。このことから、創立者が人間革命を普遍的なものとして捉えようとしていることに気づかされる。それではその普遍性の根拠はどこにあるのか、われわれがまず考究すべきはこの問いであろう。さらには、なぜ人間は人間革命をめざすのか、という問いも必然的に提起されてくる。これら二つの問いに挑戦していくうえで、われわれの視点を次のことにもちたいと思う。すなわち、人間革命を人間の本質を表示する概念として理解することである。
　まず、人間革命の内実としての自己変革の意味を明らかにし、次に人間の本質が西洋精神史のなかでいかに理解されてきたのかを概略する。その次には、自己変革のメタフィジカルな構造を明らかにすることで、人間革命の可能的普遍性を模索してみたいと思う。さらには、「人間革命」の概念的系譜を概観し、最後に人間における自然本性に対する態度を考察してみたいと思う。

1 人間革命の内実としての自己変革

　創立者は第三部「危機に直面する社会」のなかで人間革命を概念として次のように定義している。
　「人間革命こそ、現代のあらゆる危機を乗りこえるために不可欠の仕事であるとともに、人間が人間であるために、本質的につきまとう問題であると私は考えています。」[2]
　この定義は二つの部分に分かれている。すなわち、人間革命とは、
　１．現代の危機を乗りこえるために不可欠の仕事
　２．人間の本質に関わる問題
という二つの側面を有していることになる。したがってわれわれが最終的に考究すべきことは、この両側面がいかなる関係にあるかという視点を踏まえて人間革命のもつ重層的構造をあきらかにすることであるが、しかしわれわれは、第二の側面すなわち人間的本質としての人間革命における解明を通して最終ゴールを目指そうと思う。
　さて人間の本質に関わる問題とは、問い「人間とは何か」に関わる問題である。というのは、一般に「Ａとは何か」に対する答えにそのＡの本質が表示されることになるからである。すなわち問い「人間とは何か」に対する答えが人間の本質を表示している。では人間の本質とは何か。創立者の答えは自己変革である。
　「一般的にいっても、自己を変革できることは、人間がもっている、他の生き物にはない特質であり、さらに、より高い自己の実現をめざして自己の人間革命につねに取り組んでいくことが、私は、人間であることの証明であるともいえると思うのです。」[3]
　それではより高い自己への変革とはどういうことであるか。それは「利己的な生き方から利他的な生き方への転換」[4]である。利己的な生き方とは「自己の本能的欲望や感覚的喜びのとりこになっている状態」であり、それは他の動

物のそれとなんら変わらない生き方といえよう。それに対して利他的な生き方とは「善」の追求、すなわち他者の幸福のために奉仕することを意味する[5]。そうした利他的な自己の実現をめざして自己を変革することが人間であることの証明であるならば、人間は動物から人間へのプロセスとして考えられることになる。つまり人間革命における「人間」という概念には「人間になる」ということが内包されていることになる。言い換えれば、概念「人間」は名詞としてではなく、むしろ動詞として把握されている。ただたんに「人間である」というだけで人間が意味されているのではなく、「人間になる」ことによってはじめて「人間である」といえる。人間の本質を人間革命として捉えることは、じつは人間存在を静的にではなく、むしろダイナミックにみることを意味しているように思われる。

しかもより高い自己の実現が、他者を他者と認識することを前提にして、他者の幸福に奉仕することを意味するのであれば、自己変革の方向はいわばY軸上をただ直線的に伸長していくものではなく、逆円錐のかたちを形成していくものといえよう。自己変革とはすなわち、自己自身が上方へと三次元的に拡大していくことなのである。つまり自己変革の概念は、上方への伸長という二次元的側面とその伸長に基づく空間の拡大をあわせもつ三次元的側面をその構成要素としている。前者は超越的側面、後者は社会的側面ということもできよう。こうした性格を有する自己変革を内実とする人間革命によって表示される人間の本質は、したがって、力動的なものとして理解されることになる。

さて、人間の本質におけるこうした理解がはたしていかなる歴史的意味を有しているのか、この問題に視点を向けてみたい。そこで以下においてわれわれは、理性という観点から一般的に知られている三つの理解を概略してみよう。その三つの理解とはすなわち、「ロゴスをもつ」、「神の似像」そして「人格」である。

2　本質としての理性

（1）　命題「人間は理性をもった動物である」の意味

　たとえば古代ギリシャ以来語り継がれてきたアリストテレスの命題「人間とはロゴスをもった動物である」を検討してみよう。この場合、主語「人間」は種（species）、述語「動物」は類（genus）を表示している。この両者を単純に結合し、すなわち「人間は動物である」という命題を形成しても、この命題は「人間」の「何であるか」を語っていることにはならない。主語「人間」の代わりに、「猫」、「犬」、「馬」等を入れても、真なる命題が形成されるからである。つまり「人間は動物である」においては、「人間」は他の種（「猫」、「犬」、「馬」）と区別されていないので、人間の本質は表示されていない。そこで他の種とは異なっている、人間だけが有している特徴を付加しなければならない。それが「ロゴスをもつ」という種差（differentia）である。「ロゴスをもつ」は類「動物」のなかでの他の種と「人間」を区別すること、すなわち人間だけがもっていて、他の種はもっていないものを表示している[6]。

　人間の本質への問い「人間とは何か」に対する答えとして提出された命題「人間はロゴスをもった動物である」は、そのロゴスのもつ意味の豊饒性からして、今日においてもなお、その光彩は褪せることはない。ロゴス（logos）とはこの場合、「理性」あるいは「言葉」という意味であるが、それはソクラテスが人間を人間たらしめているものとして「魂」を措定したことを踏まえていることはいうまでもない。人間が人間であるということはじつに魂に基づいており、しかもその魂が生命の始原[7]であることからして、人間が人間として生きるということは、その魂がロゴスを備えていることが前提なのである。かくして人間の場合、その存在、生そして思惟は、ロゴスによって貫かれている。

　ところでアリストテレスによれば、人間理性における思惟作用は、まずは感覚器官を通すことによって形成される表象像を介して行なわれる。その表象

像は思惟対象のそれであるが、思惟作用と思惟対象との関係は、後者が前者の目的として機能するという点にある。たとえば「善美なるもの」を思惟する場合、思惟することが出発点であってそのゴールが「善美なるもの」である。つまり「善美なるもの」は思惟作用とは独立して存在していると考えられ、思惟はその対象である「善美なるもの」を求めて、すなわち「善美なるもの」を目的とすることによって、はじめて現実的に活動する。それが「善美なるもの」であると思われることによって思惟はその対象を求めるのであって、つまりそれが思惟作用によって善美であるということではない[8]。

　アリストテレスは、思惟活動が目的を求めていくひとつの運動であるとみなしているが、そうであるならば、究極的な目的とは、自己にとって他なる目的はもはや有してはいないことになる。その目的とはいわば、自己自身が目的であるという目的である。したがって、その目的は他の目的に向かって動くことはないのでそれ自体不動である。しかしそれ自体は自己以外の他者にとっては究極的な目的であるから、他者を自己自身のほうへ引きつける。つまりその目的は「不動の動者」(to kinoun akinéton) である[9]。これは、アリストテレス哲学における目的的世界の原因でありかつ目的であって、「神」(Theos) と呼ばれる。

　神は自体的な思惟であって、最も優れた思惟であるから、その対象もしたがって最善なものでなければならない。そして最善なものとは自己自身にほかならない。ということは、その思惟は自己自身を思惟する。つまり思惟作用とその思惟対象とは同一であり、神の思惟とは「思惟の思惟」(noēsis noēseos)[10]である。

　ところで思惟対象を受け容れるのは理性である。理性ははたらくことによって理性として存在することになるが、そのはたらきとは対象を受容することである。つまり理性は対象を所有することによって、可能態から現実態へと移行する。ということは、神はそれ自体究極的な目的であるから、すなわち他の目的に向かっているわけではないので、つねに現実態である。こうした現実態が神の生命であり、したがって、その生命とは最高善の生命であり、永遠の生命

である[11]。

　しかしここで確認しておかなければならないことは、種差「ロゴスをもつ」がそのまま神的理性の思惟作用に直接的に結びつくことを意味しないということである。ただ、その後において、ロゴスと理性とが同一視され[12]、人間理性が神的理性とアナロギア的に関係することがしばしば話題にのぼることになる。つまり、人間は肉体をもつことにおいて他の動物と同じレベルであるが、理性をもつことにおいて神へといたる可能性を有するということである。

（２）　神の似像

　ギリシャ的精神の伝統と並んで、西洋精神史の流れのなかで人間的本質を決定づける重要な契機としてあげられるべきは、『創世記』第一章にもとづく「神の似像」（imago Dei）という考え方である。その依拠するところの聖句をあげてみる。
　「我々にかたどり、我々に似せて、人を造ろう。」（第26節）
　「神は御自分にかたどって人を創造された。」（第27節）[13]
　「初めに、神は天地を創造された」と『創世記』冒頭に書かれているように、この宇宙のすべては神によって造られた。神の創造行為のなかで人間は、聖書によれば、六日目に造られたことになる。そして人間は神自身に「似せて」「かたどって」造られた「神の似像」なのである。

　しかし神の似像における似像とは、人間の肉体を意味しているわけではない。そもそも神は肉体を有してはいないからである。神の似像とはすなわち人間の精神に関わる。つまり人間が知性と意志を有していることが神に似ていることを意味し、それが人間を他の動物から区別する原理であるということである。その意味において人間は知性と意志を有することで神へとつながる線上に位置し、肉体を有することにおいて他の被造物と同様に、自然のなかに存在している。

　さてキリスト教の教義によれば、神とは父・子・聖霊という三つのペルソナ（persona）を持ちながらも、一なる本性をもつ神、すなわち三位一体の神

である。アウグスティヌス（Aurelius Augustinus, 354-430）は、この三一性という神秘を問い求めていくなかで、神の似像である人間について語ることによって、この神秘に近づこうとしている。すなわち神の似像は三位一体の似像へと深化し、父は精神それ自体（ipsa mens）、子（proles）はそれ自身の言葉（verbum）である精神の知（notitia）、そして聖霊は愛（amor）すなわち意志（voluntas）である[14]。人間の精神が自己自身を知り、自己自身を愛するはたらきは、神的領域において父が子を知り、父が子を愛し子が父を愛するはたらきと同一ではないが、アナロギアとしてみることができる。言い換えれば、人間の精神には三位一体の像がいわば刻印されているのである。

（3） 人格

カント（Immanuel Kant, 1724-1804）は、理性的存在者としての人間を人格（Person）と呼ぶ。それに対して理性を有していない存在者はただ相対的な価値しかもたないものであって、「物件」（Sache）と呼ばれる。物件が相対的価値しか有することができないのは、それが手段だからであるが、人格はしかし、いかなる手段にも還元できない目的それ自体として存在しており、したがって人格は絶対的価値を有している[15]。われわれは人間として、自分の欲望を満足させるために、他者の人格をその手段として使用することはできない。

カントによれば、道徳律（das moralische Gesetz）の存在は「理性の事実」（Faktum der Vernunft）、すなわち客観的にして先天的な事実である。したがって、その法則は自然因果律に従う経験的要素は一切含まれない。人間が自然界に生を受けている以上、その因果律に支配されざるをえないが、しかし人間は同時に、自由意志を有することにおいて自然界を超えた英知界に属している。ところで、われわれはこの自然世界において快や幸福を求める。しかし快や幸福は個人個人によってその内容は異なるし、また一個人においてもその条件によって異なるものであるゆえに、普遍的法則にはならない。人間が人間であるということ、それはわれわれの意志を普遍的立法に合致させて、自然因果律から独立させる可能性を有していることである。われわれは普遍的立法である道

徳律の存在を知り、それに従うことによって、その可能性は現実のものとなる。

　こうした道徳律は理性的存在者としての人間の前では「何々すべし」という定言命令（kategorischer Imperativ）という形で現れる。その命令は、目的それ自体としての人格が存在することを根拠とすることによって、客観的原理である。この場合道徳律は次のようになる。

　「汝の人格におけるおよび他のすべての人の人格における人間性を、いつでも同時に目的として使用し、たんに手段としてけっして使用しないように行為せよ。」[16]

　たとえば、他者に対して嘘の約束をしようとする者は、その他者が自らと同じ目的をもっているとはみなさないのであるから、さらには、その他者は自らが手段として使われることに同意することはないだろうから、他者をたんに手段として使おうとしていることになる。しかし他者の人格をつねに目的とすることは、他者に対する必然的なあるいは当然果たすべき義務なのである[17]。

　さらにたとえば、自分にとって好ましくないことが続き、人生に希望が持てなくなり、自殺を願望している人がいるとしよう。自殺とは、その人は辛い状況から逃れるために、自己自身を破壊する行為であるが、それはその人の人生が終わるまで耐えられる状況を維持させる手段として、人格を使用していることになる。つまり自殺は人間をひとつの物件として扱う行為にほかならない。つまり、われわれは自分自身を勝手に不具にしたり、殺したりすることは許されないのである。したがって、自殺は普遍的立法に妥当する行為ではないのである[18]。

　以上われわれは、西洋精神史において、理性という観点から人間の本質がいかに捉えられてきたということをおおざっぱにではあるがみてきた。ここであきらかになったことは、「神の似像」という概念はもとより、「ロゴスをもつ」も「人格」という概念にしても、人間の本質を規定する場合、人間それ自身がその規定を与えることではないということである。そうではなくとも、人間の本質規定は人間それ自体を超越した存在者につながるものとして付与されてい

るということである。人間の本質がそのまま人間の尊厳を主張する根拠となるのは、その本質規定が超越的なものを志向しているからである。

それでは、人間革命を人間の本質として理解する場合、こうした超越的規定は機能しているのか、機能しているとしたら、それはいかなるものであるのか、この問題を以下において検討してみよう。

3 自己変革の原理としての因果倶時

人間革命という視点は人間の本質を自己変革としていわばダイナミックに捉えることに存している。しかしいうまでもないことであるが、現在の自己がより高い自己へと移行あるいは上昇していくと考えられるかぎり、自己変革という概念は世界の時間性を前提にして形成されている。したがって、自己変革の特質を解明するためには、世界における時間性の成立根拠を示すことが必要となる。その根拠が示されてはじめて、自己変革における変革の内容が明らかになる。そうでなければ、人間革命は普遍性を有する思想へとは発展することはないであろう。

ところで、創立者の提唱する人間革命は、後述するように、戸田創価学会第二代会長の人間革命論を継承・発展させたものであるが、両者の共通項としてあげられるのは日蓮仏法の修行論である。創立者は、その修行論の特徴を次のように述べている。

「この仏法を修行する立場としては、これで終点であるということはなく、どこまでも、前進していかなければならない、その前進していく生命の姿勢の中にこそ、じつは終点が実現されているのだと教えます。」[19]

どんなに前進していっても修行の終点が存在しないのであれば、それは徒労以外のなにものでもないのではないか、という批判は当然に提起されるであろう。しかしその前進していく生命の姿勢のなかに、終点が実現されていると述べられている。この記述によってこの修行が徒労ではないことが一応示されるが、しかしその意味が明らかにされないかぎり、自己変革の構造を明示するこ

とはできない。この問題はしかし、今ここでは留保しておこう。

さて、引きつづき創立者は次のように述べている。

「したがって、もし、これで終点だと考え、前進をやめたところには、すでに、最も重要な完成への要素が欠落していることになります。この原理を、この仏教では『因果俱時』という言葉であらわしています。」[20]

ここに自己変革の仏教的原理として因果俱時が提示される。この場合、「因」とは完成をめざして前進していく姿勢、その実践を意味し、「果」とは完成された究極の姿を意味する。因と果とが同時に存在するということが因果俱時の意味であるが、完成された状態すなわち果はその完成をめざしていく実践すなわち因と同時にあるということになる。したがって、完成をめざして前進していく実践がなくなれば、完成それ自体もなくなってしまうと結論づけられる。要するに、自己完成をめざす仏道修行という領域において自己変革を捉え、そのさい自己完成を意味する果へといたるプロセスを因果俱時の原理によって把握されることによって、自己変革の深層構造が明らかにされるのである。

ここで、そもそも日蓮仏法において因果俱時はどのように理解されているのか、われわれはこの問いを考えなければならないであろう。佐渡に流罪されていたときに書かれたとされる『当体義抄』には次のように述べられている。

「至理は名無し聖人理を観じて万物に名を付くる時・因果俱時・不思議の一法之れ有り之を名けて妙法蓮華と為す此の妙法蓮華の一法に十界三千の諸法を具足して闕減無し之を修行する者は仏因・仏果・同時に之を得るなり。」[21]

この「至理は名無し聖人理を観じて万物に名を付くる」は天台大師智顗（538-597）の『法華玄義』における次の一節を受容して書かれたものと思われる。

「蓮華は譬に非ずして、当体に名を得と。類せば劫初には万物に名無し、聖人理を観じて準則して名を作すが如し。」[22]

『当体義抄』の「至理は名無し」は『法華玄義』の「劫初には万物に名無し」に対応していることから考えると、「至理」は「劫初」すなわち時間の始原と理解できる。それは命名行為がなされる以前の世界を指していると思われ

る。世界がわれわれの「世界」として現出してくるのは名指しによってであるが、しかし蓮華は比喩ではなく、むしろ「因果俱時・不思議の一法」の名であることが明示されている。しかもその法は「十界三千の諸法を具足して蕨減無し」と述べられていることにおいて、法は世界のなかの一存在者ではなく、世界それ自体の成立根拠であることが明かされている。しかしその法は「不思議」であって、すなわち人間知性の対象として存在するものではない。

　それでは、われわれはその法にいかに関わることができるのか。日蓮仏法では「修行」と答える。そして修行する者は、因果俱時の原理によって、仏因と仏果を同時に得ることになる。したがって、創立者は仏因を完成をめざして前進していく姿勢、その実践と理解し、仏果を完成された状態と理解していることがわかる。ということは、自己変革は世界の成立根拠である「因果俱時・不思議の一法」の修行それ自体であることになる。自己変革がこうしたメタフィジカルな構造を有していることが開示されることによって、ここに人間革命が普遍的な思想として発展する可能性が提示されていると思われる。

　自己変革における深層構造をいくらか垣間見たところで、ふたたび創立者の発言に耳を傾けることにしたい。創立者は次のように述べる。

　「人間が人間である以上、どこまでいっても、これで完成されたという状態はありません。しかし、自ら未完成であることを自覚して、その完成をめざして不断に努力を持続していくところに、じつは完成された人間像があるのです。」[23]

　もしこの世界に「完成された人間」が存在しているのであれば、個人の主観性に関する問題はともかくとして、それはあくまでも相対的な意味を有するものでしかない。ここが人間存在の頂点であると客観的に指摘できる者はこの世界には存在しない。ということは、自己完成は自覚の問題領域に属することになるが、しかし以上述べられているように、これで終点であると考えた瞬間に自己完成は消滅している。したがって、どこまでいっても未完成であることを自覚する以外に道はない。しかしこのことは、うえに「その前進していく生命の姿勢の中にこそ、じつは終点が実現されている」と述べられているように、

徒労を意味するものではない。その記述に「不断に努力を持続していくところに、じつは完成された人間像がある」が対応している。すなわち「終点」は「完成された人間像」であって、それは「前進していく生命の姿勢の中に」実現しているのである。さきほど留保された問題はここに一応解決されたといえるであろう。では、その「完成された人間像」とは何か、しかもそれは不断に努力を持続する生命の姿勢の中に実現するというのは、何を意味するのか。この問いを考えるうえで参考になると思われる『御義口伝』から次の一節を引用したい。

「一念に億劫の辛労を尽せば本来無作の三身念念に起るなり所謂南無妙法蓮華経は精進行なり。」[24]

ここに引用した一節とさきほど以来考察してきたことからいえば、自己完成をめざして不断に努力を持続していくことは「精進行」であって、その瞬間瞬間に生命に実現する「完成された人間像」とは「無作の三身」すなわち仏として理解できるであろう。したがって、自己完成をめざして不断に努力していくそのつどの段階において、じつは完成に達しているといえるであろう。このことによって、因果俱時が自己変革を支えている構造原理であることが明らかになった。しかしここに新たな問いが生じている。すなわち、完成された人間像、すなわち仏がそのつど実現しているとはいかなることを意味するのか。「念念」を手がかりとして以下において考えてみよう[25]。

「念念」はそのつどの瞬間を意味するものと考えれば、その瞬間は現在の瞬間を意味するものとなろう。一般的にいって、現在は「いまある」と把握され、それに対して過去は「もはやない」、未来は「まだない」と把握される。存在という観点から見ると、過去は「もはやない」し、未来は「まだない」のであるから、存在するのは現在のみであると一応理解できる[26]。そうすると、存在者はただ現在における瞬間においてのみその存在が保持されていて、過去と未来においてはその存在は保証されていないことが帰結される。したがって現在の瞬間はいわば「存在の源泉」のようなものといえるであろう。しかしその瞬間を知性は捉えることができない。だからといってその瞬間が実在しない

ということはない。もし実在しないのであれば、過去と未来のみ存在することになるが、しかしそれは自己矛盾である。というのは、過去も未来もともに「ない」のであるから。したがって、現在における瞬間は、過去と未来との関係において自らの身分を保証しているわけではなく、自己自身において自らを保証している。しかしわれわれの意識における表象は、個々の瞬間として捉え、それぞれが連続しているようにイメージする。そしてあたかも時間が流れているというようなイメージが構想されるのである。

　しかしここで、瞬間の非連続性に注目してみよう。その瞬間は過去・未来との関係を断ち切っている。ということは、瞬間は過去に移行することもなく、未来からやって来るものでもない。過去への移行が前提となって存在者を「古い」と形容し、未来からまだやって来ないこと、あるいはやって来たばかりのものには、「新しい」と形容されるのであれば、非連続性において捉えられた瞬間には、「古い」も「新しい」も形容されない。あるいは次のようにもいえるだろう。自己自身の「前」も「後」もない。そこでは時間の存在それ自体が否定されている。そしてそれは、古来、「永遠の今」あるいは「永遠の現在」といわれてきたものである。

　ところで、その永遠なる瞬間は無作の三身が実現する瞬間である。その実現は存在者の存在の源泉を意味する。そうであるならば、現在の瞬間を表象できなかったように、ここでいわれている無作の三身も知性の認識対象にはならないであろう[27]。しかしだからといって、その実在性が否定されたわけではない。ここではむしろ、現在の瞬間と無作の三身が同義であるとみれば、存在者の存在を支えているものとして無作の三身を理解することが可能なのではないだろうか。とういうことは、われわれの存在はそのつど無作の三身によって、現実的存在として有らしめられていることになるであろう。しかもその実現の瞬間はけっして過去に移行することはない。しかしわれわれに容易に表象できるように、時間的ベクトルを使用するならば、その瞬間はつねに新しいものとしてわれわれにやって来るものとしてイメージされるであろう。このイメージによって、未来が志向的に開かれ、そしてわれわれはその未来に対して、われ

われの存在自体に関わるなんらかの目的あるいは目標をもち、その実現をめざすものとして捉えることになるであろう。しかしその目的あるいは目標が今ここで達成されたという観念の有効性を保証するものはどこにもない。「達成された」と思ったとたんに、その瞬間はすでに過去のものとなっているのであるから。つまり、「人間が人間である以上、どこまでいっても、これで完成されたという状態」はないのである。

　以上考察してきたように、自己変革が因果倶時という仏教的原理によって構造化され、そして自己変革それ自体が無作の三身の瞬間瞬間の実現によって可能であることがあきらかになった。つまりわれわれが完成された人間像《仏》をめざすこと自体が可能であるのは、じつはそのつど、《仏》によってわれわれの可能的存在が現実的となっているからなのである。したがって、完成された人間像の実現をめざすことそれ自体が、その実現それ自体にほかならない。

　さて以下においてわれわれは、「人間革命」という概念に注目し、その系譜をたどることによって、創立者の人間革命論の歴史的背景を考察してみよう。

4　人間革命の概念的系譜

（1）　南原繁

　「人間革命」という言葉を日本ではじめて使用したのは、創立者も述べているように[28]、当時東京大学の総長であった南原繁（1889-1974）である。南原が東大総長であった期間すなわち1945年から51年までの6年の間、彼がおもに東大で行なった講演はそのつど出版された[29]。そのなかに『人間革命』（1948年）という著作がある。その「まえがき」のなかで、講演の内容が教育・文化・政治・経済・社会の全般にわたるなかで、それらを貫くものとして力点がおかれているのは「人間」の問題——新しい「人間性理想」の要請であることが述べられている[30]。それにつづき南原は次のように述べている。

　「近代は政治・経済・社会すべての領域において、あまりにも人間が非人間

化し、機械化し、奴隷化され来たった。わが国における何よりもの急務は、この失われた人間性の回復——主体的な人間人格の確立でなければならない。それは人間そのものの革命、『人間革命』を意味し、ひとり政治的経済的社会生活においてのみでなく、人間存在の内容そのもの——内的本質の革命を必要とする。」31)

　ここで南原の主張する「人間革命」の歴史的背景を概観してみよう。すでに述べたように一連の講演がなされたのは1945年すなわち敗戦の年からである。その年を含む三年間を南原は「国家の運命を賭けてのあの悲痛を極めた決戦への最後の段階と、そしてその必然の結果として無残な全面敗北と降伏の年。それに次ぐわが全土にわたっての惨憺たる荒廃と窮乏のなかに、全国民ひとしく虚脱と昏迷と彷徨の年」32)と描写している。しかしどうしてこうした苦難が引き起こされたのか。その原因は「国民の知的・道徳的ないしは宗教的な精神生活の根底に横たわっている」と南原は考える。この当時「革命」とはもっぱら社会革命を意味していたし、また当時の日本はこうした革命運動が各地で盛んになった時期でもあった。しかし人間一人一人が徹底的な自己批判と変革をしないかぎり、政治的・社会的変革もなんら意味をなさないことを南原は、「人間革命」という概念のなかにすでに内包させていたのである。

　それでは、その自己批判とはどのような性格のものなのか。それは日本が戦争へと突入していったプロセスに対する反省に関わるものであることは必然である。なぜ日本は戦争を行なったのか。その原因をどこに求めるべきか。南原の答えは、当時の日本人が抱いていた錯覚と妄信である。日本民族の優位性を、歴史的事実を宗教的神聖にまで高めるという歪曲を犯すことで、高揚させ、さらに日本民族独自の文化を高調させる。それだけにとどまらず、その文化を他民族に強制し、世界を同化させるという使命を有しているかのように錯覚させる。こうした自己欺瞞と自己陶酔によって形成された国民文化は、南原によれば、真の文化理念ではなく、しかもそれは自然的生物的範疇を出るものではない。したがって、それはただちに国家の政治的経済的利害と結びつくことになったのである。

では以上のような錯覚と妄信はどのようにもたらされたのか。南原は、「おのおのが一個独立の人間としての人間意識の確立と人間性の発展がなかったこと」[33]と分析している。当時の日本人は、国家神道にもとづく「日本神学」の教義に束縛され、国家的普遍と固有の国体観念の枠にはめられ、個人良心の権利と自己批判の自由が拘束を受けていたのである。このような境位においては、したがって、「人間の発見」はなしえるものではなかった。

　それでは、こうした状況は何によって打開され、克服されるのか。南原によれば、人間理性と精神の力にほかならない。そしてそれは、「人間が高い精神的秩序の世界に基礎を持った存在としての自由の本質」[34]に由来する。しかしここで重要なことは南原のいう「自由」の内実である。それは政治的社会的概念ではない。南原は精神的宗教的起源をもったものと解している。その自由はその本質において、「真理と正義、さらには神的永遠的なものと結びつくときに、はじめて積極的創造的な力」[35]となる。南原は述べる。

　「自己を永遠の神的生命に連なるものと解する人が、真に自己の自由を信ずるとともに、他人の自由を尊重する。それが人間共同生活の永遠の基礎をなすものである。」[36]

また次のように述べられている。

　「元来『自由』の真義はかかる神的絶対者に結びつくものであって、人はかかる絶対者を本源的なものとして信じ承認するところ、少なくともそれを否定せず、科学者といえどももはやその究め尽くし得ざるものの前に畏敬の念を以って立ち停まるところに、人間の自由、一般に人類の自由があるのである。」[37]

　ここでいわれている「神的絶対者」とは、「人間主観の内面をさらに突き詰め、そこに横たわる自己自身の矛盾を意識し、人間を超えた超主観的な絶対精神」[38]を意味する。本来において神的生命に起源を有する人間思惟の自由とあらゆる政治的社会的活動の自由は、人間意識から生まれ出るものである。しかしこのことが可能になるのはいうまでもなく、「日本神学」からの解放が前提である。

したがって、南原における人間革命は、ただヒューマニズム的人間性の解放と独立のみを意味するのではなく、日本における宗教改革をその内容にしている。つまり人間革命が個々の人間の宗教的なる精神革命を意味しているのである。

ところで、こうした考えはあきらかに、カント哲学における意志の「自律」（Autonomie）に基づく道徳性（Moralität）の概念に由来するものと考えられるであろう[39]。つまり南原の人間革命論は、敗戦という特異な歴史的状況を背景にしつつ、またカント哲学を媒介にして、自らの信仰にもとづく人間存在の理念を展開したところに成立するといえる[40]。

（２）　戸田城聖

戸田城聖創価学会第二代会長（1900-1958）は、1949年8月に発刊された『大白蓮華』第2号に、「人間革命」と題した巻頭言を掲載している。そのなかで南原の人間革命論に言及し、おなじく人間革命の必要性を表明しながらも、しかしその内容と方法においては、南原のそれとは大いに異なっていると述べている[41]。そのさい戸田会長は、道徳的修養と仏道修行という二つの観点から、人間革命を論じている。しかし前者の観点からいえば、「革命」が旧弊の打破を意味するかぎり、道徳的教訓においては逆効果が生じてしまうことから、人間革命は不可能であると断言されている。すなわち、たとえば孝養等の道徳的教訓においても、そこでは孝養の本質が明かされることはないし、ましてや善悪の基準の提示がなされていない。しかし仏道修行、とくに日蓮仏法においては、道徳における修養法が排斥され、修行の根幹が明かされていると戸田会長は述べている[42]。さらに革命にあってはその目標が提示されていなければならないという観点から、日蓮仏法によって説き明かされた仏の境涯が社会および個人の幸福に直接的に関与するものであって、人間革命の究極の目標であると述べている。

ところで戸田会長は、周知のように、妙悟空というペンネームで小説『人間革命』を著している。この小説は1951年4月20日に創刊された『聖教新

聞』に、54年の8月まで三年四カ月にわたって連載され、57年7月に単行本として発刊された。その一カ月後に発刊された『大白蓮華』第75号に戸田会長は、「人間革命の精神」と題する巻頭言を書いているが、その冒頭で人間革命とは人生の目的観の確立と自己完成であると定義されて、次のように述べている。

「われわれは、生活を営んでいくうえに、何らかの人生観なり、社会観なりをもっているが、現在まで、自分で持っていた人生観・世界観・社会観に、変化を起こすことが人間革命であり、いいかえれば、今までの生き方を、根本的に変化させることである。中小目的より大目的へ、中小善より大善生活へ、現世だけの目先の目的観より、永遠の生命観に立脚した、確固不抜の生命観の確立にある。」[43]

ここでいわれている「中小目的より大目的へ、中小善より大善生活へ」という記述は、そもそも牧口価値論において使用されている概念であるが、戸田会長はこの小説のなかで、登場人物の生活状況を具体的に描きながら、それらの概念を自らの人間革命論として展開している。たとえば裕福な生活あるいは健康への願望、または自分の性格を改革したいという目的等は相対的幸福への欲求であって、すなわちそれは中小目的、中小善の生活の域を出ることはない。「大目的」、「大善生活」は永遠の生命観あるいは確固不抜の生命観に基づくものであり、それを戸田会長は「絶対幸福境涯」と称している[44]。それは先に述べられた仏の境涯を意味し、すなわち人間革命の究極目標であり、真髄である。

戸田会長におけるこうした人間革命論は、周知のように、戸田会長自身の獄中での信仰体験に基づいている。その信仰体験の内容とはすなわち、自己の生命が仏であり、過去久遠より自分は地涌の菩薩であったことを確信しえたことである。この体験を機に戸田会長はそれまでの事業家としての生活を破棄し、宗教者として生まれ変わったことを人間革命の具体的な実証例として提示したのである。

さて、巻頭言「人間革命の精神」の最後は次のような言葉で締めくくられて

いる。
　「真に国家を憂い、民衆の幸福を願う心のある青年であるならば、まず自らが、この高邁な人間革命の真髄を求めて、いかなる三類の強敵・三障四魔とも戦い抜き、勝ち抜いて、勇猛精進すべきではなかろうか。」[45]
　さらに、1951年に発刊された『大白蓮華』第19号には、「青年訓」と題されている巻頭言が掲載されているが、そのなかにも次のような記述がある。
　「第三に、衆生を愛さなくてはならぬ戦いである。しかるに、青年は、親をも愛さぬような者も多いのに、どうして他人を愛せようか。その無慈悲の自分を乗り越えて、仏の慈悲の境地を会得する、人間革命の闘いである。」[46]
　人間革命の真髄を求めることは民衆の幸福を願うことを意味し、しかしそれは三類の強敵・三障四魔との闘いの道を歩むことでもある。このことが、先に言及した、道徳領域における人間革命の不可能性の根拠なのである。つまり、小善・中善生活の領域においては、三類の強敵・三障四魔との戦いはない、その必要性もない。その理由は牧口会長も述べているように小善生活者は「自己防衛にのみ没頭して居る臆病無力」なる者だからであり、中善生活者は「外には大善を装うて内実は私欲をはかる個人主義を抜け切れないから」である[47]。
　以上のように、戸田会長は「人間革命」という言葉を南原繁から受け継いだが、しかしその意味内容は異なるものとなった。それは戸田会長の人間革命論が牧口価値論を背景として、日蓮仏法の修行論に基づくものであったからである。さらにその人間革命論は、仏教で説かれる魔との闘いのなかで獲得した戸田会長自身の信仰体験に裏打ちされ、しかも戸田会長は仏法による人間革命がすべての人に開かれていることを提唱した。つまり人間革命という観点から、ここに仏法の普遍性が開示されたといえよう。

5　人間の有する自然本性といかに対峙するか

　人間革命を人間の本質として理解することを小論のライト・モティーフとしながら、まずわれわれは、人間革命の内実を自己変革という概念にみることか

ら出発した。つぎに自己変革を人間の本質と捉える創立者の考えの精神史的意味を探るために、人間の本質を表現する西洋精神史における伝統的概念を三つすなわち「ロゴスをもった動物」、「神の似像」そして「人格」をピック・アップし、それらを概略した。さらにそれらの有する普遍性の根拠を踏まえ、自己変革のメタフィジカルな構造が因果倶時という仏教的原理によって組成されていることを明らかにした。そして概念としての「人間革命」という観点から、その系譜をたどるべく、南原繁と戸田会長の人間革命論を概観した。以上の考察においてわれわれが理解したことは、人間存在における人間性が動物性あるいは自然本能と対置され、後者からいかに脱却していくかという志向性でもって人間の本質が思考されるなかで、「人間革命」もその延長線上において出現してきたということである。そこで創立者が自らの人間革命論を展開するうえで、人間本性として捉えられる自然本能をいかに理解しているのかという問いを立ててみたい。

『闇は暁を求めて』で創立者と対談しているフランスの美術史家ルネ・ユイグは、利・美・善の価値体系の意義を創立者から尋ねられ、美と善を価値とみることは承認するが、利を価値とみることには反対している。その理由として以下のことがあげられる。利は生命を維持する物質的条件とみる創立者に対して、ユイグは維持を価値だとはみなさないからである。彼が主張する生命進化の法則にしたがえば、人間がその特徴である理性の段階に留まっているかぎり、人類がいま抱えている諸問題を解決できない。人間は理性を超えた精神の段階、すなわち「愛」を根本とする段階へと飛翔しなければならない。そこはそれまでの人間の生活における質の転換を要求する世界である。理性の段階にとどまる人間の世界と精神世界との溝を超えさせてくれるもの、それがユイグにとっての価値である。したがって、生命維持のための物質的条件であると規定された利は人間に量の転換はもたらしても、質の転換をもたらすものではないので、ユイグは価値であるとはみなさないのである。

こうした批判に対して創立者は、ユイグの意見が「価値」という概念の捉え方の相違にもとづくものであると指摘し、次のように述べている。

「仏教においては『一日の生命は、全宇宙に満たした宝よりも大きい価値がある』あるいは『全宇宙に満たした宝を仏に供養するよりも、一本の小指を供養することのほうが尊い』等と説かれ、生命こそ、最も尊いものであると教えています。むしろ、教えたというよりも、あらゆる生き物の本能や人間の意識の底にあるものを、このように明かに示したというべきでしょう。」[48]

ここから理解できることは、創立者は価値としての利を人間世界だけに限定して使用していないということである。これにつづいて創立者は、「〝質〟を考慮しようとしないで、獲物をとらえて食べるだけの虎は、価値を追求することを知らないのだ、人間とはまったく異なる存在であると差別していくことに、どのような意義があるのでしょうか」[49]とさえ述べている。こうした観点は、生命という次元から人間と動物との差異を示す距離が、西洋哲学が説明する距離と比較した場合、短いということに由来しているように思える。逆にいえば、これは仏教が提供する生命空間の拡がりを示しているともいえるだろう。

ところで生命を「生きる」という側面に限定し、それを自然本能的に解釈し「動物として生きる」場合と、「人間として生きる」という場合をわれわれはつねに考えることができる。そして価値は「人間として生きる」ことに限定されて理解されてきたことは周知の事実である。近代に典型的な人間存在の立場からこのことを妥協することなく徹底的に考え抜いたのがカントであった。すなわち道徳律にしたがって生きることが自然因果律からの解放を意味し、その結果人間は「意志の自律」を理解し、理論理性では二律背反に陥ることしかなかった「自由」の存在を実践理性をもって知ることになったのである。さきにも言及したように、非理性的存在者であるたんなる「物件」と理性的存在者である「人格」との区別性は、つねに目的として位置づけられる「人格」が他のなにものにも取り替えられない存在として際立たせる結果を導く。すなわちここにはじめて「人間の尊厳」が成立することになる。人間は理性的存在者の一員であることにおいて「人格」であり、それゆえに尊厳であるべきなのである。

ところでカントは、人間本性のうちにある善への根源的な資質（Anlage）として人格性（Persönlichkeit）をあげている。人格性とはカントによれば、「選択意志の十分な原動力としての道徳律に対する尊敬の受容性」[50]である。カントは、善への根源的資質として理性的存在者としての人間の人間性（Menschheit）をあげているが、この人間性は人格性を含んではいない。というのは、理性をもつということは、普遍的立法について理性の格率がもっている資格の表象だけで選択意志を無条件に規定し、したがってそれ自体において実践的である能力をもつということを意味しないからである[51]。ここでいわれる人間性とは、カントによれば、「他者との比較においてのみ、幸福であるとかあるいは不幸であると判断する自愛（Selbstliebe）」[52]を意味する。この自愛はたんなる機械的な自愛を意味する動物性と同じく自然的ではあるが、自己を他者と比較することにおいて理性が必要となる。この自愛は自己に対する他者の優越性を許さず、他者の努力に対する懸念をたえず自己自身にもたらす。この懸念から他者を超えた優越性を獲得しようとする不当な欲望が発生するが、この欲望は嫉妬あるいは競争心と同義である。そしてこれに結びつくのがすべての他者に対してもつ密かなあるいは公然たる敵意である。この敵意とは、カントによれば、最大の悪徳（das große Laster）である。しかしこの悪徳は人間本性に根ざしているものではなく、他者の優越性に対する懸念を抱くことにおいて、自己保全のために予防手段として他者に対する優越性を自己自身に得させる傾向性である。そしてこの傾向性に接木される悪徳は文化の悪徳と呼ばれ、その最大の悪性は、たとえば妬み（Neid）、忘恩（Undankbarkeit）、他者の不幸を喜ぶ気持ち（Schadenfreude）として現れ、カントはそれを悪魔的悪徳（das teuflische Laster）と呼んでいる。

　以上のことからも理解できるように、人間が理性をもっているからといって、それがそのまま人格性を有することを意味しない。一般に人間性は動物性から区別されるが、カントはその人間性をも自然的な自愛とみて、その上位に位置するものとしてすなわち人間性の理念として人格性を措定した。したがって、自然因果律からの解放はたんに動物性に由来する本能的衝動からの縛めか

ら免れることだけを意味するのではなく、人間性をも超えていくことをも意味するわけである。ユイグが、生命維持のための物質的条件としての利を価値であることに承認しないのは、このような知的背景を考えると納得できるであろう[53]。つまりこの点が、ユイグが主張する生命の進化の法則において理性を超えて精神の段階へと人間は飛翔しなければならない根拠であると考えることができる。これに対して創立者は、自らの仏教解釈に基づく生命空間を背景にして、利を人間世界だけに限定される価値であるとはみなさなかった。この点からいえば、仏教においては生命という次元から人間存在をみて、人間に特権的地位を与えていないことに気づかされる。つまり少なくともカントがいう人間性を肯定的にみる志向性がたとえばカントに比べると度合いが強いのではないかと思われる[54]。両者は以上のような背景の相違をもつことにおいて、利の価値をめぐっては意見が対立している。しかしここで提起したい問題は、創立者のこうした見方がいかに帰結されるかである。以下においてこの問題を検討してみよう。

創立者は、ただ生命の維持をもたらすものを価値として掲げることは、他者を犠牲にして自己の生命維持のみが目的ということではないことを強調している。つまり利が価値であるのは、その価値を他者に向けたときにもっとも明確に現れる。そこで注目されるべき価値が善である。というのは、善とは利と美という個人的領域における価値を他者に提供するからである。善に関して創立者は次のように述べている。

「仏法では、この〝善〟の追求、すなわち、他者の幸福のために奉仕することは、自らの未来の生をよりゆたかにしてくれる原因になると教えています。このようにいうと、〝善〟という高度な精神的なものが、利己的な低いものに還元されてしまうような印象を受けますが、私は、これは、利己という人間生命につきまとう本能的衝動を高度な行動に昇華させるための、すぐれた智慧から出た教えであったともいえると思っています。」[55]

自己変革が利己的本能のとりこになっている状態から利他的な自己へと上昇することを意味することは上に述べたが、しかし問題はこうした変革をいかに

遂行するかである。《自己変革＝利己から利他へ》という図式は容易に理解できるが、それをいかに実践するかはまた別の問題である。人間本性に利己的な自然本能があることはわかっているにしても、またそれを克服していくべきであることもわかっているにしても、それをいかに行なうのか、ということである。しかし《利己から利他へ》という図式は、利己的本能を完全に消去することを意味するものではない。他者の幸福への奉仕が原因となって、自らの未来の生がゆたかになるということは、「もし未来の生をゆたかにしたいと思うならば、いま他者の幸福のために奉仕せよ」という仮言命法を意味することになるから、結局は結果のみを重視する考え方になるのではないか、という批判は当然提起されるだろう。つまり他者の幸福よりも自分自身の幸福が最終目標ではないのか、それは自分の幸福のために他者を結局は利用することになるのではないか、という批判である。創立者はこの批判を予測して、「〝善〟という高度な精神的なものが利己的な低いものに還元されてしまう」と述べているわけであるが、しかしそのように主張する根拠は、「利己という人間生命につきまとう本能的衝動を高度な行動に昇華させるための、すぐれた智慧から出た教えであった」ということに存している。それでは、本能的衝動を高度な行動に昇華させるとはいかなる意味なのか。ひきつづいて創立者は次のように述べる。

　「さらに掘り下げていえば、他者の幸福を願い、そのために自らの生命を使って努力することは、キリスト教でいう〝愛〟、仏教でいう〝慈悲〟という、人間生命のもっているもっとも崇高な精神的能力を発揮することになります。人間としてのゆたかさとは、この自らのもっている最も崇高な力を発揮していること自体の中にあるのだと思います。」[56]

他者の幸福のために奉仕することが自らの未来の生をゆたかにしてくれる原因であるとして、その行動のプロセスにおいてわれわれが発揮しているものは、「人間生命のもっているもっとも崇高な精神的能力」にほかならない。そしてその能力こそが「慈悲」であって、本来はブッダのはたらきとして現れるものである。こうしたブッダのはたらきを自らの生命のなかに見出すことが実は、他者の幸福のために奉仕することの目的であると考えられる。つまり自ら

の未来の生をゆたかにするということは、仏教で説かれる方便なのである[57]。

こうした方便という方法で導かれる利他行動が慈悲の現われであるといえるのは、そもそも自己変革が因果俱時という原理によって構造化されていることを考慮すれば、自然な帰結であると思われる。というのも、無作の三身の瞬間的出現によって人間存在は支えられているのであるからである。

さて、以上の議論の帰結として創立者の次の発言を取り上げてみよう。

「現代において要求されることは、利己主義から利他主義への変革であり、慈悲や愛の精神に立つことであると私は考えます。そこに〝人間革命〟が必要であるゆえんがあります。」[58]

現代において人類が抱えている諸問題は物質主義に由来している。これは創立者とユイグ氏の共通の見方である。それを解決していくための不可欠の仕事が物質主義の基盤となっている利己主義を打破する道、すなわち人間革命である。そうであるならば、人間革命は緊急な必要事項である。そのためには、人間本性における自然本能をも方便という方法でいわば《利用》することも検討されてしかるべきであると考える。しかしだからといって、それは急場凌ぎなのではない。人間革命の内実である自己変革が人間の本質を意味しているからである。つまり人間革命とは、人間が真に人間になる道なのである。

注
1）『闇は暁を求めて』②、聖教文庫159、65頁。
2）同書②、62頁。
3）同書②、62頁。
4）同書②、65頁。
5）同書③、105頁。
6）なお、これはアリストテレス哲学における論理の問題に属することがらであるが、このことの詳細に関しては以下の拙論を参照されたい。
「普遍概念形成のメカニズムと空の論理」、『創立者池田大作先生の思想と哲学』、創価大学通信教育部学会編、2005年、34－81頁。
7）魂が生命の始原（principium vitae）であるということは、魂が永遠的であることを含んでいる。生命の始原とは生命を生命としている原理を意味するのであるから、もし魂それ自体に始原があるのであれば、その始原が魂を生かしているものとなるだろうが、それは無限遡及に陥ることになる。したがって、生命

の始原としての魂はその始原がもはや存在しないから、魂は生かされているのではなく、それ自体として生きているものと考えられる。いわば「生命そのもの」なのである。

8）アリストテレス、『形而上学』第12巻第7章、1072a25 – 31。
9）アリストテレス、『形而上学』第12巻第7章、1072b2 – 5。
10）アリストテレス、『形而上学』第12巻第9章、1074b34。
11）アリストテレス、『形而上学』第12巻第7章、1072b22 – 30。
12）ロゴスと理性は単純に同一視されるべきではない。「ロゴスをもつ」ということが「理性をもつ」と単純に理解されるのは、「ロゴス」の内実のほんの一部しか理解していないことを意味する。こうしたギリシャにおけるロゴスと理性との同一性理解に関する諸問題に関しては、以下の論文を参照されたい。
中畑正志、「ロゴス─『理性』からの解放─」、『イリソスのほとり─藤沢令夫先生献呈論文集─』、2005年、世界思想社、407-428頁。
13）聖書からの引用は『新共同訳聖書』による。
14）Augustinus, *De trinitate*, lib. IX cap. 12：Et est quaedam imago trinitatis, ipsa mens et notitia eius, quod est proles eius ac de se ipsa uerbum eius, et amor tertius, et haec tria unum atque una substantia. Nec minor proles dum tantam se nouit mens quanta est, nec minor amor dum tantum se diligit quantum nouit et quanta est. lib. XI cap. 5：Voluntas ergo quae utrumque coniungit magis, ut dixi, spiritalis agnoscitur, et ideo tamquam personam spiritus insinuare incipit in illa trinitate.
15）Immnuel Kant, *Grundlegung der Metaphysik der Sitten*, Akademieausgabe von Immanuel Kants Gesammelten Werken, Abteilung 1 Band IV, S. 428.
16）Kant, *Grundlegung der Metaphysik der Sitten*, S. 429："Handele so, dass du die Menschheit, sowohl in deiner Person als in der Person eines jeden andern, jederzeit zugleich als Zweck, niemals bloss als Mittel brauchst."
17）Kant, *Grundlegung der Metaphysik der Sitten*, S. 429.
18）Kant, *Grundlegung der Metaphysik der Sitten*, S. 430.
19）『闇は暁を求めて』③、聖教文庫92-93頁。
20）同書、93頁。
21）創価学会版『日蓮大聖人御書全集』513頁。
22）智顗、『法華玄義』巻七下、『国訳一切経』経疏部一、273頁。
23）『闇は暁を求めて』③、93頁。
24）創価学会版『日蓮大聖人御書全集』790頁。
25）以下の考察はあくまでも試論である。時間を一種の直線状の流れ、すなわち未来から現在を経由して過去へと流れるというイメージで捉えることは、必ずしも時間の本質を捉えることを意味するものではない。しかしここでは、存在と時間という哲学的世界のなかで《仏》はいかに理解できるのかという問題を考

えるためのひとつのステップとしたい。読者諸兄の御寛恕を請う次第である。
26) 過去と未来とをそれぞれ、「あった」「あるだろう」と表現することも可能である。しかし二つの表現は、現在における「ある」の基準としている。つまり現在から見て、過去は「あった」のであり、未来は「あるだろう」ものなのである。しかしそれらの表現は、「ある」それ自体を意味しない。「ある」には「あった」も「あるだろう」も内包されてはいない。
27) 無作の三身が認識対象でないならば、そもそも「無作の三身」という概念が形成されないのではないか、という批判は当然提起されるだろう。しかし概念が存在するからといって、その実在性が保証されたわけではない。これは存在と認識という問題に関わることであるが、以下の拙論を参照されたい。「普遍概念形成のメカニズムと空の論理」、『創立者池田大作先生の思想と哲学』、創価大学通信教育部学会編、2005年、34 - 81頁。
28) 『闇は暁を求めて』②、聖教文庫159、62頁。
29) この期間に出版されたのは、『祖国を興すもの』(1947年)、『人間革命』(1948年)、『真理の闘ひ』(1949年)、『平和の宣言』(1951年)、『大学の自由』(1952年)の五作品である。これらの作品は1957年に『文化と国家』という表題がつけられ一冊にまとめられ、出版された。現在はその一部を除き、『南原繁著作集』(岩波書店)第七巻に収められている。
30) 南原繁、「人間革命」、『南原繁著作集』第七巻、1984年、岩波書店、97頁。
31) 南原繁、同書、97頁。
32) 南原繁、同書、126頁。
33) 南原繁、同書、23頁。
34) 南原繁、同書、101頁。
35) 南原繁、同書、102頁。
36) 南原繁、同書、102頁。
37) 南原繁、同書、25頁。
38) 南原繁、同書、25頁。
39) 南原におけるカント研究は、昭和17年に発刊された『国家と宗教』第三章「カントにおける世界秩序の理念」に集約されている。
40) 南原繁は、周知にように、内村鑑三を師と仰ぎ、彼の主宰する無教会派の熱心なクリスチャンであった。
41) 『戸田城聖全集』第一巻、聖教新聞社、1983年、9頁。
42) この主張の根拠として戸田会長は『観心本尊抄』の次の箇所を挙げている。「無量義経に云く『未だ六波羅蜜を修行する事を得ずと雖も六波羅蜜に在前す』等云々、法華経に云く『具足の道を聞かんと欲す』等云々、…釈尊の因行果徳の二法は妙法蓮華経の五字に具足す我等此の五字を受持すれば自然に彼の因果の功徳を譲り与え給う」(創価学会版『日蓮大聖人御書全集』246頁)。
43) 『戸田城聖全集』第一巻、264頁。

44）同書、266頁。
45）同書、267頁。
46）同書、60頁。
47）牧口常三郎、『大善生活実証録』、『牧口常三郎全集』第十巻、第三文明社、1978年、136頁。なお、牧口会長は同書のなかで次のようにも述べている。「信ずるだけでも御願いをすれば御利益はあるに相違ないが、ただそれだけでは菩薩行にはならない。自分ばかり御利益を得て、他人に施さぬような個人主義の仏はないはずである。菩薩行をせねば仏にはならねぬのである。即ち親心になって他人に施すのが真の信者であり且つ行者である。〔中略〕自分一個のために信仰している小善生活の人には決して魔は起こらない。之に反して菩薩行といふ大善生活をやれば必ず魔が起こる。起こることを以て行者と知るべきである。『慈無くして詐り親しむは即ち彼が怨なり』の小善生活に安んぜず、外善内善の中善生活に安んぜず、『彼がために悪を除くは即ち是れ彼が親なり』（章安大師）の大善生活をするならば必ず三障四魔が競ひ起こるに相違ない。」（『牧口常三郎全集』第十巻、151－152頁）。
48）『闇は暁を求めて』③、102頁。
49）同書、103頁。
50）Immanuel Kant, *Die Religion innerhalb der Grenzen der blossen Vernunft*, 1974, Akademieausgabe von Immanuel Kants Gesammelten Werken, Abteilung 1 Band VI, S. 27："Die Anlage für die Persönlichkeit ist die Empfänglichkeit der Achtung für das moralische Gesetz, als einer für sich hinreichenden Triebfeder der Willkür."
51）Kant, *Die Religion innerhalb der Grenzen der blossen Vernunft*, S. 26：
"Denn es folgt daraus, daß ein Wesen Vernunft hat, gar nicht, daß diese ein Vermögen enthalte, die Willkür unbedingt durch die bloße Vorstellung der Qualification ihrer Maximen zur allgemeinen Gesetzgebung zu bestimmen und also für sich selbst praktisch zu sein：wenigstens so viel wir einsehen können."
52）Kant, *Die Religion innerhalb der Grenzen der blossen Vernunft*, S. 27.
53）ユイグの考えの知的背景としてカント哲学をあげたが、創立者との対談のなかでカントに直接言及していない。カントとは違った意味での理性批判は、たとえばフランクフルト学派等に見られるが、ユイグの提唱する理性を超えた段階すなわち精神が宗教的意味合いを持つことにおいて、ユイグの考えはカントに近いと思われる。
54）しかしだからといって、カントがいう「妬み」、「忘恩」そして「他者の不幸を喜ぶ気持ち」まで仏教が肯定しているわけではない。この三つの悪徳はカントもいっているように、人間本性それ自体に結びついているわけではなく、他者に対する優越性を保持するための傾向性である。ここで問題としているのは、

こうした傾向性が生じる可能性を有する人間本性をいかに捉えるかということである。
55）『闇は暁を求めて』③、105 頁。
56）同書、105 頁。
57）このことに関しては、カントの陣営からは批判は当然起ってくるであろう。というのも、ここでは行為の原因が道徳律に従うことではなく、自らの幸福という主観的格率であるからである。しかし創立者が解釈する仏教的考えは非常に現実的であって、すなわちさまざまな人間の立場いわゆる機根に合わせることを重視することがここでは強調されるべきである。
58）『闇は暁を求めて』③、106 頁。

第3部　教育・平和・ヴィジョン

第8章

創立者池田大作先生と大学論
―サドーヴニチィ対談を中心に―

鈎　　治　雄
まがり

岡　松　龍　一

1　「大学の使命」―「教育」と「研究」、「普及」

（1）　大学と「教育」

米国の大学と「モリル法」

　本稿では、創立者池田大作先生とモスクワ大学のV.A.サドーヴニチィ総長との対談集『学は光――文明と教育の未来を語る』をふまえて、「大学の使命」について考察する。

　そもそも大学の使命とは何か。池田先生は、『学は光』の第2章「大学の未来像」の冒頭で、まず、アメリカの州立大学設立の趣旨が盛り込まれた「モリル法」の内容に触れ、大学の使命とは、第1に「教育」、第2に「研究」、そして、第3に、「社会的サービス（普及）」であることに言及している。

　池田先生がサドーヴニチィ総長との対談において引用されたモリル(Morrill)法は、1862年にアメリカで成立した法令である。このモリル法は、アメリカの第16代大統領であるリンカーンの在任中に施行されたものである。この法令の成立によって、当時のアメリカの各州は、連邦政府から譲渡された国有地を売却することによって、大学の設立と運営維持のための基金を捻出した。モリル法は、今日のアメリカにおける州立大学の制度的基盤を確立したという点

で、アメリカの高等教育史上、大きな意義を持っている。

　当時、モリル法によって創設されたおよそ70におよぶ大学は、ランドグラント・カレッジ（land-grant college：国有地付与大学）と呼ばれた。これらの大学では、農業や家政学の実学、すなわち、「教育」を重視し、この「教育」に、「研究」と「普及（サービス）」を加えて、大学の三大使命としたのである。

　ここでいう「普及（サービス）」とは、大学は、州やコミュニティに奉仕・貢献（service）すること、州やコミュニティの問題解決に支援の手を差し延べること（outreach）、地域援助へと役割を拡大すること、サービスを怠らないことをいう。このように、大学の使命と役割は、「教育」と「研究」に加えて、「普及」にあることを強調したのがモリル法であった。

　ちなみに、かつて、駐日米国大使を務めたハワード・ベーカー（Howard H. Baker）は、前述のランドグラント・カレッジの最も良い例として、テネシー州立大学の農学・自然資源学部が、ラテンアメリカやアフリカ、アジアの教育機関や人々に援助の手を差し延べてきたことをあげている（「教育協力日米間対話セミナー報告書」p4）。いずれにせよ、池田先生が、このアメリカの州立大学の創設基盤となったモリル法の成立意義をふまえて、まず第一に、高等教育の使命は、何よりも「教育」にあるという点に言及されたことは、きわめて重要な指摘であると考えられる。

　二十世紀のスペインを代表する哲学者オルテガもまた、大学の重要な使命のひとつは、「教育」にあることに言及している。オルテガ（1930）は、その著『大学の使命』の中で、「研究よりも教育を大学の第一の使命とすべきである」「これからの大学は、まずもって『教育機関』でなくてはならない」（『大学の使命』p184）ことに触れている。

　既に、池田先生は、1998年の4月に、モスクワ大学のサドーヴニチィ総長と対談した折にも、「教育」の重要性について語っている。この対談において、池田先生が強調された点は、①「国家」があって「教育」があるのではなく、「教育」があって「国家」がある。②教育は、「人間」という骨格をつくる。教育があって、はじめて人間は「人間」になれる——すなわち、教育の本

義は、人間自身をつくること、知識を糧に、無限の創造性、主体性を発揮する人間を育む作業である、という点であった。この対談で、池田先生は、「人間主義」とは、まさに「教育主義」にほかならないことに言及された。

　こうした点にも明らかなように、池田先生は、一貫して、大学における「教育」の重要性について指摘されている。池田先生が述べられている大学の使命とは、人間性に富む、強靱にして心豊かな学生を育てあげること、社会を人間中心の社会へと変革しゆく人材を輩出するという点にある。その意味で、池田先生は、大学は、「人間を教育することに最終的な責任をもつ機関である」（『学は光』p125）と明確に断言されている。創価大学が、1971年の4月に開学して以来、建学の精神の第一に、「人間教育の最高学府たれ！」とのモットーを掲げてきた理由も、まさに、この一点にあるといっても過言ではない。

　オルテガはまた、「高等教育の編成、大学の構成においては、学生を起点としなければならない。知識や教授者（教師）から出発してはならない」（『大学の使命』p50）とも述べている。オルテガの指摘をまつまでもなく、「人間教育の最高学府たれ！」との創価大学の建学の精神を、万代にわたって継承していくためには、創価大学は、未来永遠に、どこまでも学生を起点としなければならない。

　学生を起点とした大学教育は、池田先生が語っておられるように、学生に学ぶ心をもつという教師の謙虚さがあってはじめて可能になる。かつて、アルゼンチンのモロン大学のメナ学長もまた、池田先生との語らいの折りに、「教師は、学生に学ぶ心が大事である。学生に語る際は、『簡潔に』『明瞭に』『微塵も傲慢でなく』語る必要がある」（『聖教新聞』2001.2.24付）と述べたが、こうした教師の姿勢こそが、学生を起点とした大学教育にほかならないといえる。

大学と「教育」— R. ソロモンと J. ソロモンの大学論—

　池田先生は、前述の『学は光』において、テキサス大学のロバート・ソロモン（Robert Solomon）と、アリゾナ大学のジョン・ソロモン（Jon Solomon）の「大学の使命は教育である。大学の第一の関心事は、学生に奉仕することであ

る」(『大学再生への挑戦』p29)との主張を紹介されながら、大学における「教育」の重要性について語っておられる。R. ソロモン＆J. ソロモンは兄弟であることはよく知られているが、二人とも、これまで、複数の大学において優秀授業賞を受賞している。

　R. ソロモン＆J. ソロモンは、前述の『大学再生への挑戦（Up the university：re-creating higher education in America）』の中で、ピーター・フローン（Peter Flawn）の「大学の中で行われている他のすべてのことは、中心的な仕事、すなわち学生の教育に比べれば、周辺的なものである」(前掲書 p29)との言葉を引用しつつ、大学における教育の重要性について語っている。ソロモン兄弟の、大学における教育重視の考え方は、アメリカの私立のエリート大学からではなく、州立の大学から発信されていることにその特徴がある。

　「大学とは何か？」との問いに対して、R. ソロモン＆J. ソロモンは、「教育のための共同体であり、授業と学習の場所である」(前掲書 p23)と明言している。大学は、研究のために教員に給料を支払っているのではなく、教育のために給料を支払っているのだとするのが、彼らが主張する点である。学部学生を教育することが、大学がなすべきすべてであるというのが、ソロモン兄弟の見解にほかならない。その上で、大学教育は、「学生の将来の職業への準備を援助しなければならない」(前掲書 p23)とも述べている。

　では、R. ソロモン＆J. ソロモンのいう「教育」とは何か。それは、学生の個性を豊かにし人格を陶冶すること、好奇心を刺激すること、学習に対する愛と尊敬の念を育むこと、学生が英知を獲得するための自由と知識を与えることであるという。そして、ここでいう「英知」とは、「良く生きようとする情熱である」(前掲書 p35)と述べている。

　R. ソロモン＆J. ソロモンの「教育」を中心に据えた学部教育に対する考え方の核心は、要約すれば、以下の３点になる。

　第１に、何のために、何を教えるかというカリキュラムに関する問題である。R. ソロモン＆J. ソロモンは、必修科目の設置には異論を唱える。学生に対しては、科目の選択をできるかぎり可能にすることが大切であると考える。

科目を強制的にとらせるのではなく、むしろ、先輩や友人たちとのあいだで、教師の教え方がうまいと伝達される科目を、重要な科目として進んで取るという刺激的な教育こそが、何よりも不可欠であるとしている。

　第2に、教員に関する問題である。良い教師とは、単に授業内容を提供できる教師ではない。良い教師とは、学生への愛情を持ち続ける教師であると指摘する。教師は、心から心へと学生に語りかけることのできる存在でなくてはならない。その意味で、学生の名前を覚えるということは、学生に対する関心を表わす最も手っ取り早い方法であるとR. ソロモン＆J. ソロモンはいう。また、良い教師は、いつどこでも、気軽に進んで学生に話しかけ、授業に臨んだ際にも、学生がどのように反応するのか、また学習を理解できているかどうかという点に、常に注意をはらっているという（前掲書p131）。こうした指摘は、良き教師とは、たえず学生の方を向いているということを、我々に教えてくれているように思える。こうした教師の姿勢こそが、大学を変え、大学を発展させるといえる。R. ソロモン＆J. ソロモンは、「大学の使命は、学部学生を教えることである」（前掲書p128）とまで明言している。こうした視点は、換言するならば、大学の教員にとって、教師としての資質がいかに大切であるかということを強調したものにほかならない。

　本来、学生を教えるために雇用されたはずの教師が、教室内では、教授能力がまったく欠如していたり、授業以外の業績で、大学教員としての終身在職権、すなわち、テニュア（tenure）を獲得している教員がいるという事実に対して、彼らは少なからず疑問を投げかける。研究を重視し、教育を軽視するという従来の大学教員の意識を変えることが不可欠だというのである。

　このような言い方をすれば、R. ソロモン＆J. ソロモンは、大学における「教育」の重要性だけを、ことさら強調しているかのような錯覚に陥るが、決してそうではない。彼らは、大学における「研究」を軽視しているのではない。むしろ、彼らは、教員が研究をするということは、自分の授業内容を熟知して、教育に役立てるための義務であること、研究と教育は両立不可能なものではなく、互いに補強しあうものであると明確に述べる中で、研究の重要性について

も言及している。

　第3に、教授方法、すなわち、教員の教え方に関する問題である。R. ソロモン& J. ソロモンは、①授業を基準にして、教員の採用や解雇を決定する。②授業を基準にして、教員の昇格やテニュアを決めるという点を強調する。

　こうした点に関連して、彼らは、教員が大規模講義を実施することについても奨励している。一般的に、多くの教師にみられる妄想のひとつに、小規模クラスが理想だとする考え方がある。しかし、クラスが小規模であるということだけが、必ずしも良いとはいえないと彼らはいう。むしろ、教師の才能や技術をいかんなく発揮して、数百人の学生を覚醒させるひとつの方法として、大規模講義の実施の重要性を指摘する。

　筆者の体験で恐縮ではあるが、筆者自身もまた、毎年、前後期の2回、受講者が400〜500人にのぼる大教室での授業を担当している。全学に開かれた共通科目（自由選択科目）であるにもかかわらず、多くの学生が受講している。大勢の学生を一度に教えるということは、通常の数十人規模の授業とは異なり、教師も数倍のエネルギーを必要とする。しかし、階段教室での大規模の授業には、教師の教授技量次第では、通常規模の授業では味わえない醍醐味と感動を、教師、学生ともに体感することができる。そうした魅力が大規模での講義にはある。授業科目の中には、友人や先輩からの口コミで、良い授業だと教えられて多くの学生が集まり、大規模になる場合がある。既に触れてきたように、R. ソロモン& J. ソロモンは、理想的には、大学は、そうした学生でいっぱいにならねばならないことに言及している（前掲書p138）。

　哲学者ヤスパースは、大学の講義は、学問の全体的観点を与えるものであり、その意味において、基礎学問は、最も卓越した教授陣によって、メイン講義において取り扱われるべきであることに言及しているが（『大学の理念』p89）、こうした指摘もまた、大学教育の質を高めていく上で、十分に考慮すべき大切な視点であろう。

　以上、本節では、R. ソロモン& J. ソロモンの論述を中心に、大学の最大の使命である「教育」について考察をおこなってきたが、こうしたソロモン兄弟

の大学論に多くを学んでいくことが、創立者池田先生が、常々、創価大学の教員に対して指導してくださっている「教員革命」を可能にしていくといえよう。

(2) 大学院教育と「研究」

学部教育と大学院教育

　アメリカのモリル法の原点に象徴されるように、大学の使命は、「教育」と「研究」、「サービス（普及）」にある。同様に、哲学者ヤスパースもまた、大学の使命について言及する中で、大学の課題は、「研究」、「教授」、「教養（教育）」にあると指摘している（『大学の理念』p63）。このうち、大学における「教育」の重要性については、前節で若干の考察を試みてきた。本節では、一歩進めて、大学における「教育」と「研究」という二つの側面について、サドーヴニチィ対談をふまえながら考察していきたい。

　大学における「教育」と「研究」という側面について、池田先生は、サドーヴニチィ総長との対談において、次のような興味深い提言をしている。すなわち、池田先生は、早稲田大学教授で、かつては名古屋大学大学院教授であった宇宙物理学者池内　了（いけうち・さとる）氏の考え方に触れながら、これからの大学教育のあり方について、大学が人間を育んでいくためには、学部教育を本来のリベラル・アーツ（liberal arts：自由の学術）に、そして、大学院教育を専門教育にすべきであるとして、大学では、学生に一般教育を施すことの重要性について具体的に言及されている。つまり、主として、大学は「教育（教養）」に、大学院は「研究」に力を注ぐことが重要であると述べられている。

　池田先生が、サドーヴニチィ対談において紹介されている池内（1998）の「桜の下の大学論」をあらためて読み返してみると、この論稿の中で、池内氏は、大学は、米国大学教授連合（AAUP：The Association of American University Presses）の1915年原則の宣言に立ち返り、教育内容を考え直す時期にさしかかっていることに言及している。すなわち、大学の目的の原点は、①「学生に一般教育を施すこと」、②「研究を促進し、人間の知識全体を前進させるこ

と」、③「公共のサービスのさまざまな部門のための専門家を育成すること」にあるとしている。このAAUPの1915年原則の宣言に盛り込まれた大学教育の原点は、既に、触れてきた「モリル法」の内容と一致する。

　リベラル・アーツという言葉には、ひとつには、「リベラル・エデュケーション（liberal education）」という意味がある。つまり、人文、社会、自然科学等の内容を含んだ、いわばエリート教育としての「教養教育」である。そのルーツは、ギリシア・ローマ時代からルネッサンス期にかけての「七自由科（the seven liberal arts）」にまでさかのぼる。「七自由科」とは、いうまでもなく、三科（「文法」「修辞学」「論理学」）と四科（「算術」「幾何」「天文」「音楽」）のことである。当時、自由市民（自由人）は、専門的職業とは直接関係のない教育内容を、いわば、高尚な楽しみとして、人格涵養のために学んだ。

　リベラル・アーツの今ひとつの意味として、「ジェネラル・エデュケーション（general education）」がある。これは、「一般教育」、すなわち、「市民のための教育」を意味するもので、二十世紀初めのアメリカの大学にその源流を見ることができる。アメリカでは、「一般教育」は、大学の学士課程において実施されてきた歴史がある。ハーバード大学等に代表されるアメリカの総合大学の多くの学部教育は、リベラル・アーツである。また、アメリカには、こうしたリベラル・アーツの伝統を継承した、リベラル・アーツ・カレッジ（liberal arts college）と呼ばれる小規模の大学も存在する。アメリカ創価大学もそのひとつである。創立者池田先生は、サドーヴニチィ総長との対談『学は光』において、池内了氏の考え方に触れつつ、こうしたアメリカのリベラル・アーツにみられる大学教育の重要性について言及されているものと思われる。

　ちなみに、池内了氏は、前述の「桜の下の大学論」において、学部教育においては、少しぐらい講義をさぼっても、学生が自分で勉強さえすれば単位が取得できるぐらいの自由度の高い教育が望ましいと考えておられるようである。教師による講義は、「始めの一撃」を与える役割を果たすことができればよく、学生が自らの意志で学習する癖が身につく手助けとなればいいとの考えを示されている。

池内了氏は、昨今のわが国の大学教育が、大学院へと進学する学生が大幅に増え、かつての教養部が廃止され、大学院を重点とする大学が増加し、専門教育を早めようとする動きに対して、一抹の不安があると述べている。大学院教育を真の意味で専門教育の場にしていくためには、池内氏が憂慮しているように、学部レベルにおける一般教育のあり方を、常に模索し続ける必要があろう。

ヤスパースに学ぶ大学院教育の視点

ところで、池田先生は、サドーヴニチィ対談『学は光』の中で、哲学者ヤスパースが『大学の理念』において述べた「科学の根本性格」としての「強制的な確実性」「普遍的妥当性」「方法的意識」について言及している（『学は光』p19）。その中で、池田先生は、とりわけ、科学における方法的意識の重要性について触れ、大学院生の時期に、学問の方法論を染み込ませていくことの大切さについて語っている。池田先生が示唆しているように、大学院生の時期に、研究の方法論を確立していくことは、研究者としての道を選択しようとする学生にとって、不可欠の課題であるといえる。

ヤスパースは、前述の『大学の理念』の中で、研究と授業の統合は、大学が捨て去ってはならない原則であると述べた上で、最高の研究者こそが、理念上、善き教師であるとしている。そして、優れた研究者こそが生きた学問であり、こうした人間との交流が弟子の中に衝撃を呼び覚まし、学問の源泉へと導くとしている。こうしたヤスパースの見解は、今日の専門教育機関としての大学院教育の原点を示唆しているものと考えられる。

「最高の訓練とは、完結した知識を習得することではなく、むしろ、学問的な思考へと諸器官を発展させることである」（『大学の理念』p74）とヤスパースは指摘する。大学院教育の役割は、こうした学問的訓練、すなわち研究者としての発想法や資質を育んでいくことにあるといえよう。彼は、理論的研究において最も重要なことは、「活動的な精神、問題の把握と問題設定、方法への通暁である」（前掲書 p75）と述べているが、こうした研究面での資質を学生に獲得させていくことが、今日の大学院教育の役割であると考えられる。

以上の点に加えて、ヤスパースは、教育の基本的形態（根本形式）として、①スコラ的教育、②師匠による教育、③ソクラテス的教育の３つがあることに言及している（前掲書 p77-88）。スコラ的教育とは、「伝達」の教育であり、中世において、口述し、注釈をおこなう教育である。スコラ的教育においては、教師は、ただ再構成するのみで、生き生きとした研究者という存在ではない。

　これに対して、師匠による教育は、師匠というひとりの人格性が権威をもち、この人格性による権威が素晴らしい力を発揮する厳格な教育をいう。そして、今ひとつのソクラテス的教育とは、教師と学生が同等の水準に立つ教育をいう。産婆術的教育、すなわち、外から押し付けられるのではなく、学生の中にある諸力が生み出されるように援助する教育のことをいう。

　ヤスパースは、こうした３つの教育の基本的形態にいずれにも共通しているものは、「畏敬」であるとした上で、大学における教育は、その本質上、ソクラテス的教育でなければならないとしている。学生は、自己責任という点において成熟した大人である。ソクラテス的教育においては、教師はいかなる指図も個人的誘導もおこなうことはない。学生自らを自分自身へと立ち返らせる教育のことをいう。

　こうしたソクラテス的教育に象徴される教師と学生が同等の水準に立つ教育、外から押し付けるのではなく、学生の中にある諸力が生み出されるように援助する教育のあり方は、とりわけ、大学院教育における教師と学生との理想的な関係のあり方を示唆していて、興味深い。

わが国の大学院教育の課題
　さて、池田先生は、サドーヴニチィ総長との対談において、日本の大学院制度の歴史やシステムについて触れる中で、わが国における大学院教育の課題、すなわち、大学院の設備や人員が充分でないこと、初等中等教育の水準の高さに比べて、大学院教育の充実と人材育成が急務であること等について言及している。

　わが国では、既に、2002年8月に、「大学院における高度専門職業人要請に

ついて」および「法科大学院の設置基準等について」と題して中央教育審議会答申を出し、これを受けて、2003年4月から、専門職大学院が創設されている。これに続いて、同審議会では、2005年1月に、「わが国の高等教育の将来像」について答申を示し、大学院を含めた高等教育の今後の方向性について言及している。

　文部科学省（2005）は、こうした一連の経過をふまえて、中央教育審議会大学分科会・大学院部会において、「新時代の大学院教育——国際的に魅力ある大学院教育の構築に向けて」と題する答申案を社会に提示する中で、21世紀の大学院教育のあり方について言及している。この答申案では、専門職大学院とそれ以外の大学院の果たすべき役割について検討され、大学院改革に向けての方向性が示されている。日本の大学院の将来は、国際的にも信頼される魅力ある教育を展開していけるかどうかにかかっているといってよい。

　池田先生は、前述の『学と光』の中で、現在の日本における大学院の多様な形態について触れている。ちなみに、文部科学省（2005）が出している統計資料によれば、近年、多様な形態の大学院が増加傾向にある。2004年現在でみると、大学院大学（学部を置かず大学院のみを置く大学）12大学、通信制大学院17大学、夜間大学院22大学、連携大学院（民間の研究所等が参画して大学院教育を展開しているもの）105大学、専門職大学院（法曹や経営学修士など、特定分野の高度専門職業人養成に特化したもの）77大学となっている。これらの新しい形態の大学院は、1988年（昭和63年）には、ほとんどが存在しなかった形態の大学院である。

　こうした新しい形態の大学院に加えて、最近の大学院では、入学資格や修業年限等の制度の弾力化も進められており、学部3年次修了から大学院への入学資格を認めている大学が38大学計170人（2003年現在）、優秀な学生に対して、最短1年で修士の学位を取得可能にしている大学49大学計384人（2003年現在）、大学院修士課程において長期在学コースを導入している大学計26大学、短期在学コースを導入している大学計35大学（2005年現在）、サテライト教室など、本校の所在地以外で授業や研究指導の一部をおこなうことが可能な

大学が、計77大学（2005年現在）に及んでいる。

　このように、今日、大学院の形態は、きわめて多様になりつつある。その一方で、これからの大学院には、国際的に魅力ある大学院教育が求められている。そのために、中央教育審議会の答申案では、第一に、大学院における教育課程の組織的展開の強化をあげている。具体的には、教育目標の明確化や目標に沿った体系的な教育課程の編成と適切な教育・研究指導の実践の重要性に言及している。

　第二に、答申案では、国際的な通用性、信頼性の向上のための、大学院教育の質の確保に関する問題を提起している。急速なグローバル化の進展の中で、学生や教員の国際的な流動性が一層高まってくることが予想されるが、こうした流れの中で、大学院教育の質をどう確保していくかが問われているといえる。

　既に、池田先生は、大学を真に、学問研究の場、真理の探究の場としていくためには、大学院教育の充実と人材育成が急務であることに言及している。先の中央教育審議会答申案においても、大学院に求められる人材養成機能として、①創造性豊かな優れた研究者の養成、②高度な専門的知識・能力をもつ高度専門職業人の養成、③確かな教育能力と研究能力を兼ね備えた大学教員の養成等をあげているが、これらは、いずれも今後のわが国の大学院教育に課せられた重要な課題であるといえる。

（3）　大学と「普及」―生涯教育の視点から

地域・市民に開かれた大学のあり方
　これまで、大学における3つの使命のうち、「教育」と「研究」について考察をおこなってきたが、本節では、今ひとつの大学の重要な使命である「社会的サービス（普及）」について考えてみたい。
　池田先生は、サドーヴニチィ対談において、大学の今ひとつの重要な使命である「社会的サービス（普及）」について、生涯教育、成人教育の観点から、重要な提言をされている。

わが国においては、65歳以上の人口が、国全体の人口の20％以上にも達し、一段と高齢社会への拍車がかかり、生涯時間や余暇時間も増大する中で、このような急激な時代の変化への対応に迫られている。池田先生は、こうした時代の要請に応えるためにも、これからの日本の大学は、公開講座や市民講座の開設、大学図書館や体育館等の諸施設の社会的開放、サテライト教室の設置をはじめ、社会人に門戸を開いた大学や大学院にしていくことなど、広く社会人に開かれた教育環境を整備していくことが不可欠であることに言及している。その上で、留学生を主体にした「国際化大学」、地域との結びつきに特色を求める「地域大学」、成人学習への門戸開放に力点をおく「社会人大学」など、今後は、さまざまなタイプの大学の出現が考えられると指摘する（『学は光』p188-189）。

さらには、インターネット空間に存在する情報から地域に活用できるものを評価し、データベース化を行い、情報処理環境の整備を図ることをとおして、さまざまな資源を有機的にネットワーク化できるようなインテリジェント化の推進役を、大学が中心となって担っていくことなどを提案している（前掲書p188）。

前駐日米国大使であったH．ベーカーもまた、かつてのアメリカにおけるモリル法の精神の中に、本来の大学の使命と役割が凝縮されているとした上で、とりわけ、大学は、教育と研究活動に加えて、「社会的サービス（普及）」に努めることを使命とすべきであることを強調している。すなわち、大学は、国とコミュニティに奉仕することによってのみ、高等教育機関としてのふさわしい使命を果たせるとしている（「教育協力日米間対話セミナー報告書」p4）。

既に、海老原（1989）は、これまで、日本の大学の問題点として、第一に、社会に対する閉鎖性を指摘している（『近・未来大学像の探究』p173）。従来の大学は、社会の変化や変動に対して無関心で、従来どおりの研究や教育のスタイルを維持し続けて、それでよしとする保守的性格が根強く、世間知らずという印象が強いという訳である。第二に、地域に対する閉鎖性である（前掲書p174）。大学が地域社会とどう関係をもち、相互に扶助するための努力をおこなうかと

いうことが、これからの大学改革に際しての重要な課題であると指摘する。社会や地域における生活経験の中から提起された諸問題について、解決に努めてこそ、社会に開かれた学問であり真の意味で創造的な学問であるといえよう。

　その上で、海老原（1989）は、生涯教育や成人教育の立場から、高等教育を改革していく場合の方法として、（1）成人学生（mature student）を正規の学生として受け入れる、（2）放送大学やコミュニティ・カレッジなど、勤労者・社会人の学習ニーズや学習条件にあった高等教育機関の特設、（3）クレジットや修了証明書（certificate）、資格（diploma）等を供与するかたちでの大学拡張があることを示唆している（前掲書p189-190）。

　既に、創価大学においても、地域サービスの一環として、夏に開かれている夏季大学講座や、年間をとおして、八王子市の学園都市センターでの公開講座を実施している。また、八王子市教育委員会と連携し、市内の小中学校へ学生を派遣することにより、子どもたちの学習をサポートする学校インターンシップの展開や、大学内に設置された心理教育相談室を、地域の人々が無料で利用できるようにしている。さらには、臨床心理学に携わる教員によって、軽度発達障害の子どもたちが在籍する学校への巡回相談や、地域の小学校への図書贈呈などをとおして、地域や社会に開かれた大学を目指して、鋭意、努力をおこなっている。こうした取組みは、大学が、地域や社会からの信頼を勝ち得ていく上で、ますます、重要になってくるものと思われる。

大学と通信教育

　さて、サドーヴニチィ総長と池田先生との対談では、今ひとつ、生涯教育、成人教育の観点から、大学の通信教育のあり方について語られている。サドーヴニチィ総長もまた、大学における通信教育制度については、ロシアの諸大学でも、働きながら学び続けることができる通信教育の制度は、大学が社会のニーズに応えていく上で、きわめて重要な役割を担っていると指摘している。ロシアの大学で学ぶ通信教育生は、職業人が自分の仕事の専門分野に近い学問を選択して受講するのが一般的なようであるが、モスクワ大学の通信教育で

は、教員の養成や再教育を中心としたカリキュラムも提供しているようである（『学は光』p192）。

　池田先生もまた、今回の対談をとおして、創価大学の通信教育部の意義について言及されている。いうまでもなく創価大学通信教育部は、牧口常三郎先生が提唱された「半日学校制度」の教育論に基づいて、1976年に開設されたものである。以来、本年で開設30年の佳節を迎える。牧口先生が提唱された半日学校制度とは、学習を生活の準備とするのではなく、生活をしながら学習をすること、学習生活をしながら実際生活をすることに根本をおく学説である。働きながら学ぶということの中に人間教育はある、と結論づけたのが、牧口先生の「半日学校制度」の考え方であったといえる。

　池田先生は、創価大学通信教育部の開学式に寄せたメッセージの中で、「通信教育部の設置は、創価大学設立の構想を練り始めて以来の、私の念願でありました。教育の門戸は、年齢、職業、居住地のいかんを問わず、すべての人々に平等に開かれねばならない。まして、本学が『人間教育の最高学府』を目指す以上、教育の機会均等化をはかるために、通信教育部を置くことは重要な課題であると考えてまいりました」と述べている。

　筆者自身も、これまで二十年近くにわたって、創価大学の通信教育の授業にたずさわってきたが、筆者の体験からいっても、創価大学の通信教育における学生の真剣な受講態度や真摯な学びの姿勢の中に、人間教育の原点があると確信している。創価大学の通信教育に学ぶ学生には、若い男女はもとより、主婦や社会の第一線で活躍されている男性の方々も多い。そうした方々に接していると、生涯教育、成人教育の実践がいかに尊いものであるかを実感する。真摯な学びの姿勢に触れて、むしろ、教師が教えられることの方が多い。教師が単に教えるだけでなく、良き学生との出会いによって教師自身も学び、成長していく中にこそ人間教育の真髄があるといえる。

　最近では、通信教育を卒業後、大学院へと進学する人も確実に増えつつある。そうした点では、池田先生がサドーヴニチィ総長との対談の中で述べているように、創価大学においても、たとえば、社会人を対象にした通信制の大学

院や、短期集中型の大学院の設置を検討していく時期にさしかかっているといえる。

　今後もさらに、社会に開かれた大学を目指して、社会的サービスに徹し、社会に貢献していくことが、少子高齢社会の到来の中で、大学に課せられた重要な使命であるといえよう。

2　オルテガの大学論に学ぶ「教養教育」

　本節では、あまたあるオルテガの教養教育論に屋上屋を架す危険を省ず、「科学的知識」との比較を意識し、今日の大学教育のあり方について論をすすめることにしたい。

　今から半世紀以上も前に書かれたオルテガの大学論について考えることは、今日、"情報化社会" と "大衆化した大学" という2つの観点からみて、十分理由がある。オルテガの大学論を考える際のポイントには、大きく2つある。1つは、オルテガのいう「野蛮人」にまつわる問題で、専門教育による弊害を教養教育で是正しようとしたこと。いま1つは、ふつうの能力を持った人間（オルテガのいう平均人）に大学が与えるべきものとしての教養教育である。両者は、教養教育を施すべしという点で一致している。

　よく、人は、教養は何の役に立つのかと言う。しかし、この問いほど現代という時代の性格を表しているものはないだろう。この問いは、おそらく、そのようなあまり役立ちそうにもないことより、もっと即効性が期待されることを考えた方がいいという考えからきているようだ。「役に立つ」というのは、功利性が目立つ、忙しい今の時代に特徴的な言葉である。しかし、この点を越えないと教養の真の意義が見えてこない。教養とは、即効性がなく、わかりにくく……となれば、現代人の心性から遠いところにあるのが教養の姿だといってよいだろう。

　教養は、確かに知識とは関係があるが、それを超えてもいる。教養というのは、人の立ち居振る舞いにどうしようもなく表れる。人は他人の言葉や挙措動

作や表情に接するわけで、その意味では表面的であるが、その表面を支えるのは内面である。内面は見えない。しかし内面は、つねに栄養を補充しておかないと枯れてくる。いわば人生の栄養として、教養は生きていく上でなくてはならないものである。見えないところに手抜きをすると、すぐにはわからなくても、長い時間をかけてその結果が表れてくる。それが相というものだ。大きな差がつくのは、この見えない内面である。気がついた時に大きく差がついている。時に、大きな犠牲を払って思い知らされる恐いもの、これが教養と呼ばれるものである。だから鍛錬などと縁が深い。要するに、簡単に身につくものではないということである。オルテガは、教養は装飾品ではないと断っている。

「それは装飾品とはまったく反対のものである。教養とは、生の難破を防ぐもの、無意味な悲劇に陥ることなく、過度に品格を落とすことなく、生きていくようにさせるところのものである。理念なくしては、われわれは人間的に生きることができない」(『大学の使命』p23)。

ここに出てくる「理念」という言葉は、あとで考えることにして、教養は、「生きていく」という点に深くかかわるとオルテガは言っている。教養というのはそれほど大事である。しかし、われわれには、どうして大事なのかもう一つピンと来ない。教養から離れてしまった時代、教養が失われた時代——それが、今という時代なのである。

(1) オルテガの哲学と問題意識

オルテガは、よく「生の哲学者」に数えられる。オルテガは、われわれの生は、いろいろな可能性からの選択行為であり(『大衆の反逆』p86)、環境としての世界と、そこでの決断の二つが生を構成すると考える(『大衆の反逆』p94)。

民主主義の自由な社会では、迷うことが多い。それは、自由の証である。だから、個人は自由の中で生きるため、自由の重みに耐えねばならない。自分で人生を戦い、切り開こうとするとき、人は環境に戦いを挑み、その中で迷い、決断する。この決断に何が必要であるか。オルテガはいう。

「生は混沌であり、密林であり紛糾である。人間はその中で迷う。しかし人

間の精神は、この難破、喪失の思いに対抗して、密林の中に「通路」を、「道」を見いだそうと努力する」（『大学の使命』p23）。

　道に迷うという経験は、実際、人生を投影する。人は迷いの中で選択しなければならない。数学の答えのように、これが正解だというものがない。宝くじも買わないと当たらない。可能性がゼロであれば、買うか買うまいかと迷う必要もない。「ひょっとすると」と思うから、どうしようかと思う。人生には、常にこの「ひょっとすると」があるものだ。選択とは、いろいろあるかもしれない現実から決別することである。その選択行為には、生の緊張があり、自分を確定させようという覚悟もある。二兎追う者一兎をも得べからずで、あれもこれもと意識が拡散している人が、同時に、ものごとを成し遂げる意志をもつことは難しい。

　選択するという行為は、むしろ、客観的な「知る」という世界をとび超えて、理屈なく心が動くものの世界につながっている。知性のみでは、いつまでたっても知と知の対立は続き、躊躇やジレンマに陥りやすい。人生や生活では、知性ももちろん大切であるが、意志が大きな役割を果たす。意志はまっすぐ価値の世界につながっており、危険でもこの領域まで踏み込まないと、人生は迷いが多くなる。オルテガは、知性を重視するヨーロッパの伝統からみて、知性を含む人生の全体を重視する「生の哲学者」とみられている。

　オルテガは、よく貴族主義的だといわれるが、社会的な階級を賛美しているのではない。彼のいう「貴族」とは、「活力に満ちた生」と同義語といえ、社会的な区別というより、心のあり方の違いである。生への態度の違いにより、貴族と大衆が分かれてくる。いくら知識があろうとも、根本的なところでわかっていない人は、オルテガによれば、大衆である。大衆とは、教養のない人のことである。今日の大衆の精神は、自分自身の限界を経験したことがない「甘やかされた子供の心理」であるという（『大衆の反逆』p106）。

　「今日のわれわれはおそろしく非教養の時代の中で生きている。……今日、自己の本当の場所の上に、すなわち自己の真正の定めの上に、がっしりと均衡を保っている者がいったいどれほどいるであろうか。人はたいていなん

らかの口実をもうけ、それでもってみずからを欺いて暮らしている。…今日
の平均人は、大言壮語の身振り手振りをしてはいても、心底ではひどくもの
おじしている。彼らは、非常に多くのことを要求しきたるであろう真実の世
界が現れるのを恐れている。だから彼らは、むしろ進んで生をいつわり、最
も安易な虚構の世界の殻の中へ、おのれの生を深く封じ込んでしまうのであ
る」(『大学の使命』p58。傍点は引用者)。

　大衆とは、オルテガの別の言葉を使えば、制度の中で動く標準化された「平
均人」のことである。平均人は、何でも相対化する民主主義原理の前で、すべ
て平等でなければならないと思い込んでいる。特別な者はいないし、いらない
し、いては迷惑するとも思っている。スポーツの場合でも、遊びの場合でも、
掟破りは、ルール内での敗者よりずっと罪が重い。システムを変えようとする
思想犯や政治犯は、こそ泥より罪が重いし、社会的価値の創造者にはさらに社
会的圧力が強まる。民主主義原理のもとで育った者は、内面はいざ知らず、外
面では情念を抑えて、役割としての社会的自己を受け入れる。それだけに、そ
の役割に含まれる権利の主張や行使にはためらいもない。また出世など、社会
的な自己実現にはげむ中で出会う、競争相手になるかもしれない他人を値踏み
し、ひそかに自分との優劣を比較することにも忙しい。自分とは違う異質な人
に出会うと、なぜか不安になる。相手に対する馴致（じゅんち）から説得、脅迫めいた言
辞を用いても、自分を安心させなければならない。「みなと同じようにすれば
よい」とか、「私だって我慢してるんだ」とのたぐいにいたるまで、順を追っ
て、社会的な圧力の言葉は用意されている。

　制度は社会的技術である。技術化された管理社会は、システム内での危険は
減少させて、ハプニングが出ないように制御された人工世界である。それは
人間の創造性を含めた人間の自然、人間性を表しにくい技術的世界である。反
面、この世は競争社会である。競争原理がはたらく場では、どのような議論
になりやすいのか。ふつうは、目標そのものは直接、議論の対象とはならない。
目標は、背景にしりぞき、話し合われるのは具体的なことである。ほかの提案
との比較やその提案と比べた場合の効率性など、技術的なことである。お互い

に主張がある。そうした場では、わずかな違いが議論を勝利に導くため、こまかい点に敏感であらねばならない。こうして、わずかな違いにこだわるメカニズムが働きだす。そこでの差異とは、部外者や初めの目標から見れば、どうでもいい「つまらない」ことである。

　技術が日常生活をおおう世界では哲学や教養は必要ない。むしろ、そうしたものが話題になれば困る。というのは、非技術的なことは、調停がむずかしいからである。人はこのようにして、日常生活になじんでいく。原理や背景が切り離された、こうした具体性のなかで成功を収めることに汲々としているうちに、「人生で」大事なことを考えなくなってしまう。技術的思考法に慣れた人には、部分の総和が全体にならない事態に遭遇しやすい。一つ一つの局面、部分でうまく切り抜けても、その成功のつながりがそのまま人生の成功にはならない。教養がないからだ。

　今の時代は専門技術を持っている人が実質的な支配力をにぎっている"メリトクラシー（meritocracy）"とよばれる時代でもある。視野が狭くても専門家が偉いのである。そうした専門家は、専門的訓練を受け、科学的知識が豊富で、こまかい議論に強い。たしかに専門家という言葉には甘美な響きがある。しかし、オルテガは、こういった人々をたいへんきびしく見ている。

　「一つの事柄の知識は非常に豊富であるが、その他の事柄についてはまるで何も知らないという人間が、いかに愚かであり、いかに獣的であり、いかに侵略的であるか、その驚くべき情景を、まざまざと見せつけるに至ったのは、二十世紀に入ってからであった」（『大学の使命』p28-29）。

　これは、ナチス台頭への警鐘であった。専門家は、専門においてのみ知識があるのに、そうした人が、分を超えて社会に進出してくる。

　今の時代は特に、いわゆる社会的地位が高い人に、かえって、ゆがんだ人が多いといえるのかもしれない。地位と引き替えに、人間として失ってはならない誇りを失って、人格的にバランスを欠いている場合が多い。威嚇の表情、傲岸な物言いや態度、機先を制する相手の押さえ込みなどがめだつ。こうした人々を思い止まらせるには、「彼より強い人間が強引に彼の欲望を断念させ、

分を守り引っ込んでいるようにさせる」(『大衆の反逆』p106) しかない。こうした輩は、社会の隅っこで小さくなって生きていればいいのだが、今の時代はそうではない。そういった人々が大手を振ってのさばっているのである。オルテガは以下のようにいう。

「この新しい野蛮人は、とりわけ専門家である。以前よりもいっそう博識であるが、同時にいっそう無教養の技師、医師、弁護士、科学者等の専門家である」(『大学の使命』p24)。

どうして社会的に尊敬されるべき専門家が「新しい野蛮人」とまでいわれねばならないのか。ここにオルテガの時代と人間に対する危機感が込められている。

（2） オルテガの大学論—大学と教養

大学の定義にもよるが、ヨーロッパにあった大学というのは、ギリシャやローマの文化を引き継いで聖職者を養成する学校として始まった。だから、大学というのは、歴史的には研究ではなく教育から始まった。また、歴史的には、大学が先にできて、それから小学校や中学校などの初等、中等教育ができた。大学の先生は、小学校や中学校と違って、教えるために免許はいらないし、熱心に教えなくてもよいという風潮があったことも否定できない。世間では変人扱いされることも、大学の先生が同じことをすると、まあ、大学の先生だからと大目に見られることも多かった。しかしこれは古きよき時代の伝説である。学問（ディシプリン）を媒介にして師弟関係をむすび、研究にいそしみ、弟子は教授の手伝いをし…などという話も少し時代がかってきた。というのは、今日では、情報化、グローバル化時代を迎え、大学に閉じこもってただ何かやっていればよいというわけにはいかなくなってきたからだ。

本稿で、オルテガの大学論を、あらためてもちだすのは、科学的な知識がコンピュータに貯蔵できるようになってきたことが関係している。コンピュータの出現により、百科全書的な博学はもう必要なくなったという事情がある。これまでの軛から解放されると、新しい課題に取り組めるのは、個人において

も、社会のばあいでも同じことで、現代では、ここ数世紀におよんだ「新しさ」を特徴とする科学的知識を超える、新たな知の可能性が意識され、模索され始めている。こうした膨大な知識を使いこなせる、より高次な知とはどのようなものか。それを知恵と呼んでもいいのだろうが、それを考えるとき、オルテガは示唆を与えてくれるのである。

科学と教養

　知識の性質が大きく変わろうとしている時は、きまって大変動期である。これまで、知識の性質の切替は、大きく見て、無文字社会から文字社会へ、口承時代から歴史時代へという大変化があった。また、それほどではないが、古典的教養から科学的知識へという変化もあった。知識の性質の変化は、意識を変え、価値を変え、文化を変え、社会を作り替え……と、想像できない規模の大変化をもたらす。以下に考察するのは、このうち、古典的教養から科学的知識へというテーマである。

　近代科学の始まったイギリスでは、教養は科学に対する語である。知識をめぐって、古いものと新しいもの、体系と知見、大学と王立協会が闘争した。科学の知識の新しさとは、古典や教条を繰り返し解釈するのではなく、これまでになかった新しい物を生み出すものでなければならないという点にあった。知識は進歩しなければならないというわけである。それまではアリストテレスや聖書の字句をめぐって、延々と解釈につぐ解釈がただ累積していただけである。だから、科学の知識は当初から、古典の知識、つまり教養と対立するものとして提出された。

　人が生きるうえで、信じられるもの、確実なものを探そうとするのは自然なことである。なかなか結論が出せない形而上学の話ではなく、まず真偽が確かめられる限定された眼前の「事実」に関心が向けられるようになった。その後、近代科学が生まれた当時の"自然哲学"は、成長を続け"自然科学"にまで成長した。進歩するためには積み重ねることのできる知識の性質が大事となる。うその知識が科学の世界に混じると、進歩といういわば大きな建て物を掘

り崩す。うそは科学の知識ではない。うそかどうかは他人が検証できるかどうかによっている。また、質や感覚にかかわる知識は客観性がなく、交換もできないからこれも科学の知識としない。こうした約束が守られて、はじめて科学の一員となれる。科学者はこの原理に平等に奉仕する構成員である。科学を研究する世界は民主主義が働いている。そうしないと科学の知見を交換し合って知の蓄積ができない。だから、科学の営みとは、どの世界でも約束事があるように、科学者の約束の上に成り立つ世界なのである。

　一研究者から見て、科学の全体的意味はみえてこない。自分が見えなくても、分業して、その一翼を担う。全体をうまくつなぎあわせて成果を得るという科学の構造が発達してきた（Merton, p286-324）。しかし、科学活動は"対象"を研究する知的活動であったことを忘れてはならない。対象とは世界から、いわば切り取られた「部分」であり、知識の限界を画したところに、人は確実性と知識の安定性を認めているのである。これは全体とのつながり、つまり意味を代償にして、知識の確実性を得ているともいえるのである。科学的知識は、部分的な事実に関心が寄せられる。

オルテガの理念と危機的生

　オルテガが教養を説明するとき、「理念」ということばを使って、その内容を表している。理念というのは、ふつうは最高の観念をさす。オルテガもそういう意味でこの言葉を使っているようで、次のように言っている。

> 「その時代の最高水準を示す生きた理念の体系、完全に現実と一致する体系が存在する。この体系がすなわち、私がラ・クルトウラ（教養、文化）と呼んでいるものである」（『大学の使命』p55）。

　しかし、今一つ、この抽象的な言葉はわかりにくい。教養自体の説明するむずかしさをオルテガは「教養とは人間精神に関していわれるのであって、一般的たらざるをえないものである」と述べている（『大学の使命』P27）。オルテガは、わざわざ「物理学という科学そのものではなく、それが作り出した世界に関する生きた理念」と断って、こうした理念を持っていなければ、野蛮人だと

いう（『大学の使命』p27）。

オルテガは、以下のように述べて、科学の知識（断片）に教養の理念（展望や見通し）を対置する。

「科学の中にあるのは教養ではなくして、純粋に科学的技術に属する科学上の多くの断片である。反対に教養は、欲すると否とにかかわらず、どうしても、世界と人間についての一つの完全な理念を必要とする」（『大学の使命』p55）。

教養とは一番関係なさそうな数学についても、オルテガは、「見通しうること」、「展望しうること」ということを重視している。

「数学は非常に広範な学問ではあるけれども、最後的には見渡しうるものである」（『大学の使命』p60）。

教養がないと言われて怒る人は多いが、展望がないと言われて、自分はそんなことはないと、言い切れる人は少ないだろう。

ふつう、考えるというのは、何かを決めるために考える。決断する途中で、いろいろな意見、情報などを参考にするけれど、最後は自分が決めなければならない。しかし、この自分が問題になるときがある。生の「迷路」の始まりは、環境に対する不平、疑惑から、自分に疑惑の目が向くとき、自分を真に疑い始め、自分がいわば動揺したときからである。それは、たとえば、青は青だとすぐにわかるが、青を青と見ている自分の眼球は本当に確かなのかという自分への疑いであり、何か変だという感覚である。何をしても、考えても、結局自分から始まっている、その肝心な自分というものが波に漂う小舟のように揺れ動いていれば、同時にまわりの世界も揺れることになる。こうした状態は苦しく、長く耐えられるものではない。こうなると、自分の外に足場を持たない限り、その迷路から出られなくなってくる。他にとる道がないという当人の苦痛はだれにもわからない。

創立者・池田先生は、こうした「教養」に「総体的な人間力」との表現を与えて、次のように述べている。

「『教養』を『いかなる環境に置かれても自分を見失わないための精神の灯

台』とは、言い得て妙です。それは、総体的な"人間力"とでもいうべきものです。職業に役立つ、専門的知識だけが目的なら、何も大学に足を運ぶ必要はない。パソコンやインターネットを駆使したり、別の方法でも習得が可能です。むしろ、そのほうが効果的かもしれない。大学で学ぶことの第一義的意義は、そこにではなく、社会で自分らしく生きていくための人間としての基本的な力を身につけることにあります」(『学は光』p158)。

信じられるもの、つまり動かないものを求めようとする人の姿はすさまじい。こうした危機に直面すると、科学的な断片の知識は何の役にも立たず、自分がつながっている世界を直観する「理念」の出番となる。教養とは、こうした全体性に関わる自分を確立するもの、したがって、それは、困難に直面しても、自分から見える世界の不動の布置を可能にするのである。

教養とは、自分の生にかんする全体の俯瞰図を与えるものであり、そこから使命感を養成するものである。教養があるか否かは、その人の生や生き方に表れる。オルテガがいう理念とは、こうした喚起力を伴う、"生きた知"のことである。これは、科学が断念した"全体性"とのつながりをもつ「意味」をふたたび指向するものといえる。

「平均人」と教養教育

大学がマス化、ユニバーサル化して、一昔前の高等学校並みの大学進学率をみせるようになった今、大学にも変化がもとめられている。昔と違って、大学生が増えたから世の中が知的になったかというと、そんなことはない。むしろ逆の感じがする。大学生と言っても、むかしの学士様というイメージからほど遠い。当人も特段勉強が好きというわけでもないのに、進学させられるかわいそうな若者も増えた。そうしたことを背景にして、大学とは何かをあらためて問う議論が近年続いている。そのなかで、大学での教養教育を提唱した人物として、オルテガがしばしば取り上げられる。

アメリカの大学では、学部は専門教育ではなく教養教育であり、大学院教育は「プロフェッショナル・スクール」となって、専門職の訓練をするのに対

して、オルテガの大学論は、これまでのヨーロッパのエリート養成の大学を念頭に置いたものである。かれはそうしたエリート養成の大学像に疑問を投げかけ、研究と専門教育が同じ大学内で同居していることに対し、次のように言っている。

　「この非常に相違した二つの課題が結合し、融合しているということは、驚くべきことだということを注意しておきたい」（『大学の使命』p20-21）。

　かれの大学論は、大学を「制度」と見る大学論である。このようにいえば、ガバナンスなど、最近では大学行政が重視されるので、当然なこととの印象を受けるが、オルテガの主張はそういうことではない。「大学は、厳密な意味においては平均学生を、教養人ならびによき専門家になるよう教育する制度であると解すべきである」（『大学の使命』p65）といって、ふつうの人に、いかに教養を身につけさせることができるかが大学の「社会的」使命であると考えている。

　大学を制度と見るということは、ふつうの能力を持った「平均人」を重視する大学ということである。ここから、オルテガの大学論としてよく言及される、大学本来の役目としては、科学的研究を切り離すべきだという結論が自然に出てくる。なぜなら真の科学者は「半ば病的」であり（『大学の使命』p47）、科学的探究は、とても平均人の手に負える代物ではなく、制度としての大学にはなじまないからだ。

　平均人の生にとって大切なのは、限定された個々の事実的知識でなく、生の全体にまで展望が広がる教養としての「理念」である。これは、意味や価値につながる知識を復活させる道でもある。価値にコミットしない教育は、見た目はスマートでも、いずれ根が切れた草花と同じ運命をたどることになる。もう１つ、オルテガの大学論で注目されるのは、「大学の社会的使命」から導かれる、知識を受け取る側の学生の事情に着目していることである。オルテガは次のように言う。

　「今日の大学は学科目の繁茂する熱帯の森林である。……高等教育の編成、大学の構成においては学生を起点としなければならない。知識財や教師から

出発してはならない」（『大学の使命』p40）。

　教育とは、一面、教えるべき知識量と学生が処理できる能力とのバランスで決まる相対的なものであるといえる。知識量が少なければ、学校や教育という考えそのものがないだろうし、知識量が多ければ、処理能力に限界があるのだから、知識量を処理できるまで減らさねばならない。今の時代は後者である。

　「青少年は限られた学習能力しかもっていない…実際に記憶力、理解力、注意力を無制限にもっているのなら、教授活動なるものはなんら存しないであろう」(『大学の使命』p37）。

これは、ふつうの青少年（平均人）が劣っていると言っているのではなく、処理能力に対して、知識量が莫大であるといっているのである。「収穫物（知識）が量においても精度においても増加し、ついに常人の理解力を越えるもの」（『大衆の反逆』p140）となっているということである。

　オルテガの大学論では、教育のために知識量を減らすことは、知識の増大をめざす"科学の進歩"と抱き合わせで考えられている。いわば、「新しさ」をめざす科学の進歩という増大のベクトルとは逆方向に、「深さ」をめざす教養へと、両者はバランスがとれていなければならないとオルテガは考える。いわば、科学者と教育者はお互いに補い合うのである。かれは次のように言う。

　「通常いわれている研究という仕方での知識の増大に向けてよりも、より以上に、知識の単純化に向けて、実体と特質を見失うことなく精髄の総合を目指す、上述のごとき一種の知的作業を促進せしめないと、科学そのものの将来が不幸になるであろう」（『大学の使命』p60-61）。

　平均人が吸収できるものとして、何を教えなければならないのか。これは教授法に限られた話ではない。オルテガの大学論では、どんな知識を選択して学生に与えるかを考えるのが、教育者の仕事となるのであるが、オルテガ自身としては、先に見たように、教養が、見通しのきく「理念」として提出されているだけで、残念ながら、具体的には述べられてはいない。しかし、大学の図書館の片隅に多分一度も開かれないまましまい込まれている雑誌や蔵書の数々について、これが読まれることがあるのだろうかと、だれもが一度は感じる素朴

な思いや、理解しないのは学生側の問題だとして、教授する側を免責してきたアカデミズムの姿に、オルテガはメスを入れようとする。

　かれの大学改革への提言内容は、学生重視など、制度的には今日やっと立ち上がってきた感があるが、大学の生命線になる、学生が受け入れられる知識を整理して与えるべしというオルテガの提言は、なかなか軌道に乗っていないのが現状である。産学官の連携や国際交流など、社会的な要請を考慮して、専門分野を関連領域まで拡大しても、または共同研究、学際研究に携わっても、そこにオルテガの主張した、いわば凝縮された教養の実体があるわけではなく、研究者は、そうした作業が終われば、また固有の伝統的知識と組織に戻っていく。これは、たしかに無理からぬ話でもある。というのは、過去において、すでに古典的教養は、科学的知識に席巻された歴史があるからだ。簡単に言えば、教養は、科学化に乗り遅れた時代遅れの遺物なのだ（山崎正和、p46）。

　科学の本質を「知」とみるか「力」とみるか、根本的に見解が分かれるところだろうが、科学者のむこうを張って教育者が人間形成の新たな教養を企図することは科学技術、社会技術と均衡しうるものでなければならない。これは大変な企画である。オルテガは次のように言う。

　「今日の文化財や技術財の従来かつてなかった過剰は、人類を破局へと追い込むのではないかと恐れられる。なぜなら、それを消化し吸収することは、世代から世代へとますます困難、否、不可能な状態となってきているからである。だからしてわれわれは、教授学、教授法および教授制度の更新を緊急事としなければならない」（『大学の使命』p39）。

　このオルテガの危機感に同意できるなら、教養の知を科学的知識から独立させる道を頭から拒否してはならないだろう。オルテガが主張するように、教養の知を育成しようとするなら、科学がもつ知識の内的構造、つまり交換性と累積性の点で似ていなければならない。なぜならそれがないと、知識を持続的に支える社会的基盤を形成しえないからだ。と同時に、この企図を推進するためには、「人間的生に適合するもの」という「価値」が明確に導入されることを、教育者ははっきり理解していなければならない。このような知の性質に

は、「科学的」ではなく、アリストテレスの「実践知」をおもわせる倫理性がついてまわる。くり返すが、このプログラムの実現は、科学と対立するのではなく、補完関係に立つのである。「研究」は、新しい知識を生み出し、「教育」は教養を涵養する。オルテガにとり、大学は平均人の教育機関である。大学で平均人に教える知識は、科学的知識であってはならない。教えるべき知識は、深く大綱的な知識であり、生を導くものでなければならない。

オルテガの大学論では、教養は、科学的知識を超えた指向をみせている。この点で、オルテガの大学論の主張は、中世の大学像に接近する。かれは「中世の大学と比較してみると…教養の教育や伝統はほとんど完全に放棄してしまった。このことは明らかに暴挙であった」(『大学の使命』p24)という。

大きく見て、オルテガの目指す教養知というのは、科学が大前提にしている、人間の感覚から切り離された「原理」への、ある種の異議申し立てであるといえる。池田先生も、期せずして、オルテガが強調した「自分の分際や能力に見合っている」という平均人のための知の総合化、簡略化を「等身大」という表現をつかって、対談者であり、科学者でもあるサドーヴニチィ総長に質問されている。そこにあるのは、人間に焦点を当てたとき、いわば「原理」に基づく科学的営為というものへの本質的疑義である。池田先生は、仏法の「六根論」からみて、科学的営為は、人間の持つ「眼耳鼻舌身意」の六根のうち、「意根」のみに依存しすぎたものとして理解され、「意根」の肥大化が科学の歪みとして表れていると指摘されている(『学は光』p89-90)。

(3) 創造的生命と人間教育

池田先生は、「有限性の自覚こそが、人間が真に人間に成るための第一歩です」(『学は光』p101)と述べている。現代の教育の難しさは、本物、真正さに出会うことがむずしいところにある。今の時代は、成熟するということが二重の意味で難しい時代である。理由の一つは、ごく最近の今日的な理由、すなわち、バーチャル・リアリティー(仮想現実)が出現したためであり、もう一つは、人間的な世界そのものがすでに本来の自然から遠くにあり、原初的なもの

とつながりが弱いためである。

　今の時代は、オルテガが情報過多として、危機感を抱いた1930年代とは比較を絶して、コンピュータによる情報爆発とでも呼べる社会状態にある。オルテガの時代は、専門家の跋扈ですんだが、今の時代は、リアリティーの希薄化がもたらしたと思える、とても人間の所行と思えない事件に遭遇することが目立ってきた。これらがすべてコンピュータによる影響だとはもちろんいえないのだが、われわれは今、不気味な情報社会の陰の部分に気づき始めている。

　現実というものは、ふつうは自分がそこにいる環境自体のことであるから、対象化されず、現実とは何かなどという質問や疑問はわいてこない。しかし、コンピュータによるバーチャル・リアリティーという世界が生まれた。この中は、自分の想像を押しとどめる物理的に抵抗してくる「力」というものはないため、限りなく想像の翼が伸ばせ、その人なりの「現実」も構築できる世界である。うそでも部分的な嘘であれば、嘘ではない部分と比較して嘘だといえるが、全面的な嘘というのは比較できる部分も喪失してしまうことであるから、それが嘘かどうかわからなくなる。そうした状態は当人の中では真実ということだ。バーチャルの世界もリアリティーの世界も、両者は池田先生が指摘された「意根」だけでは区別できないということである。このバーチャル空間を、池田先生は、「宿命性」のしがらみのない孤立化の世界とみて、そこでは「人間同士の直接の打ち合いのなかでのみ可能な人格の陶冶がなされなくなる」と述べている（『学は光』p66-67）。

　人間のつくりだした人工的世界は、社会技術、科学技術、つまり文化と文明が、良くも悪くも人間と自然のあいだに割って入り、その人工的な環境に人間は慣らされてしまっているため、本来の自然とは一線が画された世界にわれわれはいる。その分、原初の力との遭遇が最小限に抑えられて、いわゆる"人間力"が弱まっている。

　池田先生は、「人生には、生きて知らねばならぬこと、そうすることによってしか体得できぬ知恵というものが必ずあるはずであり、古来、それが人間を人間たらしめてきました」（『新しき人類を』p44-45）と指摘されている。自己の

有限性を切実に感じて、自分という存在の意味を根源的に問うときに、おのずと発せられる「自分とは何か」という問いかけには「生」の不思議がつまっている。有限性を知らない人は、一度自分に沈潜し、自分のよって立っている基盤を考え直し、さらに、そこから自分を超えた世界に自分の意味を求めていくという苦しく、密やかな過程を知らない人である。

　かつて、池田先生は、「自分が出会った過酷な現実をしっかり凝視し、それを背負いきるところから始めた。そこから彼の成熟が始まった（『人間と仏法を語る2』p302）と森有正氏の『経験と思想』の一節を引用されたことがある。生の条件がいかに厳しかろうとも、「背負いきる」強さと覚悟があれば、それは成熟のための糧となる。色鮮やかな朝焼けは、ゲーテの言うとおり、光と闇の境界に現れる闘争であり、力の衝突である。「宿命性」、「有限性」も、自分が自分ならざるものへ、いわば手を伸ばそうとするとき、反動として自覚されるものである。「宿命性」、「有限性」は自分ならざる世界ときびすを接している。その世界とは何なのか。

　「読書のもつ能動性、それを持続させる忍耐力、他者の喜びや悲しみへの共感性を育む想像力等、いずれも、あふれかえる情報に囲まれて受け身になりがちな人間が、身につけるべき"人間力"です」（『学は光』p99）。

　教養教育について、こうしたリテラシーについての発言自体は特段珍しいものではない。注目されるのは「人間力」に集中される池田先生の視点である。その視点の先にはリアリティーとしての「縁起的世界」があると考えられる。池田先生はリアリティーとしての「縁起」の世界から、次のようにいう。

　「『関係』の無限性あるいは普遍性は、『宿命』の有限性、個別性と表裏一体をなしており、更に言えば、後者（有限性）を通してしか、前者（無限性、普遍性）の人類的、宇宙的ヒューマニズムもリアリティーをもたないというのが『縁起』観です」（『学は光』p55）。

　ここに述べられていることは、宿命の人の苦を生じさせる「有限性」は人間をいわば下方に向かわせ、自己沈潜を生むが、そこは仏法の世界理解からは、自己の外側にひろがる広大な縁起的世界への出口となっていると解されると

いってもよい。教養的「生」とは、オルテガのいう貴族的生であり、それは戦う生のことである。その「生」の行きつく先は「生」の根源的な世界、真正さ（authenticity）の世界とつながっている。教養的「生」とは、人間的な力のことである。つまり教養は、本来の自然とつながった生の溌剌さをその内に保持することを可能にするのである。

　そのようにとらえたとき、創価の人間教育というのは、単に「教育」の話のみをしているのではないことになる。創価の人間教育というのは、学校教育を含めた、人間の自己実現を示唆している内容を含んでいるとまで解せる。コロンビア大学の宗教学部長・サーマン博士の唱えた「教育が、人間生命の目的である」との見解について、池田先生は、「これは卓見であります」（『学は光』p105）と賛同を示されている。この点について、さらに敷衍して次のようにいわれている。

　「人間は何のために生まれたのか、何のために生きるのか、それは、広い意味での人間教育によって生命の可能性を極限まで開き顕していくためということでしょう。単に「生きる」のではなく、生きる意味を問い続け「善く生きる」という本源的な欲望を持った存在であり、それゆえに絶えず新たな自分というものに向かって向上しようとする生き物であると言っていいかもしれません」（『学は光』p107-108 傍点は引用者による）。

　教養の深さは、人間の有限性をふまえつつも、さらなる自己完成への意志を駆動させる力となる。池田先生が指摘しておられるように、単に生きるのではなく、生きる意味を問い続け、人間が新たな向上心を持ち続けることを可能にしてくれるもの——それこそが「教養」なのである。人間がこの世に生まれ出で、創造的生命の開花、自己実現へと向かうことを保証するものこそが、「教養」にほかならないといってよい。その意味では、既に、これまで若干の考察を試みてきたように、オルテガの教養論は、私たちの人生や生き方について、多くの示唆をあたえてくれているといえよう。

＜付記＞　本論文の第1節「大学の使命―教育と研究、普及」は鈎治雄が、第2節「オルテガの大学論に学ぶ教養教育」は岡松龍一が執筆した。

引用・参考文献
1) 海老原治善他　1989　『近・未来大学像の探究』　東海大学出版会
2) 広島大学教育開発国際協力研究センター　2004　「協力日米対話間対話セミナー報告書」
3) 池田大作　1976　「建設の学徒の未来に栄光あれ」　創価大学通信教育部開学式メッセージ
4) 池内　了　1998「桜の下の大学論（中）―1年生になった人へ」　朝日新聞1998年4月7日付　夕刊
5) K．ヤスパース（福井一光訳）1999　『大学の理念』　理想社
6) オルテガ（井上正訳）　1968　『大学の使命』新世界叢書
7) R．ソロモン＆J．ソロモン（山谷洋二訳）　1997　『大学再生への挑戦』　玉川大学出版部
8) 聖教新聞　1998「池田SGI会長とモスクワ大学総長・対談集『21世紀と教育を語る』」1998年4月9日付
9) 中央教育審議会大学分科会・大学院部会　2005　「（答申案）新時代の大学院教育―国際的に魅力ある大学院教育の構築に向けて―」　文部科学省
10) V．A．サドーヴニチィ・池田大作　2002　『新しき人類を　新しき世界を―教育と社会を語る』　潮出版社
11) V．A．サドーヴニチィ・池田大作　2004　『学は光―文明と教育の未来を語る』潮出版社
12) J．オルテガ・イ・ガセット　1996　『大学の使命』井上正訳、玉川大学出版部（第二節での引用分は全てこれに依拠している。）
13) オルテガ（桑名一博訳）1998　「大衆の反逆」、『オルテガ著作集　2』　白水社
14) R. K. Merton, 'Priorities in Scientific Discovery' in 1957, *The Sociology of Science*, 1973,The University of Chicago Press.
15) 山崎正和　1999　「『教養の危機』を越えて―知の市場化にどう対処するか」『This is 読売』
16) 池田大作　1988年　『今日より明日へ　7巻』聖教新聞社
17) 池田大作　1998年　『人間と仏法を語る　2巻』聖教新聞社
18) 池田大作　1968年　『人間革命　第四巻』聖教新聞社

第9章

池田先生のリーダー育成論

井 上 比 呂 子

はじめに

　池田先生は、これまで様々な書籍でその教育論について、世界の識者と語らいを重ねてきた。また、幼稚園から大学院までの創価一貫教育を創立し、その在校生・卒業生に激励のスピーチを送り続けながら、その教育思想を受け継いで各界で活躍し世界へと羽ばたこうとする人材を養成してきた。昭和43年に創価学園を創立して以来、今や香港やマレーシアに創価幼稚園が設立され、アメリカに創価大学が設立されるなど、世界に教育の舞台は広がっている。創価学園の創立にあたり、池田先生は牧口先生の「教育は人格価値の創造なり」との信念を軸に、日本の未来を担い、世界の文化に貢献する、有為の人材を輩出することを理想とした。
　その一方、現代社会は、物質面では豊かになったものの、精神面では豊かとは言いがたい状況が続いている。世界を取り巻く状況は戦争と暴力の世紀であった20世紀を超えてもなお、危機的状況にあるともいえる。発展する情報化社会の中でIT革命の波に呑まれ、人々は何が正しい情報なのか、混迷の中でゆくべき道を見失い、誤った方向へ行きかねない状況である。また、世界情勢としても戦争、テロ、貧困、地域紛争など、今でも世界の様々な国での諸問題は増大しており、民衆は解決の糸口を探そうとしている。このような時代にあって、池田先生は「21世紀は教育の世紀」と言われて、SGI提言などでも教育を根本にすえた社会改革を行うことの必要性や、青少年の識字教育、また人権教育の推進などをうたっている。また、人間が最も人間らしく生きるた

めに、「平和」の構築のために、教育が大事であり、またこのような人間尊重の教育をすべての人が受けられる社会づくりが必要だと主張している（池田、2001a）。

　池田先生は、よく創価学園や創価大学で「次の世紀を担う新しい指導者に」「世界のリーダーに育て」とのスピーチをされるが、ここでいう指導者とは、リーダーとは、どのような人物を指すのか。またどのような資質を備え、どのような生き方を志向すべきなのか。

　本稿では、池田先生の教育哲学をひもときながら、創価教育とは何か、その目的観を掘り下げ、現代の教育学との関連を考察する。まず、創価教育学の創始者である牧口先生の教育観と、それがどのように池田先生の教育思想に連なっているかについてもみていきたい。さらに、池田先生の求めている次世代のリーダー像について論ずるとともに、そのリーダーを育てるための教育として、主に教師の働きかけの観点から、人を教育すること、教師のあるべき姿についても考察を深めていきたい。最後に、SGI提言や教育提言を中心に、池田先生が主張する「社会のための教育」ではなく、「教育のための社会」へのパラダイムの転換について、その必要性及び池田先生の教育思想の先見性について述べていきたい。

1　牧口教育学から池田教育思想への流れ

（1）　教育という事業のとらえ方

　「教育は私の人生最後の事業である」と池田先生はことあるごとに言われている。昭和40年に創価学園ならびに創価大学設立構想を発表した席上、先生は「ここ（学園・大学）において、20年先、50年先の日本の指導者、世界の平和を築いていく指導者を育ててまいります。と同時に、特に初代会長の創価教育学説を、この社会で実践しきっていく教育をしたい。したがって、そのための完璧なる教育陣営、教育設備をつくりあげたいと思っております」（創価学会

教育部編　1995、『教育ルネサンス』、191頁）と述べている。これを見ると、教育を人材輩出のための一大事業としてとらえ、次世代の指導者を育成することがこの学園設立の大きな目的のように思われる。社会のため、世界のために有為な人材を、また、徹底して民衆の側に立つリーダー育成というところに、先生の一つの着眼点が見られる。

　また、池田先生は、創価大学の創立は戸田先生の遺言、さかのぼれば牧口先生の悲願であったと述べている。牧口先生、戸田先生は、人間を育む教育という営みがこれからの人類にとって最重要の課題であるとし、とにかく「人」を育てることに主眼を置いていた。そこで、創価教育学の理論を現場で実現しうる一つの機関として、牧口先生・戸田先生の思いを宣揚せんとするが如く、創価学園、創価大学の設立に至ったと述べている。池田先生は、「戸田先生の夢は、将来に続く人材を輩出していく創価大学の創立であった」「私の夢は、師匠の夢を叶え、師匠との誓いを果たすことです」と述べている。このように、池田先生が創価大学を設立した背景に、師弟という一点が貫かれているのであり、この混迷の時代にあって、一人の宗教家がなした業績として、この教育事業というものは大きな意味があるであろう。つまり、物をつくったり財をなすのではなく、次の時代へと受け継がれる思想を受け継いだ「人」を輩出する――つまり、大学の設立は次の「未来」の創出につながると池田先生は考えた。「大学の勝利」は「未来の勝利」だと確信し、後の100年、200年先を見越して、教育を位置づけていたに違いない。

　また、大学の国際化に関しても池田先生は先見性を示し、日本の他の大学に先駆けて、大学間の国際交流を推進している。現在、創価大学は世界の41カ国・90大学と国際交流を結んでおり（平成17年現在）、派遣留学制度も盛んである。池田先生は「大学間の交流」によって、「新しい知恵」と「新しい価値」の創造をはかり、次の時代をリードする思想や指導者の輩出を志向していたといえる。2001年に開学したアメリカ創価大学をはじめとし、海外姉妹校も増えるなかで、世界の諸大学とネットワークを結び、グローバルな教育の基点としての教育・研究機関を目指している。

池田先生は「教育とは」という問いに対してオランダの教育学者ランゲフェルトの「人間は教育し、教育され、教育を必要とする生物であること自体が、人間像の最も基本的な特徴の一つである」という言葉をひきながら、教育こそが、人間の最も根源的な営みであるとしている。では、教育は何のために存在するのか。先生は、「人間は何のために生まれたのか、何のために生きるのか」という自身の生命の可能性を極限まで開き顕していくために教育が必要であると述べ、ただ「生きる」のではなく、生きる意味を問い続け、「善く生きる」ための方途として教育の大きな意味を見出している。また、「教育だけではなく、『平和』や『文化』もせんずるところ、それを担い創造しゆく『人』をどれだけ育てたかによって決まるといい、戸田先生も『要は「人間」をつくることだ』といわれていた」（創価学会教育部編　1995、『教育ルネサンス』、193頁）とあるように教育の大切さを強調している。

　ここで、創価教育学の創始者、牧口常三郎先生の教育思想をもう一度ふり返ってみたい。牧口先生は、1930年に発刊された『創価教育学体系』のなかで、「創価教育学とは人生の目的たる価値を創造し得る人材を養成する方法の知識体系を意味する」（牧口、1972a、19頁）と述べているが、その理論の成り立ちはどのようになっているのだろうか。その教育観、価値論などを考察することにより、現代の池田先生の教育理念や、また創価教育の現場に牧口先生の理論がどのように受け継がれ、展開しているのかをみることができよう。

（２）　牧口先生の教育理念―「子供の幸福の追求」

　牧口先生は教育の実践家であり地理学の研究者であり、創価教育学の提唱者であり、創価教育学会（創価学会の前身）の設立者であり、そして法華経の信仰者でもあった。牧口先生は、研究者として十分な素養があったにもかかわらず、現場の教育の最前線から離れようとせず、実践的な教育理論の構築に心をくだいていた。牧口先生は、『創価教育学体系』の「緒言」でその当時の厳しい教育の現状をふまえたうえで以下のように述べている。「一日も早く社会の一顧を得て、国民教育の不安を救いたいという情だけは益々濃厚に赫熱して来

たのである。入学難、試験地獄、就職難等で一千万の児童や生徒が修羅の巷に喘いで居る現代の悩みを、時代に持越させたくないと思うと、心は狂せんばかりで区々たる毀誉褒貶の如きは余の眼中にはない」(牧口、1972a、12-13頁)。ここに、真の教育者として生き抜き、子どもの幸福を追求し続けた牧口先生の思いがあらわれているといえよう。このように牧口先生の創価教育学の根本にあるのは、「教育の目的は、子どもたちの幸福である」としたところで、社会の経済発展などではなく、一人一人の子どもの幸せに着目した点が、既存の教育学と一線を画していた。

　牧口先生は、「教育の目的は子どもの幸福にある」と主張している。教育の目的について、アメリカの心理学者A.H.マスローは以下のように述べている。「教育は、その人がそのなりうる最善のものとなり、その人が潜在的に深く蔵している本質を、現実にあらわすのを助けるべきである」(A.H.マスロー、佐藤三郎・佐藤全弘訳、1981)。つまり、自己のもつ最善の資質を引き出し、常に自己の可能性を実現していくことが必要であり、このような自己実現が教育の目的であると説いている。マスローによれば、人は教育によって、その人がなりうる「最善のもの」になるのであり、その「最善」を目指したという一点で、「子どもの幸福の追求」を目指した牧口先生の教育思想との類似性を見ることができる。

　牧口先生は、幸福と「善」の関係について以下のように述べている。先生は57歳の時、法華経に出会い、仏法に帰依するのであるが、信仰を深めてからの先生は、「大善生活」ということを説いている。これは、仏法の衣食を与えることを下、父母の意見に反しないことを中、仏の功徳を広く人々に与えることを最上とする仏法の考え方にヒントを得たものである(熊谷、1978、98頁)。ここでは善は、小、中、大の段階に分けられるが、真に人々が幸福であるためには、小、中の善ではなく、大善によらなければならない。つまり、「大善生活」とは、「利己的、独善的な生活を離れて、邪をくじき、悪をただし、自他ともに共栄して円満な幸福を築きあげることである。それは、最大の価値を創造して最高の幸福に到達する生活という意味である」(熊谷、1978、98頁)と

なっており、この仏法を基本にした考え方が、牧口先生の教育観と深く結びついているのがわかる。牧口先生の教育観も、「教育は経済の発展のためではなく、人々の幸福のためにある」という基本的出発点が人間尊重の精神に基づいている。

牧口先生は社会学者の影響を受けており、特にデュルケームの理論に傾倒していた。デュルケーム社会学の基本は、人間、教育、学校、教師などの社会的事実を「物」として実証的にとらえるやり方をとっている。デュルケームは、人間は大きく分けて２つの存在から成り立っているとしている。１つは、個人的存在という個人的なことにしか関係を持たない存在、もう１つは社会的存在という「社会に共通の観念や感情、慣習―たとえば信仰、道徳、政治意識、職業的態度といったものの総体」である（熊谷、1978、160頁）。したがって、ここでの社会的存在の意味は、人間が後天的に社会との関わりの中で身につけたり、形成していくものである。そこで、教育とは何か。デュルケームは、教育とは社会が欲するところの人間の育成であり、そこには、社会の存続や発展にとって必要な、望ましい人間を育てるという、社会にとっての「価値」を更新し、再生産しようとする役割を担っているという。デュルケームによれば、社会学は、教育学の位置づけや概要を理解するのに役立ち、また教育を行ううえで必要となる理想のモデルを提供するとし、教育学者にとって社会学的観点、つまり社会がどんな人材を求めているかについての観点が必要であると強調している。

牧口先生は以上のようなデュルケームの理論を踏まえた上で、社会的観点から教育という営みをとなえている。今までの伝統的な教育学が個人中心の、いわば哲学的・倫理的な教育観に立っているのに対して、創価教育学が社会中心の教育観にたっているところに、牧口先生の先見性を見ることができる。

以上に述べたように、教育という営みは社会を外れてはありえないし、常に社会の只中で、社会の要求に応え、社会に貢献しうる人材を育成することを求められている。ここで、牧口先生は教育の目的を確立する基礎的条件として以下の２つをあげている。１つは、子を持つ「父母の願望」であり、もう１つは

社会体制維持の観点から、国民の資質に大きく関心をよせる「国家の要請」である。実際の教育の目的は、以上の２つの条件を既定として形成されるが、この２つが一致するとは限らない。この『創価教育学体系』が出版された1930年代は、軍国主義の時代であり、教育勅語を見ても分かるとおり、現実には後者の国家の要請が優先されてきていた。そこで牧口先生は、父母の願望と国家の要請が対立したときには、どちらを優先して教育の目的をたてるべきかという問題を打ち立てる。そこで牧口先生は、現状を十分承知の上で、子どもの成長と幸福のためには、あえて父母の願望を国家の要請に優先させるべきだとしたのである。

　ここで、親が子どもの将来の人生に願うものは何であろうか。牧口先生は経験に基づいて、それは幸福というほかはないとして、当時の学者や思想家から批判が出ることを承知の上で、教育の目的を「子どもの幸福」に求めたのであった。牧口先生は、人生の目的も幸福においており、教育の目的と人生の目的は幸福の追求という一点で合一するとしている。

　ではここで「幸福」とは何か？――牧口先生は、幸福は個人的要素と社会的要素から成り立っており、個人的要素だけで幸福を追い求めると、自分だけが幸せになれば、他人はどうなってもいいという利己主義に陥ると説く。利己主義では周囲との調和が得られず、不安定で危険であり、結果的には不幸に陥るということである。つまり、個人的観点からだけ追求された幸福は真の意味の幸福ではないとしている。

　われわれはひとりで生きているように見えても、他者の協力と支持なしには生き続けられないものである。その意味で、「人間は他者依存的な有機体」（熊谷、1978、172頁）であり、幸福の達成は、単に個人的に満たされることではなく、社会の中で、社会とのかかわりの中で追求され、獲得されるものでなければならない。真に幸福であるためには、社会的関係を重視し、他者との協調、協働あるいは連帯、ひいては社会との調和的関係が必要となってくる。この点について牧口先生は以下のように述べている。

　「真の幸福は、社会の一員として公衆と苦楽を共にするものでなければ得

る能わざるものであり、真の幸福の概念の中には、どうしても円満なる社会生活ということが欠くべからざる要素をなすことが容に承認されよう。」（牧口、1972a、157頁）

つまり、幸福が他者を犠牲として、自分の利益のみを追求する利己的な満足状態になるのではなく、他者との共存共栄的な関係を通して得られるものだとすれば、教育はそれにふさわしい指導を目指すべきである。ひいては、社会の一員としての自覚を高め、個人だけではなく社会とともに繁栄を期することのできる人格の育成が必要となる。牧口先生は、真の幸福をもたらす価値の創造は、合理的、計画的な社会生活を通して自分自身と社会全体のためになされるものでなければならないとしている。

ここで、社会に貢献し自分だけではなく他者をも幸福にしていく民衆のリーダーを志向する池田先生の教育思想との大きな共通点を見ることができる。彼らは教育によって、単に個人が幸せになるのではなく、広く社会全体、いや世界が幸せになっていくための方途を見出そうとしているのである。

（3） 価値論

では、創価教育学の名前にも連なる、「価値の創造」とは一体どのような営みをさすのであろうか。ここで、牧口先生の価値論に見られる独自の視点についてみていきたい（牧口、1972b）。牧口先生は、従来の「真」に価値をおき、絶対的なものとする考えをとらず、新しい「利」という概念を打ち出した。牧口先生は、「文化価値を実現していくところに人生の意義と人格の尊厳」が認められる（熊谷、1978、188頁）とし、哲学上の通説であるとされる、真・善・美、聖の区分を利・善・美とし、「真」と「聖」を省き、さらに、経済的価値の「利」を加えた。つまり、観念論的な価値観ではなく、価値の内容をより生活活動と結びつけて考え、経済的価値（利）、道徳的価値（善）、芸術的価値（美）の3つを独自にうちたてたのである。

牧口先生は従来の価値に対する考え方についても、常に人間との関係から出発し、価値は人生、人間との関係においてのみ成立するものであるという立

場をとっている。つまり、それ自体が存在することに価値があるのではなく、人間の生活とのかかわりによって、例えば欲望の充足や、人生の効用という観点にたったときに有益であった時に初めて価値が出てくるとしている。ある主体、例えば人間と対象の状態が関係しあう中で、主体が願望をもとに対象の性能を評価するところに、価値が生じてくる。つまり、価値は、人生に対する貢献度、生活の効用に対する効用の程度などを表す１つの指標としてとらえられ、ここに、価値を超現実的で、観念的な次元ではなく、より具体的に、生活に密着した次元でとらえている牧口先生独自の観点が見られる。

　ここで牧口先生が価値を絶対的なもの、すべてを超越した存在としたのではなく、経験的で相対的な概念として規定したことは、牧口先生の展開する価値の創造ということと深く連動している。熊谷一乗氏は「もし価値が超越的、絶対的なものであるとすれば、人間はそれを自由に創造することができない。価値は人間を超越した次元から当為として人間に順守かあるいは実現かを迫るものとなるだけである」（熊谷、1978、193 頁）とし、価値を相関的なものとすることにより、だからこそ人が対象に働きかけて価値を創造することができるという論点が成り立ち、それがひいては創価教育学の根幹を成す「価値の創造」を可能ならしめているのである。ここに、牧口先生ならではの価値に対する視点が見られる。また、「真」を除いたことに関しても、牧口先生は独自の論を立てている。牧口先生によると、真理は不変であり、創造することができないが、価値は主体の対象への働きかけや、主体と対象との関係によって創造され、高められるものであり、変化するものであるとしている。つまり、「真理」と「価値」は、本質が異なるために、同列に論じることはできず、「美」や「善」といった同じ価値の区分に入れるべきではないとしているのである。

　さらに、牧口先生の価値論は、哲学上の価値観と、経済学上の価値観を交錯させた独特なものであるといえる。牧口先生によれば、宗教的価値をあらわす「聖」も、「利」に包含、吸収されるとする。さらに、「利」を個人の全体的生命に直接影響する関係力と規制し、「善」「美」の基底に位置づけている。つまり、「善」は公共的利益であり、社会全体に役立つという意味で「利」である

とし、「美」も生命の維持に貢献し、人間の生活を精神的に豊かにする「利」の要素を持っているとしている。つまり、生命（生活の意）への「関係力」という観点から、次のように3つの価値を規定している。

「1．利的価値─全人的生命に関する個体的価値
 2．善的価値─団体的生命に関する社会的価値
 3．美的価値─部分的生命に関する感覚的価値」（牧口、1972b、195頁）

ここで、「利」か「善」は対象の固有の性質によって決まるのではなくて、評価する主体の性質や、そのときの状態、また対象と主体との関係によって決まってくるとし、価値相対主義の立場を明確にしている。ここで注目すべきことは、牧口先生は「利」「善」「美」の3つの価値のうち、「善」を社会全体に関わる公益ととらえ、「利」「美」に対して優位に置いている。これは、「善」を大、中、小に分けて「大善生活」をめざして生活することを主張した牧口先生の志向に発展している。

このように、従来の理論であれば、必ず入るであろう「真」を価値の領域から除外したこと、またそれによって、相対的な価値の創造を強調するところに牧口先生の価値論の独自性があるといえる。彼によれば、対象に働きかけて対象と人間との関係性を拡大し、その中で人間への有益性を高めるところに価値の創造が生まれるとしている。

また、牧口先生は途中で法華経への信仰を通して、仏教の世界に足を踏み入れるのであるが、そこで仏法の価値論を越えた論理に目を開いていく。ここでいう「法」とは、法華経の説く真理であり、宇宙を貫く普遍的な道理であり、この「法」のもとにおいてこそ、初めて道徳、科学、そして宗教が統一されると考えた。牧口先生は、「科学的真理と矛盾せず、生存の根本法則を明らかにした仏法は倫理道徳の最高至上の原理を与えるものとし、それに価値論の究極的なよりどころを求めるにいたっている」（熊谷、1978、199頁）と述べ、法華経及び日蓮大聖人の仏法の研鑽につとめ、その成果を教育理論の展開に生かすことを求めるようになる。

（４）　創価教育学の基本的立場

　牧口先生は、既存の教育学の理論は、教育の現場から遊離した哲学者の論理であり、非現実的で、しかも難解なため現場の教師に理解されることが少ないと批判している。牧口先生は、教育実践家の目からみた観念論的な教育学を排して、より実践的で教育の現場に貢献しうる教育学を確立しなければならないとの問題意識を持っていた。このように創価教育学は大正期から昭和初期にかけての教育界の危機的状況を背景として、今までの牧口先生の教育経験をもとに、より実践的かつ科学的な教育論として生まれたといえる。

　牧口先生は創価教育学の基本的立場として以下の３つをあげている。

「１．経験より出発せよ。

　２．価値を目標とせよ。

　３．経済を原理とせよ。」（熊谷、1978、154-155頁）

　１の「経験より出発せよ」というのは、不毛な観念的論理などを排して、日々の教育実践の中から出る具体的事実を観察することにより、科学的に教育という営みを理論化すべきであるとの立場である。つまり、教育現象そのものを科学的、実証的に研究することによって独自の科学として樹立すべきであると主張した。

　２の「価値を目標とせよ」というのは、教育そのものは価値創造の過程であり、価値を創造することを目標としなければならないということである。

　３の「経済を原理とせよ」というのは効率性と実効性の高い教育学を樹立しなければならないということである。つまり、教育の経済化というのは、教育の制度、方法の改善によって教育エネルギーの生産性を高め、効率をよくしようとする意味である。

　経験の尊重、目標としての価値の明確化、経済性の重視は創価教育学の基本的な立場であり、この３つの観点は、以下の言葉に集約されるように相互に密接な関係を持っている。「教育の経済化をはかり、教育の生産性を高めるために、目標としての価値を明確に意識し、経験に基づく実証的な研究を行うこと

が必要になる」というように、(熊谷、1978、157頁) それぞれが結びついているのである。

　教育の生産性を高めようとする意味で、牧口先生は「経済を原理とせよ」と述べている。牧口先生は、価値の創造にこそ教育の意味もあり、人生の意味もあるとする。人間には物質を創造する力はなく、われわれが創造しうるのは価値だけである。人生の幸福は価値の創造によって得られる。つまり、人は価値の創造によって幸福の境涯に達することができるとしている。ここで、人生の目的は幸福の獲得であり、教育の目的は幸福な人生を送ることのできる力をつけること、つまり価値創造力の豊かな人材の育成にあることがいえる。そして、この価値創造力の豊かな人材をどう育てるかという観点は、後述する池田先生の語る「人間教育」「民衆のための指導者を育成する教育」に反映されているといえよう。

（5）　人生地理学

　牧口先生は 1903 年に『人生地理学』を発刊した。人生地理学の基本的視点としては、人は「地」なくしてはありえないとし、地を単に生活の場としてだけではなく、また世界につながる出発点として位置づけている。従来の地理学では、山や川の所在や大きさについて地図上の場所を暗記したりというものが多かったが、牧口先生はそれを現実の生活と密着させて価値付け、身近な山や川について勉強することを、ひいては社会生活や世界に通じるものとして学習を展開していく。

　『牧口常三郎』の著者熊谷一乗氏は、一口に地理学といっても、いろいろな研究の方法、対象のとらえ方があるとしている。たとえば、「動物の一種としての人類の分布、生活と地表との関係」を究明する人類地理学、政治現象と気候、風土、地形との関係をみていくのが政治地理学、また「広く人間の文化、生活現象と地表の自然現象との関係」を究明していくのが人文地理学といわれる（熊谷、1978、110頁）。そのほか、気候、地質と動植物の棲息の状況、分布をみていく自然地理学、さらに数理地理学、物理地理学、経済地理学といった

分野もある。

　ここで、牧口先生が新しい分野として名づけた「人生地理学」だが、ここでいう「人生」とはどのような意味なのか。まず牧口先生は人生を２つの意味に分けてとらえた。１つは、人間の一生という意味での人生である。２つめは、人間の生活、人類の生活全般の現象をさしている。つまり、政治、経済、学問、教育、宗教、芸術など人間の一生に関わる様々な事物、現象が含まれ、単に、衣食住の物質的生活だけではなく、人間による一切の物質的・精神的活動が含まれる。牧口先生はこの２つ目の意味を「人生」地理学に用いている。

　また、牧口先生の使う「人類」の意味は、いままでいう人類学の「人類」がホモサピエンス、動物の一種としての「人間」を意味していたのに対し、牧口先生は知・情・意の働きを備え、文化的に生きる人間、物質的存在でもあり、精神的充実を求める一個の人格としての「人間」を意味していた。牧口先生が「人類地理学」としなかった理由はここにある。

　地理の「地」について、牧口先生は地球上の自然現象を略して地的現象、略して地というとしている。牧口先生によれば、地理学は「地と人生との関係を説明する科学」であり、人生地理学は「地球の表面に分布する自然現象と人類の生活現象との関係の系統的智識なり」と定義されている（牧口、1976）。

　牧口先生のいう「地」は、人間に食物を提供し、生命を養い、身体を発達させる基盤ともなるものであり、また人々の文化の素材となる。また、地形や気候なども我々の仕事や性格に大きく影響する部分もあり、「地」はあらゆる意味で人間の生活活動の基盤である。牧口先生は「人間は地上に生まれ、地上に棲息し、地に育てられ、地に啓発せられ、地上に活動し、地を利用し、ついに地に死骸を遺して逝く」（牧口、1976、28頁）と「地」と人との深いつながりについて言及している。ここで、人は常に「地」とともにあり、人の一生も「地」と不可分なものである。ゆえに、人生地理学はその「地」と人との関係を明らかにすることを目的としているのである。

　「地」と人との関係のとらえ方について、牧口先生は２つのやり方があるとしている。１つは、人間と環境の関係をありのままにとらえ、その因果関係や

法則性をつかむことであり、これを「真理的考察」とよぶ。もう1つは、人間と環境の関係の相互作用を中心にとらえ、環境が人生にとって持つ意味を積極的に評価していくことであり、これを「価値的考察」とよぶ。この価値的考察に価値を求め創造しようとする牧口先生の価値観が反映され、単に「地」と人との関係を客観的に記述し、考察するだけではなく、そこから一歩踏み込んで「地」や環境の「人間にとっての価値」を探求し、そこに「意味づけ」をしていくところに、牧口先生独自の価値創造を根本にしたユニークな視点がうかがえる。後に発刊された『創価教育学体系』で牧口先生は、『人生地理学』で行っていたことは、価値現象を研究していたと述べており、「地」と人との関係を価値の観点からみていく価値的考察に重点を置いていることを述べている。

　価値の観点からみて、「地」と人との関係は大きく2つに分けられる。1つは、肉体的（生理的）交渉であり、これは「地」と人との物質的、生理的なつながりで、「地」と動植物との関係と同等のものとしている。もう1つは精神的（心理的）交渉であり、これは人間独自のものである。これは、「知覚からはじまって情緒的な反応を経て人間が「地」から精神的な影響を受けて文化を創造し、環境をつくりかえていくことを含む」（熊谷、1978、124頁）。牧口先生によれば、精神的交渉は次の8種類に分けられている。
「1．知覚的交渉―単純な興味あるいは好奇心にもとづく外界に対する観察など。
　2．利用的交渉―農民が土地を耕すことによって収穫を求めるような場合。
　3．科学的交渉―外界の現象を支配する因果の関係を探求し、普遍的な法則を確立しようというような場合。
　4．審美的交渉―自然の景観に感動して詩情にひたり、歌を作ったり、うたったりする場合。
　5．道徳的交渉―自然界の秩序、天然の美に道徳心を触発され、そこに道徳的な生き方のよりどころを求めようとするような場合。

6．同情的交渉——郷土に愛着を感じたり動植物に対して憐憫や愛情を感ずるような場合。
　7．公共的交渉——人間が自分のことを大きな全体のなかの一員であると感じて連帯感を抱き、公益の精神、愛郷の念、愛国心などを持つようにいたる場合。
　8．宗教的交渉——広大な宇宙、整然とした自然の秩序、人智では、はかれない因果の関係などに妙不思議なものを感じて畏敬の念が高まり、宗教心を抱く場合。」（熊谷、1978、124頁）

以上、8つの交渉の中で、「地」と人との関係は、単に物質的、経済的な関係を超えて、さらに芸術的、道徳的、宗教的なものへと展開していることがわかる。このように、牧口先生は人間の毎日の生活を通して、自然との関わりを分類することにより、「地」と人は常に関わりあっていることを示すだけではなく、そこに人間への価値的関係が一貫して存在していることを示している。

　つまり、自然界の現象と人間の生活現象との関係を包括的に探求する学問として、地理学を位置づけたのである。すべて人間は、この世に生を受けてからは、周りの地に助けられ、関わりあって生きている。人間はすでに自らの暮らす郷土や地域を通じて、世界とつながっているのである。われわれが今ここにあること、これを探求することも地理学である。その由来を探ることにより、現在と過去の自分や自分と社会の関わりを知ることができ、生活の観点から「地」と人との関係を解明しようとする。単に風景や地形を学ぶだけではなく、人間の生活のよりどころとなる主な「地的現象」を取り上げ、地理学的、自然科学的に学ぶ中で、それが人間の社会生活や心情にどのような関係があるかをみていく。このように、牧口先生は、既成の今までの地理学を「地と人の関係」という観点から再編しなおすという試みを、この『人生地理学』でおこなっている。

　『人生地理学』の中で、牧口先生は生態学的資料を用いながら「地」と人との価値的考察を行い、さらに最終的には自然と人との調和を志向している。つまり、自然と人間の関係を対立したものとしてではなく、融和的に、人格的に

とらえる観点がそこに存在しており、科学的視点だけではとらえることのできない自然との共存的・調和的関係への志向性をそこに見ることができる。これは、既存の地理学にはなかった視点である。今までの考え方では、人類は自然を人間の発展のための道具、また征服、利用の対象として扱ってきた。このように人間がそのエゴイズム中心に自然を一方的に搾取し、利用してきたために近代の科学技術や経済が発展を遂げたわけであるが、それとともに環境破壊が進行し、人類の存続がある意味で危機にさらされていることは論を俟たない。このように自然と人間とを単に対立的にとらえていた見方の見直しを迫られている我々にとって、この牧口先生が『人生地理学』で示した人間と自然のとらえ方は、科学的方法を取り入れながら、さらに環境との関わりを共存的・融和的にとらえようとしている点において新たな示唆を生み出しているといえるのではないか。

　人生地理学とともに牧口先生の功績の1つとして「郷土科教育論」が上げられる。ここで郷土とは何を指すのかについてみていく。牧口先生によると、郷土は人生の出発点であり人間形成の基盤である。人間は郷土の中で育ち、郷土を媒介にして自己を開示し、世界を知り、社会とつながっていく。この考え方は、「郷土」という地理的に狭い地域のことを論じてはいるものの、根本は『人生地理学』の「地」と人との関係がそのまま反映されているといえよう。

　牧口先生は、郷土は世界につながっており、「郷土は歴史と社会と自然の交差点であり、世界の一環である」（熊谷、1978、141頁）と述べている。そのような郷土で子どもたちは無意識のうちに様々なことを学習し、成長する。つまり、郷土はそれ自体が子どもたちにとって社会の求める人間に形成するという上で、強い教育力を持っているものだとしている。そのように、牧口先生は教育における郷土の果たす役割の大きさを強調し、統合的科目としての郷土科教育の確立を目指した。

　また、牧口先生の思想をふまえて、提案された教育実践の一つとして「半日学校制度」がある。牧口先生の提唱した「半日学校制度」は学校生活を半日に制限して、従来一日かかって教えていた教育内容を半日で学習させ、残りの半

日を生産的な実際生活、例えば父母の職業を手伝うとか、それぞれの能力や適性に応じた仕事をさせるなど、学校外での活動に費すという制度である。こうした学校内活動と学校外活動とのバランスを取り、個性に応じた教育をすることにより、労働を尊重する精神を養い、自分の社会の中での位置づけや適応性を発見することが出来る。このように半日学校制度は、単に学校施設を時間で分割して効率的に使用するという財政的な軽減をはかっただけではなく、子どもにとって一般的教育と専門的職業的教育を小学校時代から同時に受けることを可能にする画期的な提案であったといえよう。これも、「人間は社会の一員である」という社会学的観点から見た教育のあり方を立脚点とした制度であったと見ることができる。

さらに、牧口先生の教育論を具体的に教育実践に移した例をあげる。ブラジルの牧口教育プロジェクトでは、子どもたちが学校に魅力を感じていない現状を反省し、「子どもたちが楽しく学べる環境をつくる」ことを目的とした。そして、具体的には、「花・野菜栽培教室」や「手作り工作教室」「創作劇」など、「体験重視の学習」「知識を詰め込むのではなく、自ら学ぶ力をつけさせる教育」の実践をめざした（池田、2001a、174頁）。

（6） 創価教育学をつらぬくもの―実証主義と人間主義

今まで、人生地理学をはじめとし、創価教育学の基本的立場や価値論などについてみてきたが、そこを通じて流れているものは、牧口先生の実証主義的な道理の追求とヒューマニズム（人間主義）であろう。牧口先生にとって理論と実践は常に結びついており、従来の教育学がよりどころとした倫理学や哲学に重点を置くのではなく、社会学的観点から創価教育学を構築しているところに、その独自性が見られる。

D. M. ベゼルは、牧口先生の哲学や教育学は、アメリカ人のジョン・デューイの教育思想の1つであるプラグマティズムの展開であるとし、実際の生活に根付いた教育観を展開しているところでデューイ哲学と牧口哲学には相通ずる部分があると指摘している（D. M. ベゼル、1974）。さらに、教育によって価値創

造のできる人間を育てることのできる社会を志向したところに、牧口先生の思想の歴史的な意味も見られると、その教育理論を高く評価している。

牧口先生は教育の本務は「知識の切り売り」ではなく、どうしたら正しい知識が得られるか、その「学び方、考え方」を教えることにあるとした。

知識という観点から見てみると、現代社会は、インターネットの時代を迎えて、それこそ情報は雨のように毎日の生活に降り注いでいる。ただ、問題は、その情報の中からどのような知識を得るか、そしてその知識を何のために使うかである。膨大な知識を見極めるには、正しい価値観と判断力が必要であろう。ここで、知識・情報だけでなく、判断力・分析力をも子どもが養えるような教育を志向したところに、「自ら価値創造をしうる人材の育成」「幸福を獲得する力を持った人材の育成」という牧口先生の思想の原点が見られる。

生涯を通じて牧口思想は発展してきているが、その根底には実証性の尊重、また人生中心、人間尊重の発想が見られる。さらに、事象の全体的総合的把握の観点が見られる。これは個人を独立した存在ではなく、社会と関わりあう中で変化しゆく社会的存在と見なし、幸福の社会性を強調して、真の全体観にたつことによってのみ、最善の価値が創造されるという見方であり、個と全体を統一的に把握しようとする見方である。このような牧口思想を統括するものとしての法華経に出合い、牧口先生は仏法の存在を知ることとなった。仏法は人間中心の合理主義を超えた次元にあって宇宙全体に通ずる理法に基づいて、人間が真の幸福に到達する道理を説くものであった。この仏法の思想は『人生地理学』以来見られる牧口先生の思想的底流と合致し、さらにそれを超える次元のものであった。

このように科学性・実証性の尊重や、生きる権利としての幸福の追求、人間の人生中心の発想など、これらの思想は『創価教育学体系』が出版された当時にあっては、特異なものと見えたかもしれないが、今の時代にあっては教育の目的論や実践論的に大きな意義があるといえるのではないか。ここで、この教育思想がどのように現代の池田先生の創価教育に結びついているのかを考察していきたい。

2　新しいリーダー像とは

　ここで、前出した牧口先生の創価教育思想を受けて設立された創価学園、創価大学などでの池田先生のスピーチや著名人との対談をひきながら、教育において、育成すべき理想の人間像に焦点をあてたい。池田先生は「一人残らず社会の指導者、リーダーに」との言葉を残しているが、ではリーダーとは具体的にどのような人物なのだろうか。

　（1）　リーダーの資質

　池田先生は創価学園のスピーチで、リーダーのための条件について次のように述べている。「『体』が強い。『心』が強い。『頭脳』が強い。この3条件が我が創価学園の伝統である。どんなに体が強くても、頭脳が鍛えられていなくては、価値ある仕事はできない。頭は良くても体が弱ければ、長い人生を生き抜き、勝利することはできない。また、頭が良くても体が強くても、心が弱かったり、冷酷で、人格的に偏りがあれば、貧しき人生であり、自分も周囲も不幸である。『強き体』『強き心』『強き頭脳』—皆さんは、学園時代に、この3つの基礎をしっかりと育んでいただきたい」（創価学会教育部編　1995、199頁）。つまり、リーダーには、知性と人格、そして体のバランスが必要だと強調している。

　池田先生はルネ・ユイグ氏との対談『闇は暁を求めて』の中で、ユイグ氏が教育について「全体人間への志向」にふれていると述べている。人間教育は、内的生命を開発することによる「完全な人間」「全体人間」を目指すべきであるというのである。それには何が必要かといえば、第1に豊潤なる感受性、第2に明晰な知性、第3に強靭な意志力、精神力である。これに対して池田先生は全面的に同意し、人格、頭脳、精神力を備えた理想の人間像について1つのモデルを提示している（ルネ・ユイグ、池田大作、1985a）。

　では、具体的に池田先生はどのように子どもに育っていってほしいと望んで

いるのか。先生は数々の対談集や、中高生に向けた著作でリーダー像やあるべき姿について述べている。

　まず、「自信が能力を伸ばす」として、個人として自信を持つこと、また努力することの大切さを主張している（池田、2003a、26頁）。池田先生の恩師である戸田先生の話を例にとり、戸田先生が、筆をとって、半紙にサッと一本の線を引き「できるかできないかということは、この線の『上』と『下』の差くらいしかないんだよ」とおっしゃったという話をしている。あることに挑戦しようとする勇気があるかないか、一度決めたことをやり遂げることのできる努力を続けていけるか、途中でやめるか……「不可能」と「可能」の境は、実は毛すじほどの心がまえの違いなのかもしれない、ということである。「一時の結果よりも、大事なのは『努力するくせ』をつけること、また全力を出す『くせ』をつけることであるとしている。そうすることにより、どんどん力が湧いてきて、その戦いの中で、自分の『使命』もわかってくる」（池田、2003a、33頁）との引用に見られるように、努力し続ける中で、全ての可能性が開けていくこと、また不可能も可能に転じてゆくことができるのだと説いている。

　また、リーダーの心構えとして、社会に出ても、「わからないこと、苦しいことから逃げない」という心がある人は、必ず勝っていけると主張し、苦しいときに、あきらめず、一歩前に進むことのできる人が本当に成長できるのだとしている。さらに、「頭がいい人」というのは、「絶対にあきらめない人」であり、わからないことから逃げるのではなく、「なんとしても、わかろう」と「攻めていく人」であると述べている。「今は苦しくても、迷っても『一歩前に出る』くせをつけていってください」（池田、2003a、365頁）との言葉にあるように、困難にあっても、逃げずに強い心で挑戦を続ける人が偉いのだとしている。

　また、環境ではなく、「自分自身がどうか」ということが一番大事であるという点にふれ、「自分の『生きる意気ごみ』で決まる。もちろん、良き環境も大事だが、根本は自分の心の強さで決まる。（中略）『受け身』になったら、どんな自由な世界であっても『不自由』な自分になる。逆に『攻め』の姿勢にな

れば、どんなに不自由な環境であっても『自由』を味わえる」（池田、2003a、121頁）と述べ、本当の自由とは、仏法でいえば境涯のことであり、はたから見ればどんなに不自由で最悪の環境でも、境涯を広く、志を高く持つことによって真の自由を味わうことができるとしている。

　また、カリフォルニア大学のカズンズ教授との対談を通して、言論の力の重要性について述べている。池田先生はリーダーの要件として、「明晰な頭脳を持って対話を進めることができる人」をあげている。そこでは、不明瞭な表現は美徳ではない。鈍い言葉は鈍い知能の、もっとも確かな反映であり、明瞭に自分の意向を相手に伝え、人に理解させうることのできる人材を育てることが教育の1つの目的である（池田、2004b）。そこに、「明確に主張を持って語り、言論の分野でも説得力のある」ひとつの新しいリーダー像が見えてくるのではないだろうか。

（2）　海外にみられるリーダー像

　池田先生は、日本以外の国でのリーダー養成に関して、イギリスの著名な社会科学者の言葉を例にとり、教育の目的について次のように論じている。「ジェントルマンの本来の意味は何か」という問いに対し、「教育の目的は2つある。1つは「知識・技術の習得」もう1つは「人格形成」である。「ジェントルマン」には、温和の意味とともに、善（good）、親切、慈悲深さ、深い理解、他人への配慮などの意味合いがある。"ジェントルマンたれ"という言葉には、そうした深い人格形成への願いが込められたものであろう」としており、さらに教育の目的として、①　自身の能力を開発する、②　家庭を大事にする姿勢を身につける、③　近隣の大切さを教える、④　社会の価値を認識させるの4点をあげており、さらに「本当の教育は正しい宗教と切り離すことができない」とし、宗教の持つ一貫した理念や世界観が教育に与える影響についても論じている（池田、2004b）。ここには、池田先生の創価教育に見られる知識の習得と人格の向上重視の姿勢が示され、また社会の中での個人の貢献度に目を向け、社会の価値に注目したという点で牧口先生の創価教育学とも通じる

部分があるといえよう。

　また、池田先生は西洋医学の祖ともいわれるヒポクラテスの言葉をひいて、リーダーの社会奉仕の精神の必要性について述べている。医師になる人が「自分の専門的な知識や技能を、人間同胞の搾取に向けるのではなく、人間への奉仕に用いる」と誓うことを「ヒポクラテスの宣誓」という。池田先生は、この誓いは学問を学ぶ全ての人に通ずる真理であるとし、生涯を通して、人のため、社会のために奉仕する精神を忘れず、学びに励んでほしいと創価学園でのスピーチで述べている（池田、2004a、114頁）。

（3）　民衆に尽くすリーダーに

　このように池田先生は一貫して、創価教育の目的は、「民衆の幸福のためのリーダーを育てること」と、次の世代を担い、民衆のために尽くすリーダー像を提唱している。それは単に、頭脳が優れたエリートを志向するのではなく、どこまでも庶民のために戦い、庶民とともに前進していくリーダーなのである。では、創価教育の最高学府である創価大学は、どのような設立構想のもと、つくられたのであろうか。ここで、開学時に池田先生が語った創価大学の掲げる3つの基本理念についてみていきたい。

創価大学の基本理念

　池田先生は創価大学の創立にあたり、教育は次代の日本を、また世界の動向を決定していく最も重要な事業であると述べたうえで、創価大学がこれからの教育界の姿勢を抜本的に改革する使命を持ったものだと主張している。大学は、社会に貢献し、国家、また世界の進歩や発展に寄与する人材を育成することが必要であることを述べ、そこでいう人材について言及している。ここで真に社会に役立つ人材とは、単に知識や技術に優れた人間ではなく、高い理念を持ち、豊かな個性と優れた人格を備え、なおかつ学問や技術を使いこなしていける創造的な人間を指すのであるとしている（「創立者の語らい」編集委員会、1990『創立者の語らい』上巻、30頁）。

先生は創価大学の基本理念として、以下の３つのモットーを掲げている。
　１．人間教育の最高学府たれ
　２．新しき大文化建設の揺籃たれ
　３．人類の平和を守るフォートレス（要塞）たれ
　ここで、ひとつずつその意味を考察していきたい。
　１番目の「人間教育の最高学府たれ」。大学は最高の学問・研究の場であると同時に、最高の人間教育の場であるべきだとしている。ここでは、人間性を無視して、人間を社会の歯車としかとらえない現代の教育界の実情に対して、あくまでも社会をリードしていく英知と創造性に富む全体人間を育成する学府であるという意味である。
　２番目の「新しき大文化建設の揺籃たれ」では、新しき文化を生み出す土壌としての大学の姿を示し、そこには「人間の、人間により、人間のための文化」という生命の可能性の限りない開花を目指した、どこまでも人間を出発点にし、また人間に帰着する新しい文化への理念が貫かれている。
　３番目の「人類の平和を守るフォートレス（要塞）たれ」に関しては、大学は平和を守る殿堂であるべきだという考えをあらわし、新しい文明の建設や社会を開いていくことは、平和なくしてはありえないとの立場を明らかにしている。
　すなわち、知性と人格のバランスの取れた人間育成、文化建設、そして平和構築と創価大学の目的は、教育を通して、平和な社会を作り出すことのできる人材の育成にあると説いているのである。池田先生は過去の指導者は、戦争や誤った政治によって民衆を不幸に導いた例もあることを示し、創価大学はどこまでも人類の平和に、また民衆の幸福に貢献しうる要塞たるべきであるとの理念を示している。
　池田先生は、教育の重要な使命として、「『知性』『創造』『正義』の上から物事の本質を正しく、的確にとらえ、価値判断をしていける人間を育んでいくことが大事」であり、知性だけではなく、人格をも磨いていくことが必要だと主張している。（創価学会教育部編、1995、148 頁）

牧口先生の教育理念との合致

　池田先生は牧口先生の提唱した「半日学校制度」を引いて、人間教育の1つの形態として学校教育と実践的な職業教育を並行するこの制度を高く評価している。つまり、教育の本義は、人間自身をつくることであり、単に知識を切り売りすることではない。一個の人間として、知識を糧にした無限の創造性、主体性を発揮しうる人間を育むことが必要だとしているが、そこで知識を創造へと転ずる力は何かという問題をたてている。そこで池田先生は「社会を担う自覚と責任」が必要だとしている。人々に現実に起こっている諸問題を凝視し、その向上と発展のために、自分の習得した知識を駆使する中に、創造性の開花があると強調している（「創立者の語らい」編集委員会、1990、209頁）。

　牧口先生は、「教育とは『人格の価値』を創造する、最高の芸術である」としている。牧口先生は『創価教育学体系』において、「指導者革命」について述べている。つまり、権力者、為政者などが民衆を「自己の生存の手段」とする時代に終止符を打たねばならないとし、指導者自身が、社会のために、また民衆のために自らの頭脳や体を使い、貢献していく時代へと転換していかなければならないとしていた。ここに、牧口先生のリーダー観があらわれているといえよう。

　池田先生は、「どんな人が偉いのか？」という質問に、「大勢の人に尽くす。その人が一番偉い。どんな有名人や権力者よりも偉い。死んだとき、みんなが『ああ、あの人のおかげで、私は幸せになったんだ。あの人の励ましで、私は立ち上がれたんだ』と、慕って集まってくる。そういう人が「人間として」一番偉い。そして一番幸福です」（池田、2003a、432頁）と、人のために尽くし、人を幸せにしていく民衆のためのリーダー像を示している。また、リーダーはメンバーの長所を尊重し、それを生かすことに専念するのが大事だと述べ、リーダーの寛容性や心配りが人を育てる上で必要だとしている。このように池田先生は、いわゆる「エリート」ではなく「リーダー」を育てたいと言っている。つまり、悩める人、苦しんでいる人、不幸の人の味方になれる人が本当の指導者であると述べている（池田、2003b、22頁）。人の気持ちが分からない人

は、本当のリーダーになれないとし、今の社会の不幸は、人の気持ちのわからない指導者が多すぎる原因の一端があるのではないかと考察している。民衆のために戦わないリーダー、民衆と遊離したリーダーは必ず行き詰まるであろうし、いずれは民衆の信頼も失うと主張し、その意味で、「人に尽くし、人を幸福にできる人」がリーダーであるとしている。

3　教師の役割

　ここでは、教師の子どもへの働きかけや、望ましい教師像について、おもに初等・中等教育における教師像について、池田先生の主張をみていきたい。

　（1）　子どもとの信頼関係

　池田先生は教師の子どもに与える影響の大きさに言及している。子どもの、心の底からの「学びたい！」「知りたい！」「わかりたい！」という願いに応えられないような教育者では子どもがかわいそうであると言われている。

　また、子どもの尊さについて以下のように述べている。

　「人は、子供は、絶対に差別されてはならない。尊敬され、幸福でなければならない。学校の成績には序列がある。順番がある。しかし、生命に序列はつけられない。順番はつけられない。だれもが『一番』なのです。全員が『最高』です。それを教えるための学校ではないですか！『自分は頑張れば、何でもできるんだ！』という自信を、一人残らず与えるための学校ではないですか！　劣等感を植え付けるために学校があるのではない。それなのに、成績で、人間に上下があるかのように差別するとしたら、大変です。だれの生命にも『かぎりない可能性』があるのです。それを信じぬくのが教育の根本だと思います」（池田、2003a、448頁）。

　牧口先生も教育においては「信の確立」が大切と強調している。「信の心」が教育にしっかりと打ち据えられているかが、教育の成否を決めるといってもよい。子どもと教師の間の信頼関係が築けたときに、はじめて心の交流が成立

し、子どもを信じてあげることによって、子どもたちも必ず応えてくれるようになる。「教師が子どもにとって最大の教師環境である」との言葉にあるように、教育にとって、学校の施設や制度はもちろん大切であるが、何よりも教師の生きかたや信念、子どもへの真摯な姿勢や愛情の深さこそが、子どもにとって一番必要な心の栄養になると池田先生は主張している（池田、2002a、26頁）。

　また、教師の子どもへの働きかけについて、「表面的な振る舞いや、試験の成績だけで子どもを判断してはいけない」と、子どもを「先入観」で見てはいけないと主張している。学校とは、魂のない校舎のことでなはく、学生や生徒のために献身的に奉仕する教師こそが、「学校」それ自体ではないかとし、教師が人間として素晴らしくなければならないと強調し、「人間」だけが「人間」をつくることができると述べている（池田、2001b、100頁）。

　また、「教師はまず自分が勉強しなくてはならない」との牧口先生の言葉をひかれて、教育者自身のたゆまぬ研鑽が必要だと強調している。つまり、「教師も未完成な人間であるから、子どもたちと一緒に、常に学んで前進しよう」という「前向きの姿勢」が大切だと述べている。子どもの人権や心を尊重しない教師もいる現代にあって、どこまでも「一人の子どもの幸福」の追求し続けた池田先生の姿に教育者としてのあり方を見ることができる。

　（2）　教師こそが最大の教育環境

　また、池田先生は教育という営み自体は、地味ではあるが、人間をつくり、育てる聖業である。これほど尊い仕事はなく、またこれほど価値のある喜びの深い仕事はないと、教育の重要性について述べている。さらに、学校の価値を見る際に、卒業生の優秀さが1つの指標になることを述べたあとで、「学校は、生徒で決まる。どれだけ、いい生徒を集め、育てたかで決まる。また、それができるのが、いい教師なのだ」とよい教育はよい教師があってこそ可能なのであると述べている。つまり、生徒の人格は、教師と生徒の相互の交流、つまり人格の相互作用によって形成されるので教師がどのような人間であるかが生徒の教育に非常に大きな意味を持つとしているのである。このように、学校

の真価は教師の質にあるとするところに、池田先生の教育思想の一端がうかがえる。牧口先生は子どもの人格価値を高めるのが教育の目的であるとし、創価教育学を価値を創造しうる人材を養成する方法であり、その知識体系であると説いている。そこで、指導原理や指導技術の具体的な問題に入っていくわけであるが、創価教育では教育者、つまり教師の人格価値を高めるものとならなければならないとしている。ここに、牧口先生との関連性についてみることができる。

さらに、教師の姿勢についても、教師自身が自らの手本を示して、生徒たちに倫理や道徳の価値を伝えることができなければ、教育は単なる知識の伝達に終ってしまうと述べている。教育の目的には、知識の習得と人格形成がある。教師の持つ価値観や倫理観が一貫性を持つことが、生徒の人格の形成に大きな影響を与える。なぜなら、生徒の人格や心は、教師との交流によってはぐくまれていくからである。例えば教師自身が確固たる信念や価値観を持っていないと、生徒は持つべき思想や信念を見失ってしまいかねない。自分の振る舞いを通して教えることこそ、本当の教育であり、口先だけでなく、行動が伴って初めて、教育に「魂」が入る。その意味で、教師は人格面でも頭脳面でも、どこまでも「完成を目指して努力する姿」を示すべきであると、池田先生は強調している。

また、教師の「情熱」の必要性について、教師の情熱や熱意こそが、子どもの心を温めて、伸びようとする心に火をつけるのだとしている（池田、2001c、14頁）。どんな子どもでも立派に育てていく―「自分の受け持った生徒は、一人残らず幸せにしてあげたい」―これが、牧口先生・戸田先生の心であった。

『母と子の世紀』の中で、池田先生はフランスや香港など世界各地の教育の最前線で活躍する人たちと対談をしているが、子どもに接するうえでのポイントについて、3つをあげている。1つは、子どもたちに「分け隔てなく愛情を注いでいくこと」、2つめは、子どもたちの「そのままの姿を尊敬していくこと」、3つめは、「子どもたちに学校をどう好きにさせるか」に心をくだいていくことである。そのために、子ども一人一人の「人間性」の理解が不可欠であ

るとし、子どもと同じ目線にたって心にひびく働きかけをしていくことが必要であるとしている。まさに、心を尽くした分だけ子どもも自分も大きく成長できるのである。(池田、2001c、64頁) また、子どもに対して「明るさ」と「温かさ」が感じられる教育環境を、教師が積極的につくりあげていく努力が必要だとしている。

　教師のふるまいに関して、西澤氏 (1996) はウイリアム・アーサー・ワード (William Arthur Ward) の「凡庸な教師はただしゃべる。よい教師は説明する。すぐれた教師は自らやって見せる。そして、偉大な教師は心に火をつける」(西澤、1996、29頁) の言葉を引いて、最もすぐれた教師は子どもにやる気を起こさせることができるということであると強調している。ここに、池田先生の教師に対する考え方と共通する点を見ることができる。また、西澤氏は、人間が教育によって伸びるための二大要素として知識とやる気があるとし、特に「やる気」を育てるのが人格教育であると述べている。ここで西澤氏は、知識をいかに使うか、生かしていくかが現れるのが人格であり、その意味でやる気や情熱を育むことが大切だと考える。さらに、人格教育とは、「自己の欲求に立脚した自己独自の倫理基準、道徳基準を持たせる」ことである (西澤、1996、59頁) と主張する。また望ましい教育を受けた人は、自分のことばかりでなく、社会全体の利益を考えるだけの一般性のある考察を深めることができるとしている。ここに、知識の習得だけでなく、それを使いどのように社会に貢献していくかが重要だと考える池田先生の教育思想との一致を見ることができる。

4　家庭の役割

　また、池田先生は教育における母の役割について、家庭教育の観点から以下のように述べている。

(1)　母子のきずな

母親の子どもに対する接しかたについて、池田先生は、親が子どもに「私はあなたの最大の味方なんだ」という気持ちを伝え、以下の引用に見られるように子どもを信じ、守っていくことが大事であるとしている。先生は母のあり方について以下のように語っている。
　「お母さんは、あなたがどんなふうになっても、絶対にあなたを守る。支える。世界中の人があなたを非難しても、みんながあなたをいじめても、私だけは絶対にあなたを守る。あなたは、私だけは信じていいんだよ」と言い聞かせて、子どもに「ありのままの自分を、そのまま受け入れてくれる人」がいるということをわかってもらうことが大切である」（池田、2003a、153 頁）。
　また、池田先生は母と子の信頼関係の大切さについて、以下のように述べている。子どもにとって、友人との絆はもちろん大切であるが、その前提となるのが「母子の絆」である。幼い子どもは母親との体験を通して他人との距離をつかみ、関係を築いていく。つまり、母子の関係が、他の人間関係の構築に大きな影響を与える。そこで、子どものことを気にかけるあまり、過保護になってはいけない。だが、「自分を愛してくれている」「自分のことを分かってくれている」という安心感を与えていくことが大切だとしている。
　子どもの自己概念や自尊心に関する研究でも、母子関係の確立が子どもの精神的安定に大きな影響を与えることは実証されており（遠藤・井上・蘭、1992）、母との安定した人間関係が、友人や教師との円滑な人間関係、パーソナリティの発達や学業成績の向上にもつながるとし、肯定的な自己概念を育むことは、子どもの望ましい社会の適応を促すとされている（Shavelson and Bolus, 1982., Watkins, D., Kai, L. M., Regmi, M., 1991）。
　池田先生は子どもの「人格の尊重」を非常に重視した。「だれびとにも尊い一個の人格がある。その『自尊心』を絶対に傷つけてはならない」（池田大作、1997、84 頁）と述べている。叱る時にも、感情で叱るのではなく、どうしてそれがいけないのか、子どもが納得できるように話していくことによって、子どもの「人格」が育っていくと述べている。これによって、教える側も育つことができると親子ともに育ち合い、支え合い、励まし合う「共育」という視点を

提供している。また、先生は家庭教育の根本は子どもを「自立させるための教育」にあるのではないかとしている。子どもは小さいが、一個の人格であり、どこまでを尊重していくべきだとしている。

(2) 親自身が成長すること

また、教育に際しては、親自身が成長して向上しようと努力することが大事だと述べている。懸命に生きる母の姿、また人のために尽くす母の姿を見て子どもは育つ。家庭は子どもにとって、精神的価値の源であり、すべての出発点であると述べ、信頼感と愛情に包まれた家庭教育の重要性を説いている。このように子育てにおけるポイントとして、母自身の姿―「社会に尽くす生きかた」「自らの信念の道をまっすぐに進む生きかた」を子どもに示す中で、同じような生き方の姿勢を子どもに受け継がせていくことができるか否か―そこに、「教育の勝利」があり、「母の勝利」があると述べている（『母と子の世紀』池田2001c、168頁）。

(3) 子どもへの接し方

池田先生はマレーシア創価幼稚園について、そこの先生方の持つ「3つの心」――「愛の心」「忍耐の心」「美しい心」にふれている（池田、2001c）。「愛の心」、これは教育者に絶対欠かせないもので、子どもに惜しみない愛情を注ぐことが必要だということである。「忍耐の心」は、子どもの自発的な力を引き出すためには、じっと辛抱強く待つことも必要であるということであり、「美しい心」は、すぐに大人の影響を受けやすい子どもにとって、親や教育者が清らかな、美しい心で子どもに接していくことが大事であるとの意味である。これは、教育者として、親としての心がまえとしても必要なのではないかと考える。

さらに、親へのアドバイスとして、以下の5項目を提唱している。

「1．母が争う姿を見せない
　2．母が同時に叱らない

3．他の子どもと比べない
　　4．「一個の人格」として尊敬
　　5．子どもに心情を伝える工夫を」（池田、2003a、154頁）。
　このように、どこまでも愛情と信頼をもって子どもと接していくことの大切さを述べている。

5　池田先生の提言を通して

（1）　教育提言

　池田先生は、2000年に『「教育のための社会」目指して』と題する「教育提言」を行った。さらに、21世紀となった2001年には教育問題をより掘り下げて論じた『教育力の復権へ　内なる「精神性」の輝きを』とする教育提言の補足を行っている（池田、2001a）。

　池田先生は「教育は私の最後の事業」だとし、今までも様々なところで教育の重要性を説いている。幼稚園から大学までの創価一貫教育をはじめとする学校の設立にも大きな情熱を傾け、創立者として学生や生徒にメッセージを送ったり直接指導を行う中で、次代を担う指導者の育成、という一点を強調している。そこには「教育が変われば、社会が、そして世界が変わる」という池田先生の人間革命を基軸にする主張があり、これからの世界を開いていくために、教育、つまりよき教師により、よき教育をおこない、よき人材を育て、社会に送り出すことが不可欠の要件であると、常に真の教育のあり方を求めてきたといえる。

　池田先生は、「人間をつくる以外ない。世界を愛し、平和を愛するグローバルな人間ができるならば必ず人間と人間がつながってそのとりでができあがる」（「創立者の語らい」編集委員会、1990、173頁）と主張し、従来の社会は、経済発展や科学技術の開発に重点を置くあまり、人間の教育、一個の人間の尊厳を怠ってきたために、科学文明の行き詰まりがあるとしている。例えば、人間

のエゴのために自然を破壊してきた傲慢さが、今の環境破壊による資源の問題にあるといえよう。そのような中で、教育は本来の人間の尊厳の樹立という一点を見失って、「力」の追求のための道具にされてきた点をあげ、国家や企業にとって価値のある人間、すなわち都合よく組織の歯車となるような人間を生み出してきたと指摘している。

その意味で、教育は永い未来を築いていくものであると位置づけ、これまでにないほど社会における教育の重要性を説き、さらに「教育」のための社会を構築していくところに真の平和がひらかれていくのであると述べている。すなわち、教育と平和をダイレクトに結びつけ、しかも前者が後者に優先すると定式化してみせたのである。この転回を敢然と主張してやまないところに、巷の教育論と一線を画する池田先生の斬新な視点をみることができる。

（2） SGI提言

池田先生は、SGI提言においても平和・人権・軍縮の問題に関して、様々な角度から提言を行っているが、過去の多くの国家間の紛争や問題を解決するために、教育の必要性について論じている。池田先生は、「民族や人種などの"集団"に基づいた価値だけに縛られることなく、「人間」という"心の窓"を常に開けておくための「寛容の精神」を人々に育むには、一見遠回りにみえようと、「教育」こそがその直動であると私は確信しています」（池田、1996、「SGI提言」）と述べ、教育を通じて人間の心を争いから平和へと転換することができると説き、その上で異なるものを受け入れる寛容の精神の重要性について強調している。さらに、21世紀を迎えた現代社会にあって、対立よりも調和を、分裂よりも結合を志向する世界精神の復興にふれ、そのような「共生」への軌道修正のためにも教育が必要だと述べている。

また、「共生」のために対話の重要性や人間の自律性、自己規律についても強調している。池田先生は、人間が成熟していくプロセスとして、「他者との魂のふれ合い」が大切だと述べている。現代社会の病理の根は、「他者性」「人間不在」という現象があるのではないかとふれた上で、人間は、「他者」を意

識し、「他者」とのふれ合い、魂の打ち合いを通してしか、人間に成長することはできないとしている（池田、2002b、「SGI提言」）。このプロセスを欠けば、人間はいつまでたってもわがままで自己陶酔の、精神的に未成熟な子どものような状態であり、そこに、自己と他者の間の対話が必要であると強調している。「他者」と向き合うことにより、「自己」と向き合い、自己の生命を鍛え上げることができるのであり、この生命の対話を通してのみ、人間は人間たりうるというのである。

さらに池田先生は毎年のSGI提言で、平和構築のための国家間の関係のあり方とその展望について論じている。池田先生は、軍事面、経済面などすべてのレベルにおいて、今までの弱肉強食の対立的競争から、共存共栄の協調的競争への転換をうながし、「自他ともの幸福」を実現する地球社会、地球文明の建設を訴えている。これは牧口先生がとなえた「人道的競争」の現代的表現であり、これからの平和と調和を重視すべき世界を見据えたものとなっているといえよう（池田、2002b、「SGI提言」）。

牧口先生が『人生地理学』を書いた頃（1903年）は、日清戦争と日露戦争の中間期にあり、日本においてナショナリズムが大きな高揚を見せた時期である。牧口先生は、明治の時代にあっては珍しくナショナリズムを超えて、世界的視野から日本の置かれた位置を見定め、進むべき道を示している。牧口先生は、国家の目的が国民一人一人の人生の目的と合致する状態こそ、真の民主主義であると説き、このように政府の行政が国民の意思を十分に反映して行われることを待ち望んでいたといえる。

だが、現実の日本は欧米の帝国列強主義にのっとり、軍備の拡大、植民地の拡大を目指しており、富国強兵政策により、民主主義というよりは、軍事国家の様相を呈していた。これに対し牧口先生は軍備拡張の競争はやがて大きな混乱と破局をまねくという見方を示している（熊谷、1978、132頁）。牧口先生は、国家間、民族間の競争形態も、時代によって変化すると考え、軍備拡張を競い合い、国力が軍事力と合致した「軍事的競争」中心の時代から「政治的競争」中心の時代を経て、経済中心の時代に至り、さらには「人道的競争」の時代が

くるとしている。つまり、はじめは競争の内容が軍事から政治、経済へとうつるだけではなく、さらに「競争」という形式自体が「対立的競争」から「協調的競争」へと変化するであろうことを予見していた。

牧口先生のいう人道的競争とは、国家間の競争の人道化をさしており、「その目的を利己主義にのみ置かずして、自己とともに他の生活をも保護し、増進せしめんとするにあり。反言すれば、他のためにし、他を益しつつ自己も益する方法を選ぶにあり、共同生活を意識的に行なうにあり」（牧口、1976、1039頁）と述べられているように、国際的な共存共栄主義を示している。牧口先生は人道的競争の時代はだまっていても必然的にやってくるものではないとしているが、それは人々が努力の上に幸福を追求して、将来に実現させるべきであると主張している。

牧口先生は、国家が、外に対しては他国への侵略を進め、内に対しては国民の支配と統制を強めていった時勢のなかで、すでに国レベルの問題を超えて、大きく「地球」レベルで人類にとっての新しいビジョンを提示している。そこで、国家の果たすべき使命は「国民個人の自由を確保すること」「個人の権利を保護すること」「国民の生活に対して、その幸福の増進を図ること」と、どこまでも国家の目的は、「国民の支配」ではなく「国民の幸福」にあり、その意味で「人道の完成」にあるのだと主張した。今から100年も前に、現代の世界の情勢を予見するかのような競争から共存・共栄の意識の変革の必要性を示した。ここに牧口先生の大きな先見性が見出されるといえよう。

池田先生は、現代の教育の1つの可能性として、「読み書き」などの基礎的能力の習得を主体とした識字教育の普及だけではなく、「平和の文化」を育み、自然環境との共生をはかる新しい人間教育の必要性について論じている。環境教育は平和教育、人権教育と並び、「共生」の精神を根本にしているという部分で、新しい視点を提供しているといえる（池田、2003c、「SGI提言」）。

また、人権教育は、紛争をなくすため、異なる集団間の争いを生み出し、助長させる敵対意識や差別意識を克服し、異なる人ともその違いを理解し合い、共存しあっていく精神の土壌を育てることが必要であるという意味で、「戦争

の文化」を「平和の文化」へ転じゆく強力な武器になるであろうと述べている。さらに、学校教育の中で、軍縮・不拡散教育に力を入れていくべきであると提唱し、「教育」を通じて、平和な社会の構築に取り組んでいくべきであると主張した（池田、2005、「SGI提言」）。

以上述べたことを鑑みると、池田先生は世界の平和の構築のため、人類の平和のためには、経済政策や福祉だけでなく、教育に力を入れるしかないとしており、教育を「次の未来を創造する大きな事業」として位置づけている。ここに、池田先生の教育思想の独自の視点をみることができるといえよう。

（3） 現代の教育問題との関連

ここで、現代の教育問題を考察しながら、創価の教育思想がどのようにその問題に貢献しうるのかについてみていきたい。まずは、教育の主体者であり、子どもにとっての最大の教育環境である教師についてである。

教師は教育の専門家として、その子どもに対する責任は大きい。だが、近年これまで自明とされてきた教師の権威や権力の正当性がすでに揺らいでいる現代、教育の資質や能力の欠如している例がとりあげられており、新しい教師像の模索が始まっているといえる。

佐藤氏（1998）は現代社会における教師像の揺らぎについて以下のように述べている。今日の教師が直面している危機の多くは、「近代の教師」の模範性と正当性が衰退した状況において派生している。近代の教師は、国民国家と産業社会を形成し、民主的な市民社会を支える使命を担った専門職と見られていたが、この20年の経済発展やポスト産業主義社会の到来などにより、従来の教師の権威と職務を支えてきた一連の規範は、あいまいになってきている。経済のグローバリゼーションによって国民教育の理念は衰退し、マスメディアとハイテク産業によって組織された情報化社会は、学校の外に学びの機会を提供することとなり、生涯学習が社会全体に普及することによって、学校の固有の役割は不透明になりつつある。

こういった、ポスト・モダン的な教師状況の到来をふまえて、教師の職域

や役割も転換を余儀なくされている。そこで、新しい教師の使命や役割とは何か。佐藤氏（1998）は、近代の学校のあり方について以下のように論じている。「近代の学校は、一方で、階級や階層や民族や性の差異を超えて、すべての子どもに共通の文化を伝承し教師の平等を実現する共生のユートピアとして成立したが、もう一方では、画一的基準のもとで子どもを評価し選別する競争と差別の装置として機能してきた。近代の教師は、民主主義と共生の社会への「イニシエーター（先導者）」であると同時に、競争と差別の社会へと子どもを振り分ける「ゲートキーパー（門番）」でもある」（佐藤、1998、6頁）。このように、近代の教育は、このダブルバインドの只中にあり、今日の教師の危機は、このダブルバインドを克服すべき教職の公共的使命が、子どもにも、教師自身にも見えにくくなっていることに問題があるとしている。

　また、政府にとっての「公僕」としての位置と、「専門家」としての期待との狭間で、教師は絶えず「孤立（isolation）」を感じているとしている。このような教育と社会の転換期にあって、教師であることの意味が問われている。

　では、教師という職業について、現代の教育学ではどのように位置づけられているのか、もう一度見直してみたい。その上で、池田先生の教育思想との関連性をみてみる。

　教職の専門性ということに関して、稲垣氏（1998）はプロフェッションの指標として以下の8点をあげている。

「1．独自の欠くことのできない社会的サーヴィスであること
　2．サーヴィスを果たすうえでの高次の知的技術をもつこと
　3．長期にわたる専門的教育をうけていること
　4．広範囲な自律性。それは個別的実践者としての、また職業集団全体としての自律性であり、実践において最良の判断を下し得るための権利である
　5．自らの判断に責任を持つこと
　6．報酬により、サーヴィスが重視されること

7．専門的基準を高めるための自治組織をもつこと
　　8．職業集団として、倫理綱領をもつこと。それは固定的な規範ではなく形成的な規範である」（稲垣、1998、261頁）。

　このように、専門性というのは、ある自立性と責任を持った知的技術を扱う職業に見られるというところに重点が置かれている。このような前提をふまえた上で、専門的職業に従事する者は、より上の水準を達成するように努力しなければならない。そこではじめて、指導力と専門性を兼ね備えた教育像が打ち立てられるのであるといえる。

　次に、実際に教師が行う教育実践についてみていきたい。教師が教育実践において行う判断や決定は、複合的な判断にもとづいている。まず目の前の子ども、教材、教育方法をすべてとらえながら、その場において最も適切と思われる教授を行っていかねばならない。稲垣氏は、教師の実践を５つのプロセスに分けている。

　「１．何のために教えるのかという目的の決定
　　２．対象とする特定の子どもたち、教材の理解
　　３．その子どもたち、教材に即しての方法の選択、授業案の作成
　　４．授業の過程で行なう行為における多くの選択と決定
　　５．授業終了後の結果に対する評価」（稲垣、1998、264頁）

　このように授業は一連の判断の連続であり、実践の評価や反省を通じて教師の子ども理解や教材の把握が高まり、教授方法などの向上につながっていくのだとしている。

　以上、縷々述べてきたことは、教育という営為にあって、教育者（教師）の存在が決定的に重要であることを示している。教師の役割は非常に大きく、教師に求められる指導力と専門性の水準も高くなってきているといえる。このことと、池田先生の教育論が近年になるほど、教師の子どもに対する姿勢や、その人間性のあり方に焦点をあてたものになってきていることは偶然ではない。池田先生の教師論では、特に大人と子どもとの信頼関係を確立すること、また子どもとの人格の切磋琢磨のために、教師自身の心を磨くことを強調してい

る。そこには、社会のための学校、社会のための教育という視点ではなく、どこまでも子どもの成長と幸福のためにという一点が貫かれている。もちろん、教師の専門性としてのスキルや実践上の複合的な判断力は、プロフェッショナルな能力の一側面として必要とされることは言うまでもない。ただ現代のように教師のあり方が揺らいでいる中にあっては、単に技術面ではなく、精神面における教師の目指すべきモデルを提示した池田先生の教師論には大きな特色がある。

池田先生のスピーチでは、よく「人間性豊かなリーダーに」との言葉が見られる。また、学力偏重主義の弊害をふまえた上で、近年「人間性」育成の重視に教育のポイントがうつってきている。ではここで、「人間性」は我が国の文部科学省において、どのように定義されているのだろうか。ここで、池田先生のいう「人間性」と国の定義する学校教育における「人間性」との共通点をみていきたい。

文部科学省の中央教育審議会の答申などをはじめとし、これからの教育においては、「生きる力」の育成が不可欠であるとされている。「生きる力」とは、「変化の激しい社会において、いかなる場面でも他人と協調しつつ自立的に社会生活を送れるようになるために必要な、人間としての実践的な力であり、豊かな人間性を重要な要素とする」(古垣、2000、32頁)とされている。

その「生きる力」の核となる豊かな人間性とは

「1．美しいものや自然に感動する心などの柔らかな感性
　2．正義感や公正さを重んじる心
　3．生命を大切にし、人権を尊重する心などの基本的な倫理観
　4．他人を思いやる心や社会貢献の精神
　5．自立心、自己抑制力、責任感
　6．他者との共生や異質なものへの寛容」

となっている(古垣、2000、32頁)。この「人間性」の定義の中に、池田先生の主張と多くの部分で相通ずる部分を見ることができる。池田先生は「生きる力」というのは、牧口先生の常々言われていた「価値創造」であろうと述べて

いる（池田、1997、274頁）。先生は4番目の「他人を思いやる心や社会貢献の精神」は、まさしく人のため、民衆のために尽くし、社会に貢献する池田先生が提唱するリーダー像と重なる。さらに、過去10年のSGI提言で、人権尊重や他者への寛容の精神についても繰り返し述べている部分は、6番目の「他者との共生や異質なものへの寛容」に通ずるものであろう。このように、牧口先生・池田先生の思想と学校教育における「人間性」の定義には、価値創造、寛容性、社会貢献の精神という点で軌を一にしているといえる。

　日本でのリーダー育成のための教育について、識者はどのような見方をしているのだろうか。日本には真のエリート教育が欠けているという点に関して、平岡氏（2003）は、単に勉強ができるとか、いい学校に行っているとかということではなく、どれだけ社会のためになることができたかを評価されるのが真のエリート教育だとしている。つまり、学校の成績ではなく、社会への貢献度が大切であり、そのためのエリートとしての自覚と責任を持たせる教育が必要だとしている。これは、単に知識を増やすだけでなく、教育によって得た知識をどう社会のために使うか、そこに人間の真価が問われるとした池田先生の教育思想とも通じるものがあるといえる。創価教育の場合は、エリートといっても、民衆の側に徹し、民衆の心がわかる指導者を志向しているといえよう。

　さらに平岡氏は、教育の普遍性について、世の中には「変わるもの」と「変わらないもの」とがあるように、教育にも「変わるもの」と「変わらないもの」があると主張する。昔のリーダー像として、かつては組織のリーダーは何もしなくても周りが動いてくれたが、今求められているリーダー像は、リーダー自身が率先して行動しなくてはならない。このように求められている指導者像が変化していることを認識することが必要だと述べ、では「変わらないもの」は何かと論じる。これに関しては「誠実に生きること」であるとし、人間としてのまっとうな生き方は時代が変わっても変わることはないであろうとしている。このように、教育にとって普遍性のある「生命の尊厳」や「公正さや誠実さ」などの道徳的な部分と、可変性のある、時代を反映した思想の流れの両方を踏まえた上で、効果的な教育がなされるべきだとしている。池田先生

も、教育という営みを反社会的でなく、社会に貢献し得るものとして位置づけていた。その時代ごとに社会は移り変わり、必要とされるリーダー像も少しずつ変化していくであろう。その中にあって、池田先生は「人間としていかに生きるべきか」という一点だけは常に揺らぐことなく確立しているべきであるとした。その意味で、平岡氏と池田先生の主張には相通ずる点があるといえる。

おわりに

（1）「教育のための社会」へ

　これまで、「教育」というものが「社会」のためにあるということは、教育学がかたちづくられていった当初から、いわば自明のことであり、当然の前提であった。歴史的にみても、近代学校教育はいわゆる国家を主体として、その要請に沿うべきものとして教育が位置づけられていたことは論を俟たない。

　池田先生は、教育提言の中で、既存の「社会のための教育」という観点から、「教育のための社会」への転換の必要性を説いた。わかりやすく言うと、今までの社会では、教育は社会の発展のための1つの手段であり、社会に有用な人材を輩出することが教育の目的であった。そこには、一個の人間は社会を円滑に進め、国を発展させるための1つの歯車でしかなく、個々の人格を尊重し、尊敬する視点が欠けている。ここで池田先生は、教育は社会のためにあるのではなく、教育のためにこそ社会はある、このような社会こそ真の意味で発展していくのではないかと主張する。ここには、牧口先生の時代から貫かれている、どこまでも一人の人間の幸福を目的にした人間主義（ヒューマニズム）が受け継がれているといえよう。

　松藤氏（2001）はこの提言を、教育というもののあり方、ひいては社会のあり方を根底から見直す一つの契機になるのではないかと評している。松藤氏はその中で、池田先生が1984年の「教育所感」において、現代教育の「人間尊重の心」の欠如を鋭く指摘し、憂慮したことをあげている。これは2000年、

2001 年に生み出された教育提言の原点ともなる、「人間主導型の教育への転換」への論点をすでに示しているとするのである。すなわちこの 17 年間に社会で起きたこと、池田先生が警鐘を鳴らしていたことがより現実的、具体的な現象として目の前に起こるなかで、この「教育提言」での主張につながっていると、池田先生の先見性を高く評価している。

　ハーバード大学名誉教授のジョン・ケネス・ガルブレイスは池田先生との対談の中で「よい社会は、『現代社会における教育の主目的は経済に役立つことである』という考えは容認できない。教育には、より大きな政治的、社会的役割があり、さらには教育そのものに深遠なる正当性があるのである。その一つは、教育が、社会の平和と安定にきわめて重大な関係を持っていることだ。社会的にも経済的にも下層に属する恵まれない人々に、そのような境遇から抜け出す希望と現実を与えられるのは教育なのである」(J.K. ガルブレイス、池田大作、2005、46 頁) と主張し、社会における教育の重要性について語っている。そこには、教育の目的は、社会における経済の発展のためではなく、「子どもの幸福と未来」にあるとする池田先生の主張と相通ずるところがあり、社会のための教育ではなく、「教育のための社会」へのパラダイム転換が見られる。

　では、どのような社会が教育にとって望ましいといえるのだろうか。それを池田先生は、誰もが触発し合い、それぞれの人間的な成長を促し、精神的にも肉体的にも自身の可能性を十分に開いていける教育環境をつくっていく社会であるとする。人間の生命は、それ自体において大きな可能性と尊厳性を持っているという信念は、昨今ようやく多くの人々に共有されるに至った。しかしその理念は、個人と社会という関係の中でどのように実現されうるのか、あるいは互いにどのような貢献をなしうるのかという点にまで踏み込んだ議論はこれまで少なかったと言わざるをえない。

　現代の憂慮すべき教育の現状、社会の現状を鑑みて、社会あるいは国家からの要請に合わせるように強引に人間を何らかの鋳型にはめ込むような教育、すなわち「社会のための教育」を単に忌避することは、むしろたやすい。人間一人一人には、はかりしれない可能性が秘められている。その力をいかに生き生

きと発揮させ、その人の人間性を最大限に輝かせ、さらにその力を、社会のために貢献させていくのか。個々をどこまでも生かすことのできる社会、その人間性の輝きが、ひいては社会の発展に寄与することにつながる。このようにどこまでも人間の自由な創造性の開花のために教育の位置づけを考え直すべきであると主張した点に、池田先生の先見性が見られるといえる。この人間性の価値創造こそ、創価教育が求めたものなのである。どこまでも「人間」を根本とすること、それとともに社会に貢献しうる人を育成すること、この時に相反する両者のあり方を突き詰めていったところに、池田先生の教育思想がはっきりと立ち現れてくるといってよい。

（2） 21世紀は教育の世紀

　教育こそ、人類の永遠の勝利と幸福の礎となる——これが牧口先生の遺言であり、戸田先生の遺言であった。池田先生はその先師の教育に対する遺志を受け継ぎ、その上で現代という時代に見合った実践を展開し、価値を創造する人材の育成を志向してきた。「知の教育」と「心の教育」のバランスをとりながら、習得した知識を何のために使うのか——ここで、「自分中心」ではなく、「人々のために」という視点の転換があるところに、利他の精神を根本にした池田先生の教育思想の独自性が見られる。

　今まで述べてきたように、創価教育の根幹は「人間的価値」「人格の価値」をいかに高めていくかである。プラトンは、晩年の大作『法律』のなかで、「教育こそ、すべての人が生涯を通じ、力の限り、やらなくてはならないものである」と教育の重要性について論じている。「ともかく一切が人で決まります。企業も人で決まる。一国も人で決まる。平和の建設も人で決まる。その『人』をつくっていくのが教育です。」（「続・創立者とともに」編集委員会、1988、95頁）と、池田先生は語る。「子どもたちの生命の宮殿を開き、心の強さ、体力、知力、そして何よりも生命力を引き出す——教育の重要性もここにあります。人類の希望の未来を考え、正義の人生を歩み、後世に何を残し、何を贈るかと考えれば、教育しかない。この、いわば、生命の大地に人材の種を蒔

き、慈愛の滴を注ぐ労作業に全力で取り組んでいく以外に、『未来の創造』はない」（池田、1997、312-313 頁）

　このような理念のもと、どこまでも民衆のためのリーダーの育成を志向した創価教育は、これからの教育界を変革するひとつの布石たりうると確信するものである。

参考文献
D.M. ベゼル、中内敏夫・谷口雅子訳 1974 『価値創造者―牧口常三郎の思想―』小学館。
遠藤辰雄・井上祥治・蘭　千尋編著 1992『セルフ・エスティームの心理学―自己価値の探求―』 ナカニシヤ出版。
古垣光一　編著　2000『学校教育の基礎・基本』 成文堂。
平岡英信　2003『人を「育てる」ということ』 PHP 研究所。
ルネ・ユイグ、池田大作 1985a『闇は暁を求めて　1』聖教新聞社。
ルネ・ユイグ、池田大作 1985b『闇は暁を求めて　2』聖教新聞社。
ルネ・ユイグ、池田大作 1986『闇は暁を求めて　3』聖教新聞社。
池田大作　1996「SGI の日記念提言『第三の千年へ　世界市民の挑戦』」『大白蓮華』1996 年 3 月号　24－42 頁。
池田大作　1997『21 世紀の教育と人間を語る』第三文明社。
池田大作　2001a『教育提言』 創価学会広報室。
池田大作　2001b『母と子の世紀　1―世界の友と教育を語る』第三文明社。
池田大作　2001c『母と子の世紀　2―世界の友と教育を語る』第三文明社。
池田大作　2002a『母と子の世紀　3―世界の友と教育を語る』第三文明社。
池田大作　2002b「SGI の日記念提言『人間主義　地球文明の夜明け』」『大白蓮華』2002 年 3 月号（聖教新聞社）所収、 28-53 頁。
池田大作　2003a『希望対話』 聖教新聞社。
池田大作　2003b『青春対話』 聖教新聞社。
池田大作　2003c「SGI の日記念提言『時代精神の波　世界精神の波』」『大白蓮華』2003 年 3 月号（聖教新聞社）所収、 34－51 頁。
池田大作　2004a『池田大作全集　第 56 巻　教育指針』聖教新聞社。
池田大作　2004b『池田大作全集　第 60 巻　教育指針』聖教新聞社。
池田大作　2004c『希望の世紀へ　教育の光』鳳書院。
池田大作　2005「SGI の日記念提言『世界の空へ　人間主義の旗』」『大白蓮華』2005 年 3 月号（聖教新聞社）所収、22－53 頁。
稲垣忠彦　1998「教師教育の課題」佐伯胖ほか編著『岩波講座 6　現代の教育　教師像の再構築』（岩波書店）所収、260-282 頁。

J.K. ガルブレイス、池田大作　2005『人間主義の大世紀を―わが人生を飾れ』潮出版社。
熊谷一乗　1978『牧口常三郎』第三文明社。
牧口常三郎　1972a『創価教育学体系　Ⅰ』聖教新聞社。
牧口常三郎　1972b『創価教育学体系　Ⅱ』聖教新聞社。
牧口常三郎　1976『人生地理学』第三文明社。
牧口常三郎　1979a『創価教育学体系　Ⅲ』聖教新聞社。
牧口常三郎　1979b『創価教育学体系　Ⅳ』聖教新聞社。
A.H.マスロー、佐藤三郎・佐藤全弘訳 1981『創造的人間』　誠心書房。
松藤竹二郎　2001『第三の教育革命―池田大作「教育提言」を読む』毎日ワンズ。
南新秀一・佐々木英一・吉岡真佐樹　編著　2003『新・教育学―現代教育学の理論的基礎―』ミネルヴァ書房。
西澤潤一 1996『教育の目的再考　21世紀問題群ブックス　10』岩波書店。
佐藤学　1998「現代社会のなかの教師」佐伯胖ほか編著『岩波講座6　現代の教育　教師像の再構築』（岩波書店）所収、3－22頁。
Shavelson, R. J. & Bolus, R. 1982　Self-Concept：The Interplay of Theory and Methods. *Journal of Educational Psychology*, 73, 3－17.
創価学会教育部編　1995『教育ルネサンス―池田名誉会長の指針から』　聖教新聞社。
「創立者の語らい」編集委員会　1990『創立者の語らい』上巻　創価大学学生自治会。
Watkins, D., Kai, L. M., Regmi, M. 1991 *Cross-Cultural Assessment of Self-Esteem: A Nepalese Investigation*. Psychologia, 34, 98－108.
「続・創立者とともに」編集委員会　1988　『続・創立者とともに』創価学園。

第10章

「人類の議会」から平和の潮流を
―池田SGI会長の国連改革構想―

高 村 忠 成

はじめに

　21世紀に入り、冷戦後の新たな国際秩序をいかに形成するかという問題で、国際社会は大きく揺れている。とくに、アメリカによる一極支配体制か、または多国間協調体制か、をめぐって議論は大きく分かれている。

　周知のように、2001年の9.11テロ事件以後、アメリカは、その強大な軍事力と経済力に物をいわせて、アメリカの単独行動主義によって、国際社会の平和と安定を達成しようと乗り出してきた。いわゆる「帝国」による国際秩序構想である[1]。

　ところがこうした「力の支配」に対して、欧州の一部の国や中国、ロシアなどから異論が出され、多国間の協調体制こそが、目下の国際秩序形成の方途であると主張されている。もとよりアメリカも、その国をあげて「帝国」構想を推進しているわけではないが、アメリカ中心の国際秩序の形成か、多国間協調主義による国際社会の安定かは、しばらく論議を呼びそうである。

　こうした中にあって、明らかにその動向が注視されるのが、国際連合（以下、国連と略す）の存在である。いうまでもなく国連は、多国間協調体制による社会秩序形成の成否の鍵を握っており、多国間協調主義による平和の創造が成功するか否かは、ひとえに国連がその能力を十全に発揮できるか否かにかかっているといっても過言ではない。やや極言すれば、アメリカの「帝国」構想を

打破できるのは、国連の力なのである。

　その国連については、1945年10月の発足以来、冷戦時代のかなり早い段階から、有用論か無用論かまたは無力論かがたたかわされてきた。「国連の歴史は国連改革論議の歴史ということもできる。」[2] しかし、まがりなりにも2005年10月、国連は創設60周年の佳節を迎えた。これだけの年月をへて、しかも創設時51カ国で始まった国連が、今日では191カ国の加盟国（2006年3月現在）を数える一大多国間国際機構にまで発展したということは、さまざまな議論があるとはいえ、国連が決して無用な存在ではないということの証左であろう。いな、今日の国際社会の現状をみると、国連の必要性は、益々高まっているといっても、よいのではないかと思われる。

　というのは、国連が発足した20世紀中頃と、21世紀に入った今日とでは国際社会の状況、人類が抱える課題などが大きく異なってきているからである。国連が発足した時の最大の問題は、いかにして主権国家間の戦争や世界的な大戦を回避するかということであり、その後冷戦時代は核戦争の防止が最大の課題となった。しかし、1991年、冷戦構造が崩壊した後の、人類の関心は戦争や核の問題は当然として、それ以外にも、貧困、飢餓、環境、開発、テロ、人権、差別、保健衛生など広範な領域に及んでいる。いわゆる噴出する地球的規模の問題群への対処が、大きな課題となっているのである。

　こうした状況の変化に直面して、国連の役割も当然大きく変わってきた。多様な問題に、迅速かつ適確に取り組めるように、その構造や機能に変革が求められているのである。国連もまた、そうした要請に応えようと応分の努力は試みている。

　しかし、国連の改革はさまざまな改革提案が出されている割には、あまり進んでいないというのが実情である[3]。というのも、国連は主権国家の集合体であり、国連憲章の改正は、主権国家、とくに安全保障理事会（以下、安保理と略す）の常任理事国の思惑や利益がからむと簡単にはなされないからである。国連憲章の改正には、相当の困難がともなうのである[4]。

　ところが、こうした中で、国連創設60周年の佳節を飾るにふさわしい改革

が、2005年12月20日、なされた。それは国連総会と安保理が、国連に平和構築委員会を創設するための決議を採択したことである。これは、新しい時代の安全保障に挑戦しようとする国連の意欲の表明であり、国連改革への大きな前進の兆候といえよう。しかも国連は、2005年9月の国連総会特別首脳会合の成果文書の中で、国連の機構改革の一環とし、人権理事会の創設に合意した。安保理や経済社会理事会と並ぶ人権理事会を設置しようというのである。これは、前述の平和構築委員会の創設と並んで、歴史的な快挙として評価されよう。

人権理事会は、2006年3月15日、国連総会で設立が決まった。国連創設60周年を機に、国連改革をめぐって、大きな変革のうねりが高まったのである。21世紀の新しい国際社会の状況に応じた新しい国連の役割と活動――これは少なからぬ人々が、国連に寄せている期待である。

いかなる機構や制度といえども完璧なものはない。しかも、それらを取り巻く政治的社会的状況は常に変化している。したがって機構や制度も、そうした状況に対応させるため変革をはかっていくことは不可避である。その際大事なことは、人々の制度を守る精神であり、制度を育てていこうとする気概である。国連に対しても、このような気持ちで臨み、地球社会の人々の英知を結集して、国連を新時代の国際秩序形成の核心のひとつに育成していこうとする心構えが欠かせない。

本稿ではこうした視点にたち、池田SGI会長（以下、池田会長という）の国連改革構想をまとめてみたいと思う。池田会長は、第二次世界大戦の渦中から、一貫して平和に関心をもってきた。そのために、1947（昭和22）年8月、創価学会に入会し、その平和運動を推進してきた。とくに1960（昭和35）年5月、創価学会の第三代会長に就任されてからは、恩師である戸田城聖第二代会長の地球民族主義と核廃絶を根本理念にすえて、世界平和への波を高めてきた[5]。その中で、池田会長が中軸にすえたのが、国連であり、その重視であった。とくに池田会長は1983年1月以来、毎年「SGIの日」を記念して、「平和提言」を出されてきたが、そこで一貫して強調してきたのが、国連尊重であっ

た。国連を通しての世界秩序の形成、換言すれば多国間協調体制の中核的存在である国連を円滑に機能させることが、目下の安定した国際秩序創出の鍵を握る、というのが池田会長の立場なのである。それはまさに、「人類の議会」から世界平和の潮流を、という信念である。

1　国連の位置付け

　池田会長は、早くから世界平和の確立のためには国連の存在が欠かせない、2度にわたる世界的な大戦という悲劇の中から、その反省をふまえて誕生し、3たび世界戦争を起こさせないとの決意に燃えた、人類の英知の結晶である国連を重視しないわけにはいかない、との信念をもっていた。国連を通しての国際秩序の構築という命題が、池田会長の一貫した姿勢であり、その態度は変わることなく継続しているのである。

　国連について、さまざまな議論があることは周知の通りであり、長所よりもあるいは短所の方が多いのかもしれない。それでも国連は、世界平和のためには不可欠の存在であり、国連ぬきの国際秩序の形成は何か決め手を欠くといっても過言ではないかもしれない。このような信念を懐く池田会長は、国連についてどのようなイメージを描いているのであろうか。国連のもつ基本的な性格についての池田会長の考えをまとめてみると次の4点になる。

　第1に、国連は「人類の議会」としての役割を果たしているということである。いかなる問題も、その解決にあたっては、対話により、話し合いを通じて行なうべきである。武力や暴力によってではなく、言葉や交渉によって問題解決をはかるのが真に平和達成の方法であることはいうまでもない。平和学者ヨハン・ガルトゥングのいう「平和的手段による平和」[6]こそが、言葉の真の意味における平和なのである。

　こう考えるならば、いかなる個人や集団の間であろうとも、いな国家間であろうとも、話し合いによる問題解決をはからなくては平和の意味がない。とくに国連は加盟191カ国の国家の代表が一堂に会し、討議し合う最大の場であ

り、「人類の議会」になっている。国際社会のさまざまな問題を写しだす鏡でもある。しかもそれは、「現在われわれが望みうる最良の鏡」[7]といってもよいであろう。

　今日、政治制度が発展した、成熟した文明国はすべて議会をもち、そこで国民の意思の結集をはかっている。円滑な議会政治の運営は、デモクラシーの達成度をはかる基準なのである。国際政治においても、全く同じことがいえる。「人類の議会」である国連が、スムーズに機能しているかいなかで、私たち人類の文明の発展度が、推量されるのである。国際社会が、真に成熟したデモクラシーの場になるためには、国連を洗練された「人類の議会」へと純化しなければならない。

　将来、世界政府ができれば、国連の「人類の議会」としての位置付けや役割は、もっと明確なものになるかもしれない。しかし、当面、それが望みえないものならば、「人類の議会」としての国連といっても、制度的、機構的な立場に不明確さがあることは確かであろう。だが、このような脆弱性を孕みながらも国連は、目下のところ加盟191カ国を数える世界最大の国際機関である。とくに全加盟国の代表が一堂に会する国連総会は、今日の地球上のあらゆる問題を浮上させ、そこでの議論の結果が、地球社会の動向を決する倫理的基準になっている。これこそが現在、最善の「人類の議会」といわれる姿なのである。

　第2に、池田会長は、国連の本質を「システム・ルールとしてのソフト・パワーにある」[8]とみていることである。すなわち、国連の役割は「諸国の行動を調和するシステム」にあるという。軍事力というハード・パワーではなく、協調力によって、平和的なシステムやルールを作りあげることこそ国連の使命であり、本質であるというのである。これは「人類の議会」としての国連の機能の内容を一歩掘り下げて論じた視点であり、ハーバード大学教授ジョセフ・ナイのソフト・パワーの観点から、国連のあり方を捉えた見方といってよいであろう[9]。

　第3に、池田会長は国連をつねに民衆の視点から捉え直そうとしていることである。国連は確かに、主権国家の代表からなる集合体である。しかし、その

成立の原点ともなっている国連憲章はその前文で、「われら連合国の人民は」という表現を用いて、「人民」が主役であることを強調している。これは主権国家を表に出すが、しかし、国連の本質は、その主権国家を形成している人民、民衆にある、ということを物語っている。したがって、民衆の意向を反映させることこそが、国際平和を樹立する際の鍵になるということを看過してはならない。

こうした観点から、後述する国連改革構想においても、つねに人民や民衆を重視した提案がなされている。と同時に、人民や民衆も国連を擁護していく必要がある。制度を守る精神が肝要なのである。国連は人民や民衆の利益と生命を守り、人民や民衆は国連を育て、発展させていく。両者は相互補完関係にあるといえる。国連と人民や民衆の意向が一致したときに、国連憲章の精神は活性化されるといえよう。

第4に、「国家の安全保障」という側面よりも、いち早く、「人間の安全保障」という観点が重視され、その視点からの国連改革が強調されていたことである。

国連が設立された目的は、国連憲章の第1条に定められている。それは次の4点である。第1に、国際社会の平和と安全を維持すること。第2に、人民の同権および自決の原則の尊重に基礎をおく諸国家間の友好関係を発展させ、世界平和を強化するために他の適当な措置をとること。第3に、経済的、社会的、文化的または人道的性質を有する国際問題を解決することについて、ならびに、人種、性、言語または宗教による差別なく、すべての者のために人権および基本的自由を尊重するように、助長奨励することについて、国際協力を達成すること。第4に、これらの共通の目的の達成にあたって、諸国の行動を調和するための中心となること。

いずれも国連の重要な目的であるが、冷戦以後、とくに第3が脚光を浴びるようになってきた。国家間の戦争や紛争を防止し、それをなくすことはいうまでもなく大事なことであるが、そのためには第3の目的を強化することが不可欠である。とくに、この第3の目的でいわんとすることは、近年その重要性がさけばれ

ている「人間の安全保障」という概念に通じるところがあるといえる[10]。

　池田会長の国連改革構想は、とくにこの第3の目的達成を念頭に置き、それを先取りしてなされていたように思えるふしがある。「人間の安全保障」の達成こそが平和の具体化であり、国連改革構想もここに焦点をあてる必要がある。

　今日、平和の概念は、一般的に広くなっている。それは、たんに戦争がない状態だけを指すのではなく、人間が人間らしく生活できるためのあらゆる状態の達成を意味するものになっている。国連も、その役割の重点が、発足の頃よりもはるかに広がっており、「人間の安全保障」を保証することが求められているのである。

2　池田会長の改革提案

　国連は創設以来60年を経て、その存在価値はさまざまな論議をよびながらも、今日ではもはや否定できないものになっている。もとより、いかなる組織、機構であれ、完璧なものはありえないのであるから、国連についても各種の議論があるのは当たり前である。

　だが、それにしても国連の場合は、流動化する国際社会の中にあって、さまざまな評価を受けてきた。ある時はその有用性が強調され、ある場合は無用と指弾された。

　大国が国連を無視する態度に出ることもあれば、中小国は国連を大国批判の場に利用しようとすることもあった。平和的な利害調整の機関であるはずの国連が、かえって各国の思惑の衝突の場、紛争の修羅場と化すこともなくはなかった。しかし、まがりなりにも、60年間続き、しかも加盟191カ国を数える一大国際機関にまでなった国連が、今日では無視できない存在になっていることは否定できないであろう。もし国連がなければ、安全保障をはじめする多くの国際社会の問題は、もっと大きな困難に遭遇していたかもしれない。

　重要なことは、国際社会の問題の解決にあたれるように、国連の組織、機

構、役割を調整していくことである。必要ならば、大胆な改革をはかることも避けてはならない。

　国連自体と国連を取り巻く国際社会の状況、また、取り組まなくてはならない問題は、この60年の間で大きく変化した。何といっても加盟国が51カ国から191カ国へと約4倍近くも増えたこと。また、米ソを中心にした冷戦構造という2極社会から、多極社会に国際社会が変化したこと。とくに、今日では国際社会の行為主体が主権国家だけではなく、有力な個人、団体、企業、NGO、自治体などじつに多様になっていること。コンピューターの発達により、情報が瞬時に世界をかけめぐっていることなど、60年前には、およそ予測がつかなかったことが多発している。

　なかでも、国際社会全体の民主化にともなって、民衆の発言力や行動力が飛躍的に向上したことは特筆しなければならない。市民社会状況の創出である。

　そして、国際社会が抱える問題も大きく変化した。核の脅威をはじめ、貧困、格差、テロ、差別、宗教、人種、環境問題など、いわゆる地球的問題群といわれる課題が噴出している。国連は、もはや主権国家間の戦争や紛争の解決だけにあたればよいというものではすまされなくなっている。国際協力をより緊密にはかり、前述した問題群の解消にあたらなくてはならなくなっているのである。

　こうした大きな変化を考えれば、いわゆる国連改革が必要になっていることは理解されよう。国連は、発足間もない頃から、その都度改革の必要性が叫ばれ、その問題点が指摘されてきた。しかし、現実には、各国とくに大国の思惑や利害が絡み、また、国連憲章の改正手続きが厳格なことなどから、なかなか改革の実はあがらなかった。

　こうした状況であるので、2005年9月の国連総会特別首脳会合の成果文書の中で、国連の機構改革の柱の一つとして、人権理事会の創設が合意され、2006年3月発足したこと、また、同じ成果文書の中で合意されていた平和構築委員会が、2005年末までに創設されたことは画期的なことであった。これをひとつのきっかけとして、さらなる国連改革を期待する声は大きくなってい

くであろう。

　ちなみに、国連改革の問題でつねに話題にあがるのは、大きくは次の3点である[11]。

　第1に、安保理の改革である。これは、安保理の民主化といってもよい。安保理の常任理事国の数が、果たして5カ国のままでよいのか。もっと増やすべきではないのか。また、拒否権は正当なのか。とくに、安保理の審議があまり透明ではない。総体的に、安保理の機能が、国連の他の機関のそれに比して強すぎており、安保理の民主的改革こそが、国連の民主化につながるのではないか、との指摘である。

　第2に、経済、社会分野の機能強化である。これは、前述したように、今日、国際社会の課題が、たんなる主権国家間の戦争や紛争防止だけではなくなり、貧困、テロ、難民、人口、開発、人権などじつに多岐にわたっている。したがって、こうした分野の問題解決に取り組めるように、機構改革をはかる必要があるというのである。

　第3に、財政改革である。国連が対処しなければならない問題が増大し、多様化するにつれて、当然、国連の財政負担も大きくなっている。国連の財源は、加盟国の分担金に基づいているが、その分担金を支払わない国があったり（未払い額は30数億ドルにのぼる）、また、通常分担率が公平であるかどうかの課題もかかえている。増大しつつあるPKO予算をいかにまかなうかも難題のひとつである。全体として、不足気味の国連財政をいかに確保し、効率よく運用するか、財源の問題を含めて大きな問題になっている。

　ちなみに日本は、こうした3つの国連改革の動向を支持しながらも、とくに敵国条項の削除と安保理の常任理事国の数を増やすことを要望している。常任理事国の問題については、自らが常任理事国入りを果たそうと、2005年には活発に運動を展開した。日本は、国連中心外交を外交の柱のひとつに掲げ、国連分担金もアメリカに次いで第2位の負担を負っている。これだけの国連貢献活動に見合うだけの立場や地位を、日本に与えて欲しいというのが、日本の念願である。安保理の常任理事国になったならば、それにふさわしい能力を発揮

し、国際社会により一層の貢献をすることによって、国際社会における日本の品格を高めたいというのが日本の願望である。

　池田会長の国連改革構想は、こうした現実社会の動向を踏まえながら、次のような視点から具体的になされている。

（1）　安全保障理事会

　安保理は、「国際の平和及び安全の維持に関する主要な責任」を負い、理事会がこの責任に基づいて義務を果たす時、加盟国は、自分たちに代わって理事会が行動することに同意している（第24条1項）。安保理は、5カ国の常任理事国（P5）と10カ国の非常任理事国の合計15の理事国から構成されている。常任理事国は、中国、フランス、ロシア、イギリス、アメリカと、憲章に国名が明記されている。しかも、常任理事国は、1国でも反対すれば決定を妨げることができるという拒否権をもっている。非常任理事国は、総会に出席し、かつ投票する国の3分の2によって、2年任期で選出される。憲章第25条では、「国際連合加盟国は、安全保障理事会の決定を、この憲章に従って受諾し且つ履行することに同意する」と規定している。理事会の決定はかなりの拘束力をもっているといえよう。

　このように、国連はその発足の早い段階から安保理の権限の強大性、とくに常任理事国5カ国の肥大性が指摘されてきた。これが、国連全体の民主的運営のバランスを乱すとも批判されている。この問題に対しては、次の3点による改正案が池田会長から提示されている。

　第1に、安保理の理事国を増やし、その構成を変更するための改革には全面的に賛意を表明する[12]。思えば、安保理の改革の検討が始まったのは、1993年9月からの第48回国連総会においてであった。池田会長は、この動向にすばやく賛意を示し、とくに、日本が安保理の常任理事国になることを強く推奨した。それは、経済大国となった日本が、国際社会の中で平和のために貢献するのは当然であること。また、日本が常任理事国入りすることによって、中小国の意向を反映させた、よりバランスのとれた選択が可能になること、などの

ためである。そのかわり、日本は、常任理事国になったら、「国連安保理の中で、日本独自の役割を、より積極的に果たしていく方向を選択」[13]しなければならない。ただ従前通りの、大国の意向に沿うだけの活動をしているのでは全く意味がないのである。

よく検討すれば明確なように、日本国憲法の精神と、国連憲章のそれとは相通じるものがある[14]。ともに戦争を違法とみなし、「国際協調主義」を掲げているからである。よって「平和憲法の精神を世界化しようとすれば、当然、日本は国連の中で積極的な活動をしなければなら」[15]ないことになる。ただ、国連の軍事的行動に、日本が平和憲法との兼ね合いで、どのようにかかわっていくかはよく検討しなければならない問題である。

第2に、「安保理の独走を許さないために、総会や事務総長職の強化」[16]をはかることである。前述したように、現在の国連は、確かに安保理の常任理事国を中心にした一部の先進国に主導され過ぎている面があることは否めない。もっともそれは、国連のもともとの発祥が、第2次世界大戦において、枢軸国と戦った連合国が、大戦後の国際秩序を形成する方途を探る中にあったという点を考えると、やむをえないものかもしれない。しかし、時代環境がその当時とは大きく変化したことも事実である。いつまでも連合国の統治機関であるような形態は好ましくないし、連合国の占有物のようなあり方も許されるものではない。そのために、安保理を内部から変更する第1の形と、安保理の立場そのものを相対化させるために、総会や事務総長の権限を強化する措置は好ましいといえる。大事なことは、安保理の独走に歯止めをかけることであり、その力を中和させることである。

第3に、安保理による平和維持機能を中心とする国連（「安全保障国連」）と、環境・経済・開発・人口・食料・人権問題を担当する国連（「環境・開発国連」）とに、国連を2つの独立した機関に分けてしまうことである[17]。これは、かなり抜本的な改革案である。しかし、現在の国連機関の予算、人員の7割が、発展途上国への開発援助や人道活動に当てられているという現状を考えると、このような大胆な改革構想も一理あるといえよう。とくに、21世紀に入ってか

ら、国際社会の大きな問題が主権国家間の戦争や紛争というよりも、地球的問題群の噴出という形になって表出している現状を考えると、国連の形態や機能も、こうした問題の解決に有効に働くように、改革していかなくてはならないことは当然のことといえよう。

　（2）　総　会

　総会は、「国連の全加盟国によって構成される審議機関である」[18]。加盟国は、一国一票の原則をもって投票権を有している。この点が安保理とくらべて、総会が極めて平等であり、民主的な性格をもっているといわれる原因になっている。総会は、国連憲章の範囲内にある問題、または憲章に規定する機関の権限、任務に関する問題について討議し、勧告できる（第10条）ので、安保理とならんで、国連における重要な機関としての立場を占めている。

　総会は、国連憲章第10条に規定する一般的権限に加えて、平和と安全の維持、国際協力、信託統治、財政に関する特別の任務と権限をもっている[19]。事務総長も、安保理の勧告に基づいて、総会が任命（第97条）するのである。

　要するに総会では、軍備縮小や軍備規制を含めての国際の平和と安全の維持についての協力をはじめ、経済、社会、文化、教育、保健分野での国際協力が審議されるのである。そこでは人権や基本的自由を実現するための話し合いもなされている。予算の審議や分担金の割り当ても総会の任務になる。こうした多様な問題を扱う総会こそが、国連が「人類の議会」であるといわれる根拠になっているといっても過言ではない。通常総会は毎年9月の第3火曜日から12月の半ばまでであるが、それ以外にも、特別総会や緊急特別総会を開催することができる。

　ただ総会の決定は、加盟国政府を法的に拘束するものではない。あくまでも勧告に止まる。決定までに時間もかかる。だが、総会で決まったことは、国際世論であり、倫理的な価値規範となる。それに逆行する態度をとれば、道義的な逸脱との批判を浴びることは避けられないであろう。

　池田会長はこうした性格をもつ総会を、多少欠点があるとはいえ、重視す

る。その場での審議、協議、話し合いの模様こそが、国際社会で起こっている諸問題を世界の人々の目に浮上させ、また、そこでの討論の結果が国際世論となり、公正な原理基準となっていくからである。何よりも、武力や暴力ではなく、対話、言葉によって問題の解決をはかろうとする姿勢が、国連の平和創出と維持という目的に符合することは間違いなかろう。

こうした考えのもと、池田会長は、総会の改革について、次の4点を提示している。

第1に、総会の権限の強化である[20]。すでにのべたように、平和と安全の維持に関する主要な任務が委ねられ、法的拘束力のある決定を下す権限をもっているのは安保理である。しかし、実際の審議では、5つの常任理事国だけに認められている拒否権の存在のために、合意を得るのが困難でしばしば機能不全に陥る場合がある。このような安保理の脆弱性を克服するためには、総会の権限を制度面や運用面で強化することが好ましい。これまでも、安保理が拒否権の行使などによって機能できなくなると、緊急特別総会が招集され、一定の勧告がなされるという仕組みが運用面で積み重ねられてきた。いわゆる「平和の結集」とよばれるものである。そこで、21世紀に入り、新たな緊急の問題に対処するために、安保理が紛糾した場合は、緊急特別総会を開催するということを定着化させ、そこでの討議を安保理に還元させていく仕組みを確立させることが望ましい。国連は、国際社会のコンセンサス（合意）づくりに力を入れ、それを信頼の源泉にすべきである。そこにこそ「正統性」の根拠も生まれる。この意味で、総会の強化は重要な意味をもっている。2003年12月、国連総会で、総会の活性化をはかり、権威の向上に向けた諸措置を講じる決議が全会一致で採択されたが、この決議に沿って、総会の強化をはかることが肝要である。

第2に、総会のもとでの「紛争予防委員会」の強化である[21]。1999年、総会に「紛争予防委員会」のような下部機関を設置する案が提唱、検討されたが、この方向を支持したい。そして、その委員会では、具体的に次のような役割を果たすことが期待される。

① 事態の悪化を防ぐ為の、「早期警報」機能の強化である。紛争が発生する潜在的な可能性や対立激化の兆候をいち早く察知する体制の充実をはかることが肝要である。
② 継続的なモニタリング（監視）を通じて蓄積された情報や分析を広く公開する制度の設置である。すべての関係者が、情報を共有することが、問題解決に不可欠だからである。
③ 紛争の被害を最小限に止めるために、一般市民の保護をはかる措置を講じることである。この委員会では、とくに一般の人々の人権を保護することが望まれる。
④ 任務を遂行するための調査国の派遣、紛争被害者による個人通報制度、さらに、紛争各当事者の意見をヒアリングするための公聴会を開催する権限、などをこの委員会はもっている。とくに、公聴会は重要である。紛争が起こって、話し合いが不可能になる前に、関係者が互いの意見を述べ合う「対話」の場となるからである。

第3に、国連総会の場を使っての、各国の最高首脳会議の開催である[22]。「国連サミット」と名付けてもよいかもしれない。国連総会は、各国の代表が集まる場であり、それはそれなりの意味をもっている。しかし、なんといっても、各国の首脳が一堂に会し、そこで話し合うことの意義は大きい。今日、先進国首脳会議が毎年開かれ、EU首脳会議、また、東アジアサミットの定期開催なども行われている。首脳が直接会うことにより、争点が明確になり、時には問題の解決が早まることもある。何よりも相互理解が深まる可能性が高い。「サミットの形で毎年、国連総会にあわせて、国連を使って、世界の最高首脳が頻繁に対話するという流れが確定すれば、それだけで地球上に緊張緩和の明るい雰囲気が満ちてくる」[23]ことは、十分に予想できるであろう。

第4に、総会を2院制にする案である[24]。総会は、安保理とならんで、国連における重要な機関であることはいうまでもない。しかし、総会に出席する人たちは、あくまでも各主権国家の代表であり、そのために、どうしても自国の利益を優先に考え、行動する場合が多い。全人類的、もしくは地球的視野に立

脚して、公平に判断することができないのである。そのために、時に総会は、各主権国家の利益やエゴの表出の場となり、国家間の衝突の舞台と化すことがある。議場が戦場になってしまう。審議に時間がかかり、効率も悪い。そこで、こうした問題に鑑み、また、とくに近年世界の民主化が進んで民衆が力をもって台頭してきている現状を考慮し、主権国家の代表からなる総会とならんで、もうひとつ世界の民衆の代表から構成される民衆総会を設置したらどうかという案が提示される。いわば、2院制議会のように、主権国家の代表による総会と民間人の代表からなる民衆総会が併立されるのである。

とくに、民衆総会の設置の必要性を再確認すると次の2点になる。

第1に、近年、世界的に市民社会の台頭が顕著で、NGOやNPOの活動が目立っていることである。これらの民間団体は、専門の知識や能力に優れ、高邁な理念と強い意欲に燃えた人々によってその活動が担われている。彼らは国家ではできない仕事や国家の手の届かない任務を担い、着実に実績をあげている。こうした民衆パワーを総合的に国連の場に反映させない手はない。民衆の声を国際場裏に生かし、民衆の力を世界的に活用する時代に入ったのである。もちろん、NGOの活動が時に極端に走る場合はある。しかしそれでも、主権国家の偏向に比較すれば、まだ公平性はあるといえよう。

第2に、前述したように、主権国家の代表となると、どうしても国益を念頭においた思考、発言、行動をとらざるをえない。しかし、今日の地球的問題群の噴出の時代においては、国益だけにとらわれていたのでは、問題の解決はできない。国家の利益という立場を離れて、全人類の利益という観点から考え、行動することが必要になってきている。その点、民間の人々は、とくに、NGOやNPOの活動を通して、生活者の視点から、人類益、地球益のために行動することが多いといえる。こうした民衆の英知と行動を国際的に連帯させる場として、民衆総会を設置する意義は大きいといえよう。

「『我ら人民は』という一節で始まる国連憲章に象徴されるような、"民衆一人一人こそ地球社会の主役"との精神を国連にみなぎらせるためにも、また名実ともに国連を『人類の議会』にまで高めていくうえでも」[25] こうした民衆の

声を国連に反映させていく仕組みを作ることは、一考に値するといえよう。

　もとより、このような民衆総会をいきなり創設することは困難かもしれない。しかし、民衆の声、要求、願望を直接国連に届けるような制度は考える必要がある。そこで、民衆総会が設置される以前の仕組みとして、池田会長は次の3点を提案する。

　第1に、「グローバル・フォーラム」というシステムの定着化である[26]。これは、総会や特別総会における政府間討議に対して、NGOが"民衆のアンテナ"として、有益な情報を提供したり、"民衆の声"を集約し、結論に一定の方向性を与えていくなどの役割をもつものである。民衆の側から国際社会の意思決定に一定の影響力を与えるシステムである。毎年一回、会期を決めて開催することが望ましい。

　第2に、「地球民衆評議会」の創設である[27]。民衆総会の設立は急には実現が困難かもしれない。しかし、民衆の声を国連に反映させることは急がれている。そこで、総会の諮問機関としての機能を持つ「地球民衆評議会」を創設したらどうかと提案する。

　この評議会は、人類共通の利益や共通の脅威といった「地球公共財」の観点から、総会に審議すべきテーマを諮問したり、危険性に応じて注意を促す権限をもつ。とくに、NGOが得意とする情報収集能力や、活動現場での経験をいかし、事前にしっかりした議論を行っておいて、その結果を総会での審議にかければ、政府機関の視点ではえられなかった、新たな資料をもとに議論が進むであろう。

　また、この評議会が、NGOや加盟国とのネットワークづくりの核となり、恒常的な議論の場となっていけば、新たなグローバル・ガバナンスの一形態を形成していくことにもなろう。国際協力の新しいタイプともいえる。

　第3に、総会の議長や各委員会の代表とNGOとの協議の場を積極的に設けていくことである[28]。市民社会との協働関係の確立という点から重要なことといえよう。

（3） 経済社会理事会

経済社会理事会は、経済的・社会的・文化的・教育的・保健的な国際事項について国際協力を推進する任務を負っている（第62条1項)[29]。これらの活動は、理事会の補助機関（第68条）や国連と連携協定を締結した専門機関（第63条）を通じて行われる。54カ国で構成され、任期は3年、毎年18カ国が選挙される。とくに理事会は、先の任務に関する事項について研究や報告を行って、総会、加盟国及び関係専門機関に勧告をする権限をもっている（第62条1項）。全ての者のための人権及び基本的自由の尊重および遵守を勧告する。そのうえでこの理事会の特徴は、NGOとの協議の窓口になっていることである。「経済社会理事会は、その権限内にある事項に関係有る民間団体と協議するために適当な取極を行うことができる」（第71条）というのがその条項である。

近年、地球的問題群の噴出や「人間の安全保障」という考え方の台頭にともなって、経済社会理事会の役割は、とみにその重要性を増している[30]。池田会長は、とくに次の2つの観点から、経済社会理事会の意義を強調し、その役割の強化を訴えている。

第1に、「21世紀の国連が目指すべき道は、ハード・パワーによる事後的な問題解決のアプローチではなく、予防と安定化を重視したソフト・パワーの充実にある」[31]。この観点からすると、経済社会理事会が積極的な役割を果たせる優位な立場にあるといえる[32]。

第2に、「貧困との戦いや、グローバル化の影響などの問題にも力を入れるなど、国連が取り組むべき優先的な行動課題を設定する上で（経済社会理事会が）カギを握る存在となって」いる。

国連及び国際社会は、これまでともすれば、環境や貧困といった地球的問題に対して、それらが深刻化してから対応に乗り出すという事後的なアプローチをとることが多かった。いわば、対症療法である。しかし、これからは、こうした事後的な方法ではなく、脅威が生じにくい世界の創造に向けて尽力してい

く必要がある。いわば予防的なアプローチを採用していくのである。こうした時に、経済社会理事会での審議や意思決定は、国連諸機関や国際社会全体の政策形成に大きな影響を与えるのに有利な地位にあるといえる。

また、経済社会理事会で認められているNGOの協議資格のような参加形態は、これからの国連改革の方向性を示す重要な柱である。国連が創設された1945年と今日とを比較して、最大の変化といえるのは、地球的問題群の噴出とその解決に向けてのNGOの役割の向上である。この点、経済社会理事会のもつ任務とNGOに協議資格をもたせたことは、国連の時代を先取りする先見の明として高く評価することができよう。今後、時代は、こうした経済社会理事会の形態を、国連諸機関全体が、採用していくように改革していくことが求められていくことになるといってよい。

経済社会理事会では、NGOの討議へのオブザーバー参加や仮議題案の提出が認められている。じつは、総会や安保理でも、NGOとの接触は少しではあるがなされている。総会においては、NGOは会議の傍聴と文書の入手は認められてきた。また、1990年代に開催された国連の特別総会では、NGOの代表が各国の政府代表とともに演説を行い、閣僚級の政府間協議に参加したこともあった。また、安保理でも、1993年以来、議長国とNGOの約30団体が非公式に意見交換を行っている。いわゆる「アリア方式」とよばれる慣行である。今後とも、こうした実績を踏まえ、拡大しながら、国連全体が経済社会理事会の形態を採用し、NGOや民間の人たちとの接触を深め、その声を吸収し、生かしていくようになることが望まれる。経済社会理事会の強化と、その形態の深化、拡大は、国連改革のモデルとなろう。

（4）信託統治理事会

信託統治理事会とは、国連の監督下で、信託統治地域（多くの場合、植民地）の住民の福祉の向上を図り、自治や独立を促進するための機関である。国連創設時には、「11あった信託統治地域は、次々と独立するか合併をなしとげ、約2000万人の住民が従属から開放されていった」[33]。しかし、「施政国の数も減少

するにつれて、総会から選出される国の数も激減し、最後の信託統治地域であるパラオの独立により、この理事会の任務は1994年に事実上終了した」[34]。

このような経過から、信託統治理事会の使命は終わったといえる。そこで池田会長は、信託統治理事会にかえて、「平和復興理事会」のような名称をもった機関に発展的に改組することを提唱する[35]。そこでの任務は、難民高等弁務官や人権高等弁務官と密接な連携を持ちつつ、紛争に苦しむ地域での文化的、民族的多様性を保障していくことである[36]。同時に、こうした要素を加味しながら、「平和復興理事会」が、人道支援から平和構築にいたる諸活動の推進と調整の第一義的な責任を担っていくことが好ましい。

とくに、活動の推進にあたっては、当事国や周辺国との協議の場を継続的に持つとともに、活動の進捗状況を定期的に関係国に報告する制度を設けて、透明性や信頼性を高めていくことが肝要である[37]。

冷戦後の国際社会にあっては、民族紛争や内戦で苦しむ国が多くなり、こうした国の平和復興や平和構築が大きな課題となっている。役割を終えた信託統治理事会にかえて、このような「平和復興理事会」を設置する意義は大きいといわざるをえない。

なお、2005年12月末、「平和構築委員会」が創設されたが、これは、「平和復興理事会」の考えに近いものといってよいであろう。この点については後述する。

（5） 国際司法裁判所

国際司法裁判所は、国連の主要な司法機関である（第92条）。国連加盟国は、当然裁判所規定の当事国となる（第93条1項）。国連の加盟国でない国は、安保理の勧告に基づいて、総会が各場合に決定する条件で、国際司法裁判所規定の当事国となることができる（第93条2項）。総会と安保理は、あらゆる法律問題について、国際司法裁判所に勧告的意見を求めることができる（第96条1項）[38]。

国際紛争を暴力ではなく、平和的に解決するということは、具体的には、法

やルールに基づいて行うということである。国連憲章第1条第1項では、紛争等の解決を「平和的手段によって且つ正義及び国際法の原則に従って実現すること」と謳っている。この点から考えると、国際司法裁判所の強化は不可欠である。今後とも、「正義及び国際法の原則に従って」、国際司法裁判所を通して、平和を維持するようにしていくことが肝要である[39]、と池田会長は強調する。

と同時に、国際司法裁判所は、国家間の紛争を扱うことが主になっており、個人の刑事責任を追及することはできない。ところが、地域紛争などが激化する中にあっては、対象犯罪と刑事手続きをあらかじめ定め、かつ常設の裁判所で個人の問題に対応することが不可避になってきた。その結果、1998年、国際刑事裁判所（ICC）が設立の合意をみ、2003年3月発足した。じつは、この裁判所の構想は、半世紀以上も前からあり、国際社会に重大な侵害をもたらす大量虐殺や戦争犯罪などを裁く常設法廷として、検討されてきた。それがようやく設置をみたのである。この裁判所で、戦争犯罪や大量虐殺、人道に対する罪などを犯した個人を、法に基づいて裁くことは合理的な措置といえよう[40]。国際刑事裁判所を支援していく世界的な潮流を高めたい、と池田会長は主張する[41]。

ともあれ、国際司法裁判所と国際刑事裁判所を強化することによって、国家間をはじめ地域・民族紛争やテロなどを、暴力などの「力による解決」ではなく、「法による解決」という観念と慣行を国際社会に定着化させていくことができるであろう。両裁判所は、いわば車の両輪となって、「戦争の文化」を克服するための制度的土台となることが期待される。

（6）財政改革

国連の主たる財源は、加盟国の分担金である。憲章では、第17条2項で、「機構の経費は、総会の割り当てるところに従い、加盟国が負担する」と規定している。各国の分担金は、個人の資格で選出される218人で構成される分担金委員会の勧告に基づいて総会で決定される。分担金の基本的基準は、国民所得な

どを基準にした実際の支払い能力による。総会は、一国の最高分担率を予算の25パーセント、最低分担率を0.01パーセントと定めている。分担金の支払いが延滞している国は、延滞額が2年間分になると、やむをえない事情によると認められない限り、総会での投票権を失う（第19条）ことになっている[42]。

近年、国連の機構が拡大し、また、その活動も多角化している。そのために必要な経費は年々増加の一途をたどっている。それに対して、分担金を主とした財源では十分ではなく、国連の活動に支障がでている。分担金を延滞している国も多く、それは慢性的にさえなっている。こうした中で、国連の今後の活動や、その重要性を考えると、財政改革は喫緊の課題である。そのために、池田会長は以下の3点を提案する。

第1に、「国連軍縮基金」の設置である[43]。冷戦構造が崩壊し、かつ、主権国家間同士の紛争が少なくなっている今日、各国とも思いきった発想の転換が必要である。年間1兆ドル前後と推定される世界の軍事費を思いきって削減し、それを地球環境の保全にあてるというような考えが重要となろう。具体的には、各国が軍事費を削減し、その一部を「国連軍縮基金」として拠出するのである。それをもって、国連を財政的に支援する分担金、拠出金の増額とするのが好ましい。

第2に、「国際課税」の支持である[44]。1991年頃から、国連会議の事務局が、地球環境の保全に必要な資金を得るために、海洋や大気など国際公共財を開発、利用する際に利用料を徴収する案を出している。もし各国政府がこれを徴収して国連に入れる形が実現すれば、国連財政を支える一助となる。こうした、「国際課税」という発想をいくつかの面で導入していくことも重要である。

第3に、「国連民衆ファンド」の導入である[45]。これは、国連を加盟国家だけではなく、世界の民衆が支えるという発想に切り替えるものである。すなわち、国連の資金を、広く個人、団体、企業からの寄金で募り、人道分野を中心にした活動資金に充当する制度である。国連の主な財源を、加盟国からの拠出金と市民社会からの寄金と2本の柱にする案である。具体的には、ユニセフで導入されている方法などを参考に、制度作りを進めていくことが考えられる。

（7） 国連地域本部の設置

　国連は、現在ニューヨークに本部が設置され、それ以外にも事務局や事務所が置かれている。すなわち、ジュネーブとウィーンに事務局が、ナイロビには事務所が設けられている。これらに加えて、国連の諸機関の本部があり、ジュネーブでは主に人権や軍縮が、ウィーンでは犯罪防止や国際貿易が、ナイロビでは、環境や居住問題がそれぞれ審議されている。その他にも、国連の機関として、バンコクにアジア太平洋経済社会委員会（ESCAP）が、東京に国連大学がある。

　こうしたことを考え、また、世界における地域の重要性や、アメリカ中心主義の排除ということを考慮すると、国連の地域本部を設置してもよいのではないか、と池田会長は提案する[46]。そのための候補地として、ひとつは、地域紛争や北東アジアの分断対立など平和を脅かす問題を抱えていること、さらには、人権や環境問題が深刻化していることから、アジアを例示する。具体的には、「国連アジア本部」を設置する。その場所としては、釈尊の平和思想の母なる国であり、アショーカ大王を生み、20世紀は偉大なるガンジー、非同盟諸国をリードしたネルー首相を生んだ「精神の大国」、インドが考えられる。

　つけ加えるならば、アジアだけではなく、新たに太平洋地域もカバーして「国連アジア太平洋本部」という案もある[47]。この設置場所としては、現在、「アジア太平洋経済社会委員会」のあるタイのバンコクか、日本の沖縄や韓国の済州島などが考えられる。とくに沖縄や済州島などは、戦争と暴力の20世紀において、筆舌に尽くせない悲劇を味わったがゆえに、時代の転換を強く求めるイメージとして、これら平和の島を候補地としてはどうかと例示したい。また、アジアだけではなく、太平洋地域も含めるようにしたのは、この地域には、カナダ、オーストラリアをはじめ国連の活動に積極的な国々があり、そこに国連の活動を必要としている国々の多いアジア地域を結びつけることによって、効果が拡大、倍加するのではないかと思うからである。

　この「アジア太平洋本部」の設置によって、同地域における「人間の安全保

障」に関する活動を充実させながら、国連の目指す「脅威が生じにくい世界の構築」のモデル地域が建設できるものと確信する。また、この地域本部が、域内の国連の諸機関を有機的に連動させる中核となって、グローバル・ガバナンスを国連中心に確立する先鞭となれば、とも期待する。ともあれ、国連本部を地域にまで拡充することによって、さらにきめの細かい活動が可能になるであろう、というのが池田会長の構想である。

　（8）　国連分割・新設構想

　国連の主な機能は、国際社会の平和と安全を維持することであるが、今日では、これまでも述べてきた通り、環境、貧困、開発なども人類の抱える大きなテーマとして、国連の前に浮上してきている。しかし、それらの問題に取り組むには、現在のような安保理を中心した、平和と安全の維持をはかることを念頭においた国連では十分とはいえない。いな、安保理の常任理事国のエゴと思惑が絡んで、しばしば機能不全に陥ることさえ多い。そこで国連の機能を思いきって分割したり、新たに設置したりすることも考えられないであろうか。その主なものとして、次の2点を池田会長は提唱する。

　第1に、安保理に新たに、「環境安全保障理事会」を設け、現在の平和維持軍にならって、"環境維持団"のような環境を守り保護する組織を作ることである[48]。安保理の分割案ともいえよう。

　第2に、すでに、安保理の所で触れたように、第1よりも発展させて、国連を2つに分割するか、既存の国連とは別に新たな国連を作る案である[49]。それは、平和維持機能を担う国連と、環境、経済、開発、人口、食料、人権問題など地球的問題群を担当する国連とに分けるのである。前者を「安全保障国連」と呼び、後者を「環境・開発国連」と名づける[50]。これによって、現在の国連の諸機関がバラバラで横の連携が悪いとか、活動が重複してムダであるとの批判をなくすことができるのではなかろうか。

　現在、国連機関の総予算、人員の7割が、発展途上国への開発援助や人道援助に割り当てられている現状を考えると、「環境・開発国連」の新設は、むし

ろ時代の要請であるともいえる。これにより、経済社会理事会の再編強化という課題も、この構想の中に包摂されていくことになる。

なお、新たな国連の創設ということについては、「教育国連」の設置を池田会長は提案する[51]。教育こそ一切の要であり、根本である。平和、人権、環境といっても、教育がその成否の鍵を握る。途上国や紛争後の地域では、教育を満足に受けられない子供達が多くいる。こうした現状を考え、「教育国連」を設置し、教育制度を全世界に確立していくと同時に、世界の教育者の結集をはかって、平和、人権、環境教育の内容を充実させていくことが急務である。

このように、ややもすると硬直化している国連にメスを入れ、今日焦点があたっている問題を集中的に解決するため、思いきって国連の機構を分割したり、創設したりすることも一案として考えられるであろう。

（9）　国連を守る意識の啓発

しばしば強調するように、いかなる制度、組織、機構といえども完璧なものはない。大切なのは、そうした制度等を守り、育成しようとする人々の意識であり、精神である。そうした人々の前向きの姿勢に守られて、はじめて制度等は円滑に作動するようになるといえる。

国連もその例外ではない。現状の国連は確かに欠点も多いし、時の経過とともに現在の状況には対応できなくなっている面もある。そのために、これまで述べてきたような改革案が考えられるのであるが、しかし、より根本的には、国連を守り、育てようという人々の気持ちが肝要である。それなくしては、いかなる改革案をたてようとも、それは画餅にすぎない。国連には、欠点があろうとも、無力と批判されようと、それは人類の2度にわたる悲惨な大戦の結果、誕生した平和構築のための組織であり、191カ国が加盟する最大の国際機関である。この「人類の議会」を守ろうという人々の意識の啓発こそが、あらゆる改革案の基盤をなすといっても過言ではない。そこで、そのための施策として、池田会長は以下の5点を挙げる。

第1に、「国連を守る世界市民の会」の設置である。世界各地に国連を守

市民の会を作るのである。もっともこれは、今日では「国連協会世界連盟」と同じ理念と目的をもつものになっているといってよい。大事なことは、市民の間から国連を守ろうという意識を高揚させていくことであり、そのための制度化をはかることである。

　第２に、「国連を支える世界市民教育」の実施である[52]。人間は、家族、会社、国家、地球など、さまざまな場所にアイデンティティーを見出している。その中で、国連を支えるには、「世界市民意識」というものを、人々がもつことが肝要である。こうした大局的な観点にたてる意識啓発をしていくことが、国連改革を進める推進力となるのである。

　第３に、「国連を守る世界賢人会議」の創設である[53]。この会議で、国連を強化、改革していくための民間人の知恵を結集していくのである。国連改革は、国連関係者や各国の政府レベルでの人達だけによって行うのではなく、広く民間人の意見や提案も募りながら進めていくことが好ましい。国連は、世界の人々に開かれたものである。2003年２月、ブラジルのカルドーゾ前大統領を議長とする「国連と市民社会の関係に関する賢人パネル」が発足し、市民社会からの声などを踏まえた報告書の取りまとめが行われたが、これなどは、今後のよき参考例となるであろう[54]。

　第４に、「国連民衆フォーラム」の開催である[55]。2000年に、国連で「ミレニアム・フォーラム」が行われたが、これと同様に、民衆レベルでも、NGOをはじめとする市民社会の代表が参加して、「国連民衆フォーラム」を開催することを提唱する。ここで、国連に対する民衆の意識を高め、かつ、国連強化のための道筋を民衆の側からつけていくのである。民衆による国連支援のグローバルな連帯を広げていくことになるであろう。

　第５に、「国連ハウス」構想の拡充である[56]。これは、国連が提唱しているもので、各国で活動する国連機関を束ねる拠点のことを指している。国ごとに活動を実施している各機関を「国連ハウス」と呼ばれる共通の建物に集め、国連という一つの旗のもとに共同して活動させようというものである。

　じつは、この構想を踏まえ、さらにその役割を広げ、各国に国連大使館のよ

うなものを設置することも考えられる。そこでは、現地での国連の活動推進や広報拠点として、総合的な機能を展開することが可能となる。各国の人々と、各国の"国連"とがより密接な接触を保てるようになり、人々の国連に対する意識もより身近なものとなろう。

(10)「人権理事会」と「平和構築委員会」への提案

2005年9月の国連総会特別首脳会合で国連改革のための「成果文書」が採択され、そこで「人権理事会」の設置や、「平和構築委員会」の創設などが合意を見た。前者は、2006年3月15日、設立され、後者は、2005年末の国連総会と安全保障理事会での決済を経て発足が決まった。そこで、この2つの改革に対して、池田会長は次の提案をする[57]。

①「人権理事会」に対して

ⅰ）理事会の通常会期の議題の一つとして、「人権教育と広報」の項目を設け、人権侵害が起こる土壌を改善するための予防策の検討に力を入れていくこと。

ⅱ）理事会に対して、NGOをはじめとする市民社会の代表に参加の機会を与えること。

ⅲ）理事会の下に、人権問題に関する専門家で構成される諮問機関を設置すること。これは、理事会の討議を支えるシンクタンクとしての役割と、市民社会からの視点を反映させる役割をもつものである。

②「平和構築委員会」に対して

これは、紛争後の平和構築から復興にいたるまで、一貫した国際支援を進めるために、総合的な立場から助言や提案を行う機関であるが、この機能は、前に提案した「平和復興理事会」と同様のものといってよい。したがって、この委員会が正式に発足したことを大いに歓迎したい。そのうえで、この委員会に対して次の点を要望する。

ⅰ）活動内容の決定にあたっては、対立する政府やグループの中心者だけではなく、地域に暮らす人々の声に耳を傾け、その不安や脅威を取り除く対応

を優先させること。

　ⅱ）　NGOとの協議の場を設け、連携を深めていくこと。

　ⅲ）　紛争を乗り越え平和構築に取り組んだ国の人々が、その経験を生かし、紛争の後遺症で苦しむ他の国の人々のために貢献できる道を開いていくこと。

　以上の２つの改革は高く評価できるが、その具体的活動にあっては、常に民衆の視点を忘れずに、民衆一人一人の生命や生活を守ることに焦点をあてたものであることを、池田会長は強く要望している。

おわりに

　国連をどう考えるかについては、これまでも述べてきたように、さまざまな議論がある。期待し、評価する声もあれば、無用であるとか、無力であるとか、あるいはその構造にゆがみがあるとかの批判もある、こうした中にあって、国連をむやみに美化したり、賛美することはもちろん慎まなければならないであろうが、かといって、あまり悲観論に陥ったり、まして、否定論に走ることも避けなければならない。なんといっても国連は、発足以来60年を経過し、その間、紆余曲折はあったにせよ、幾多の実績をあげてきたことは事実であり、まして、21世紀の国際社会の行く末を展望した時、人類が解決しなければならない「地球的問題群」は山積しているからである。それらの問題群に対処するには、加盟191カ国を数え、多くの専門機関を抱える国連の存在を抜きにしては考えられないといっても過言ではない。問題は、国連を構成する加盟国と、その背後にある民衆とが、国連を守り、育てようとの意思の結集をはかれるか、否かにかかっている。

　国連に改革が必要なことは明白である。それは、国連発足当時と今日とでは、国連自体の構成と、国連を取り巻く国際社会の状況とが大きく変化したからである。国連自体の構成とは、加盟国が51カ国から191カ国に増大したこと。また、国連を取り巻く国際社会の状況の変化には２つある。ひとつは、国際政治や国際社会の動向を担う行為主体（アクター）が飛躍的に増加したこと。

かつては、行為主体といえば、主権国家が中心であったが、今日では、それに加えて、国際機関、地方自治体、企業、NGO、教育機関、宗教団体、労働組合、学会、メディアなどじつに多岐にわたっている。こうした多様な行為主体の存在を考慮しないで、主権国家だけを中心に、物事を決定し、解決を図っていこうとすることは不可能であるといっても過言ではない。国連を含んだ、グローバル・ガバナンス（global governance）という考えが重視される時代に入っているのである。それは、「国家・国際機関・企業・NGO などの市民社会組織が、ともにアクターとして協力し合い、人類を破滅から救い、よりよい地球社会を築いていく作業」[58]のことである。またもうひとつの変化は、国際社会が取り組まなければならない課題が飛躍的に増大したことである。戦争を防ぎ、平和を維持することももちろん大事であるが、今日では、人権、貧困、テロ、環境、開発など、国連が取り扱うべき問題は、発足当初とは比較にならないほど拡大している。以上述べてきたことを考えると、こうした観点にたっての国連改革が必要なことは火を見るよりも明らかであるといえよう。

およそ改革にあたっては、以下の3点が重要と考えられる。第1は、改革の理念、目的であり、第2は、改革の方法であり、第3は、改革の担い手である。この点から、池田会長の国連改革構想を考えると、次のようにいえるであろう。

第1に、理念、目的については、すでに述べてきたように、国際社会の平和と安全の維持をより効果的に図るとともに、「人間の安全保障」というより広い問題の解決にあたることである。国家や軍事の安全保障から、人間の安全保障へというのが時代の潮流である。それを池田会長は先取りしていたのである。

第2に、改革の方法は、漸進主義でということである。池田会長のSGI提言で一貫して主張されていることは、改革は急進的であってはならない。漸進的でいくべきであるという考えである[59]。急進主義は、過激で、時には暴力を伴い、流血の惨事を引き起こし易い。それに対して漸進主義は、慣行やルールを重んじながら、対話や協議で物事を改革するという手法をとる。平和はあくまでも平和的手段で達成されなければならないように、改革も平和的手段でな

されなければならないのである。

　第3に、改革の担い手についてである。国連は、主権国家の代表からなる国際機関であるから、その改革にあたっても、「国連を構成する加盟国の決意にかかっている」[60]ことは当然である。しかし、国連は、その憲章で「われら人民は」とあるように決して主権国家だけの専有物ではない。まして近年は、「市民社会組織」(civil society organizations) の台頭によって、民衆の存在は無視できないものになっている。国連改革も、主権国家の代表者の意思とならんで、民間の代表者の見解もとり入れるべきである。池田会長は、「これからの国連は、"国家の顔"よりも"人間の顔"を、機構面や運営面で際立たせていかなければなりません。この場合"人間の顔"とは、より具体的にいうと"民衆の顔"です」[61]といっている。民間や民衆の英知こそが、国連改革の有力な原動力となるであろう。

　時代は、武力や暴力で問題の解決を図ることから、ルールや規範で問題発生を事前にくいとめる流れへと入ってきている。ハード・パワーでなく、ソフト・パワーの時代へというのが国際社会の潮流であり、要請である。思えば、国連は、平和や安全の維持と格闘し、今日また、人権や貧困、環境や開発などの問題と取り組んでいる。こうした現実的諸問題の処理も大事なことだが、その際、問題解決にあたっての一定の基準や規範の提示ということも欠かせない作業である。それがないと、解決のための機軸がぶれて、時に混乱に陥ってしまう恐れがある。国連のもつ「普遍的価値や規範」[62]の普及は重要な機能なのである。

　振り返れば国連は、1948年に国連総会で、「世界人権宣言」(Universal Declaration of Human Rights) を、1966年には、「国際人権規約」(International Covenants on Human Rights) を、それぞれ採択した。その他、「人種差別撤廃条約」(1969年)、「女性差別撤廃条約」(1979年)、「拷問禁止条約」(1984年)、「子どもの権利条約」(1989年)、「死刑廃止条約」(1989年) なども相次いで締結し、成立させてきた。これらは、いずれも総会で合意を見た国際世論であり、普遍的な価値であり、規範である。いかなる主権国家はもとより、団体も個人

第10章 「人類の議会」から平和の潮流を　303

もこれらに背くことはできにくくなっている。それに逆らえば、道義的な負い目を受けることは避けられないのである。これからは、事態が発生する前に、人類が守るべき共通の、普遍的な原則、規範、ルール、価値を樹立し、それに則って問題の解決をはかっていくことが益々大事になる。国連は、そうした人類すべてが守るべき規範や普遍的原則を樹立していく有力な機関である。国際世論創造の殿堂なのである。池田会長は、国連は万人の幸福を可能にする、平和な地球社会創出のための、「高い倫理的に目覚めた世界市民の連帯」[63]の場である、と強調してやまない。

注
1）この点についての文献は大変に多い。ここでは、藤原帰一『デモクラシーの帝国』（岩波新書、2002年）、的場昭弘編『＜帝国＞を考える』（双風舎、2004年）、山下範久編『帝国論』（講談社、2006年）を例示しておくにとどめる。
2）河辺一郎「国連と日本」（岩波書店、1994年）、191頁。
3）国連やその改革に対する姿勢については、次のように分類できる。
　① 国連無用論あるいは否定論。これは、アメリカによる一極支配体制を主張する論者に多い。
　② 国連軽視論。これは、国連に多くを期待しない考え方である。
　③ 現状肯定論。多くの加盟国の政府はこの立場に立っている。
　④ 改革論。学者、国連研究団体、国連幹部職員経験者などに多い。また、いくつかの国の政府にも見られる。
　⑤ 新機構論。現在の国連は極めて不充分であるとして、根本的に変革した別の機構の設立を提唱する。（以上、川上洋一『国連を問う』《日本放送出版協会、1993年》、210-211頁参照）
4）「この憲章の改正は、総会の構成国の3分の2の多数で採択され、且つ、安全保障理事会のすべての常任理事国を含む国際連合加盟国の3分の2によって各自の憲法上の手続きに従って批准された時に、すべての国際連合加盟国に対して効力を生ずる」（『国連憲章』《小学館、2003年》、110頁）。以下、本稿における国連憲章の各条文は、この書からの引用による。
5）池田会長の平和論については、拙稿「池田先生の平和思想の形成と構造」（『創立者池田大作先生の思想と哲学』創価大学通信教育部、2005年）所収、を参照されたい。
6）Johan Galtung, *Peace by Peaceful Means Peace and Conflict, Development and Civilization*, PRIO, SAGE, 1996.
7）明石康『国際連合―その光と影―』（岩波新書、1985年）163頁。

8）池田大作／ヨハン・ガルトゥング『対談　平和への選択』（毎日新聞社、1995年）312頁。
9）ソフト・パワーについては、ジョセフ・S・ナイ（山岡洋一訳）『ソフト・パワー――21世紀国際政治を制する見えざる力』（日本経済新聞社、2004年）参照。
10）人間の安全保障については、アマルティア・セン（東郷えりか訳）『人間の安全保障』（集英社新書、2006年）参照。
11）杉江、樅木編著『国際関係資料』（法律文化社、1997年）156頁参照。
12）『第19回「SGIの日」記念提言　人類史の朝　世界精神の大光』（創価学会広報室、平成6年）23-26頁。
13）同上、25頁。
14）憲法と国連憲章について論じたものに、渡辺洋三『憲法と国連憲章』（岩波書店、1993年）がある。
15）『第19回記念提言』、前掲書、26頁。
16）池田大作／ヨハン・ガルトゥング、前掲書、313頁。
17）池田大作／ヨハン・ガルトゥング、前掲書、315頁。
18）杉江・樅木、前掲書、145頁。
19）小田・石本・寺沢編『新版現代国際法』（有斐閣、1987年）152頁。
20）『第29回「SGIの日」記念提言　内なる精神革命の万波を』（創価学会広報室、平成16年）52-54頁。
21）『第25回「SGIの日」記念提言　平和の文化　対話の大輪』（創価学会広報室、平成12年）58-61頁。
22）『第15回「SGIの日」記念提言　希望の世紀へ《民衆》の凱歌』（『聖教新聞』1990年1月26日）
23）同上
24）『第25回記念提言』、前掲書、67頁。「国連人民総会」を創設する案は、ヨハン・ガルトゥングも提示してきた。（『国際連合　人民連合』United Nations, United Peoples）。
25）『第22回「SGIの日」記念提言　「地球文明」への新たなる地平』（創価学会広報室、平成9年）54頁。
26）『第22回記念提言』、同上、53-54頁。
27）『第25回記念提言』、前掲書、67頁。
28）『第31回「SGIの日」記念提言「新民衆の時代へ　平和の大道』（創価学会広報室、平成18年）55頁。
29）松田幹夫『身近な国際法入門』（不磨書房、2004年）39頁。
30）ただ、かって経済社会理事会については、安全保障理事会に比べて影の薄いこと、また、「国連システム」の総予算、総人員の70パーセントが途上国の開発協力に向けられていること、などからこれを改革し、「経済国連」を創設したらどうかという案が提唱されたことがある（モーリス・ベルトラン）。吉田康彦

『国連広報官』（中公新書、1991 年）219-220 頁参照。
31) 『第 26 回「SGI の日」記念提言 生命の世紀へ 大いなる潮流』（創価学会広報室、平成 13 年）57 頁。
32) 『第 30 回「SGI の日」記念提言 世紀の空へ 人間主義の旗』『聖教新聞』2005 年 1 月 27 日。
33) 明石、前掲書、228 頁。
34) 松田、前掲書、40 頁。
35) 『第 29 回「SGI の日」記念提言 内なる精神革命の万波を』（創価学会広報室、平成 16 年）56 頁。
36) 『第 20 回「SGI の日」記念提言 不戦の世紀へ 人間英知の潮流』（創価学会広報室、平成 7 年）46 頁。
37) 『第 29 回記念提言』前掲書、57 頁。
38) 以上の記述は、杉江・樅木、前掲書、147-148 頁による。
39) 『第 20 回記念提言』、前掲書、49 頁。
40) 『第 29 回記念提言』、前掲書、60 頁。
41) 同上、62 頁。
42) 杉江・樅木、前掲書、153-154 頁。
43) 『第 17 回「SGI の日」記念提言 希望と共生のルネサンスを』（創価学会広報室、1992 年）53-54 頁。
44) 『第 17 回記念提言』、前掲書、57 頁。
45) 『第 26 回記念提言』、前掲書、61 頁。
46) 『第 19 回記念提言』、前掲書、18-19 頁。
47) 『第 30 回記念提言』、『聖教新聞』（2005 年 1 月 27 日）。
48) 『第 15 回記念提言』、『聖教新聞』（1990 年 1 月 26 日）。
49) 『第 17 回記念提言』、前掲書、50-51 頁。
50) 池田大作／ヨハン・ガルトゥング、前掲書、315 頁。
51) 池田大作『「教育の世紀」へ』（第三文明社、2003 年）185 頁。池田会長が「教育国連構想」を提案したのは、1973（昭和 48）年 12 月 7 日、ソ連の科学アカデミー会員との会見の席上であった。その後、1974（昭和 49）年 3 月 3 日、第 15 回創価学会学生部総会、同 3 月 7 日、アメリカ・ルイジアナ州立ニューオーリンズ大学でのホーマー・レ・ヒット総長との会見、同年 3 月 26 日、ペルー・サンマルコス大学ゲバラ総長との会見などの場で、この構想が語られた。
52) デイビット・クリーガー／池田大作『希望の選択』（河出書房新社、2001 年）257-258 頁。
53) 『第 15 回記念提言』『聖教新聞』1990 年 1 月 26 日。
54) 『第 29 回記念提言』、前掲書、57-58 頁。
55) 同上、58 頁。
56) 『第 25 回記念提言』、前掲書、64 頁。

57）『第 31 回記念提言』、前掲書、48-56 頁。
58）吉田康彦『国連改革』（集英社新書、2003 年）、168 頁。
59）『第 31 回記念提言』、前掲書、3-35 頁。
60）明石、前掲書、19 頁。
61）池田大作／ヨハン・ガルトゥング、前掲書、321 頁。
62）猪口孝『国際政治の見方――9・11 後の日本外交』（ちくま新書、2005 年）256 頁。
63）池田大作／ベッド・P・ナンダ『インドの精神――仏教とヒンズー教』（東洋哲学研究所、2005 年）312 頁。

あとがき

創立者研究のフロンティア

坂 本 幹 雄

　昨年、創価大学通信教育部学会は、創価大学通信教育部開設30周年記念事業の一環として『創立者池田大作先生の思想と哲学』を出版した。増刷も実現し、夏期スクーリングの際には同書をテーマに執筆者5名をパネリストとして招き、本書と同一タイトルのもとにシンポジウムを盛大に開催した。幸い同書はこのように好評を得ることができた。

　そこで本学会では創立者研究をさらに推進しようと続編を企画した。今回の出版は、より広い読者を期待して、第三文明社にお引受けいただき、『創立者池田大作先生の思想と哲学』第2巻としてここに刊行の運びとなった。

第2巻として

　さて第1巻のあとがきに「創立者研究のフロンティア─今後の課題例」としてスケッチを記した。企画段階では、さしあたってこれをヒントにした。高村忠成会長を中心として協議の上、科学・文学・教育を軸に構想を練り、最終的に本書のような構成と執筆者となった。

　本書の基本方針は、第1巻と同様に各自の専門分野とテーマをリンクした論文から構成することである。この点は各執筆者にご理解いただき基本的に維持されているものと思う。そしてやはり第1巻と同様に各論文の内容は、各執筆者独自のものであり、さらに各章の相互の内容調整のようなことも特になされていない。全体として一応の体系を考えて配列されているが、このように各章は独立した内容であるから、読者が興味を持った章からお読みいただいても結

構である。

創立者研究のフロンティア

われわれは、1〜2年ほど前、創立者研究というフロンティアを前にして佇んでいた。眼前には広大な風景がある。フロンティアであるからわれわれの手元に地図はまだない。しかし第1巻でこのフロンティアにその一歩を踏み出して、ともかくも旅立った。われわれの歩みが地図となるだろう。行き止まったら別のルートを探して歩く。第2巻もまだまだ同様の段階にある。しかし一歩を踏み出したのだから、そこまでの道標はつけられるだろうし、その方がいいだろう。この方面が沃野がありそうであるとか、その先には難路が待ち受けていそうであるとか道標があれば、後からスタートした者が利用できる。迷った時にもどって出直す際にも役に立つかもしれない。

ともかく第1巻と本書第2巻そのものがそのような道標なり、旅支度にどんな準備が必要であるとかの案内に少しはなってくれるだろう。そう期待したい。私は両書の出版に編集者として携わってきたから、ここで私なりにそうしたことを少し考えて述べてみることにしたい。したがってもちろん執筆者全員の共通の見解というわけではない。

ある思想家Aを研究するとして

研究対象となるある思想家Aを研究しようとして、そのテクストを解読しようとする時の基本は何か（A以下には読者が適当な思想家を入れて考えてほしい）。こう切り出したところで思想家Aに関わるテーマもアプローチも十人十色である。テクストの内在的解読を中心にモノグラフを目指す、テクストをヒントに自分のアイデアを主として展開しようとする、テクストからその時代の問題を解明しようとする等、いろいろと考えられる。以下はその一例にすぎない。

まずAは何からどのように影響を受けたのか。いまたとえば先行者BとCから知の伝統を継承しているとしよう。Aの継承は自覚的なケースだけではなく無意識のケースもあるだろう。その方がもっともらしい。Bを昔、CをA

と同時代としよう。その方がもっともらしい。さらにBとCとは複数形の方がもっともらしい。BやCとは何であったのか。AのBとCからの継承は、他のたとえばDというBとCからの継承者とどのように異なるのだろうか。そして当然にAにはBとCともDとも異なる独創性があるはずである。Aの本質は何か。Aの全体像はどのような相貌をもって屹立して現れるのか。

　このような問題を解明しようとするならば、Aを理解するために、われわれ自身がある程度は（テーマに即して）B・C・Dを理解していかなければならない。そこでたとえばBを理解しようとすると、Bの理解が一様ではないことしばしばである。かくしてこの議論は切りがない。ともかく前置きが長くなった。このあたりで本題に入る。

創立者研究の基本的諸問題をめぐって

　創立者は常に「仏法者」として発言している。発言の根拠は常に明確である。多分野にわたるその発言は、常に根底に仏法との共通性それゆえの普遍性の主張となっている。各界の識者と対話を進める創立者が、識者と同一の結論に達していたとしても、当然にその思考プロセスは異なっているはずである（おそらく同じ仏教徒であっても異なるように思う）。これを解明すべきではないかと思う。創立者研究は、仏教理解からすなわちテクストのテクスト解読から始めなければならないと思う。

　さてそこで創立者の根拠は何かといえば、「日蓮大聖人の仏法」であり、「恩師戸田城聖先生」のその解釈と思想である。そうすると次のような点が問題となるだろう。まず創立者の日蓮仏法の解釈と他の解釈とはどのように異なりどのような独創性があるのか。次にやはり日蓮大聖人の教義がそれまでの仏教とどのように異なり、どのような独創性があるのか。法華経・大乗仏教さらにそもそも仏教の創始者釈尊の教えがどのようなものであったのか、釈尊以前の宗教とどのように異なりどのような独創性があるのか。そしてまた現代の学問・科学の基本構造は、西洋思想に立脚しているから仏教とキリスト教の比較に関しても踏まえておくべきであるし、時にその比較研究は一大論点となるだろ

う。創立者研究は、以上のような基本的な問題に少なくとも問題意識を持ち、できれば応答していくように努力すべきだろう。

要するに研究者自身の仏教解釈・仏教理解が問われるわけである。なぜか。そうしないとたとえば創立者と各界の識者との同一の結論を説いたところで、一面的・表面的・皮相な解釈にしかならないのではないかと懸念されるからである。以上の点はもちろん仏教に限らないが、まずは仏教解釈・仏教理解が創立者研究の共通項だろう。その上であとは各専門分野において取り上げた素材に応じた厳密さが要求される、というところではないだろうか。

以上の点をもう一度まとめ直してみる。創立者研究は、結局、研究者自身の仏教解釈・仏教理解を基本とし、それに創立者の議論の対象（仏教以外）に対する研究者自身の解釈が加わる。本書が各自の専門分野と創立者の思想と哲学をリンクした研究と称する所以である。研究者自身が、仏教解釈を踏まえるなり、仏教理解をしていなければ、一見どんなに巧みにまとめ上げて見たところで、どこか本質を外し、的を得たものにはなっていないのではないか。このような点が、創立者の対話を軸とするダイナミックな実践家としての文脈に留意すべしとの創立者研究の基本的視点と共に本書のプロジェクトに携わって得た率直な感懐である。

こうした考え方は狭すぎるとの意見もあるだろう。仏教には暗黙的にすら一切関わらないようなアプローチであっても効果・成果があるだろう。著者を離れたテクストの一人歩き、読者の権利主張、プラグマティックな路線等はどうなのか。創立者理解としては、たとえ的を得ていなくとも、その研究の効果・成果がないわけではないだろう。時には誤読の効果・成果（誤読であってもアイデアは有効）もあるだろう。こうした議論も際限なく続きそうであるからこのあたりでやめておこう。今後、こうした点も含めて議論を進めていきたいと思う。

人間革命原理

さてもう少し視点を変えて述べる。創立者研究について以上のようにあれこ

れと思いめぐらせているが、要するに、創立者研究は、宗教と哲学が基本とならざるを得ないし、そうあるべきだと感じた。「思想と哲学」というタイトルにすでに表われているではないか、といえばまさにその通りであるが、あらためて感じた次第である。やはり創立者研究は、宗教学者・哲学者の方が他の分野の研究者よりは取り組みやすいテーマだろう。しかしそうであってもテーマは宗教・哲学以外の分野からの参加を要請しているだろう。この点を少し考えてみたい。

創立者のライフワーク・小説『人間革命』のテーマは次のとおりである。
「一人の人間における偉大な人間革命は、やがて一国の宿命の転換をも成し遂げ、さらに全人類の宿命の転換をも可能にする。」（池田大作 1971 年『人間革命』第 1 巻、聖教文庫、7 頁）
これをいま人間革命原理と呼ぶことにしよう。たとえば第 7 章の人間本質論に端的に見られるように哲学研究は、上記のように基本中の基本になると思う。「人間革命」とは何か。「宿命転換」とは何か。こうした問いはミクロの研究である。

しかし人間革命原理は社会変革原理である。これを「立正安国」と言う。人間革命原理はさらにマクロの研究を要請していると思う。たとえば第 8 章のような教育改革論や第 10 章のような組織改革論も要請されるだろう。つまり創立者研究は総合性が要請されるだろう。以上のようにミクロ・マクロの両面にわたって今後とも学際的に人間革命原理＝社会改革原理の展開を企画していければと思う。

本書の出来栄えについては、第 1 巻に引き続いてもちろん読者諸氏の評価に俟たねばならない。第 1 巻のあとがきを繰り返して恐縮だがやはり引用する。次のように書いた。「是非ご一読いただき「ここはまさにその通りである」、「さらにもう一歩こう展開できる」、「違う。誤解である。正しくはこう解釈すべきだ」等、活発な議論が盛り上がってくれたらうれしい。そして「では私が研究して見よう」となってくれたらもっとうれしい。ともあれ本書が本テーマ

のさらなる研究への契機となり、そしてそれによって本書の研究内容も修正・拡充・深化されていくならば幸甚である」。今回もまさにその通りである。「行き止まりの表示になっているけれど、踏査してみたらその先にずっと進めるよ」と地図を直してくれたり道標を追加してくれたらうれしい。

　第1巻に引き続き、本学通信教育部の科目担当の他学部・他部署に所属の諸先生方からも本書のテーマと趣旨に快くご賛同いただいた。今回は新たに教育学部の鈎治雄先生、文学部の田中亮平先生、工学部の木暮信一先生、創価教育研究所池田研究センターの井上比呂子先生に加わっていただくことができた。特に鈎先生は、かつて通信教育部に所属され、またその後も現在にいたるまで通信教育部に対して深いご理解と多大なご協力をいただいている。その鈎先生の共著者として日本語別科の岡松龍一先生にも参加していただいた。なお今回、本書の執筆依頼に際しては、尾熊治郎会員に多大なご尽力をいただいた。ご執筆・ご尽力をいただいた諸先生方に対して、ここに記して深く感謝と敬意とを表するものである。

　学術書の出版状況が困難な中、第三文明社の大島光明社長には本書の出版をご快諾いただき実現していただいた。また同社の伊藤啓一部長、平木滋編集長の両氏には、短期間のスケジュールの中で編集にご尽力をいただいた。末尾ながらここに記して深く感謝と敬意とを表するものである。

2006年7月3日

索　　引

あ

アウグスティヌス　171
悪魔的悪徳　186
アジア太平洋経済社会委員会　295
アジア太平洋本部　295
米国大学教授連合　203
阿頼耶識　19
アリア方式　291
アリストテレス　168, 218
安全保障国連　284, 296
安保理　282, 296
安楽死　92, 102
安楽死・尊厳死　95, 98, 102, 110

生きる力　267
池内 了　203
一念三千　15
一極支配体制　274
遺伝子診断　104, 108
遺伝子治療　104, 108
伊東俊太郎　29
井上靖　117, 146
因果倶時　173
インフォームド・コンセント　106

ヴァレリー　132
ウィックラマシンゲ　29
ウィルソン　29
宇宙即我　22, 135
永遠の今　177
依正不二　23, 133
縁起観　15

『御義口伝』　176
オルテガ　198, 199, 212

か

科学者憲章　22
神の似像　167
ガルトゥング　277
カレン事件　99
環境・開発国連　284, 296
環境安全保障理事会　296
環境維持団　296
ガンディー　118, 143, 146
カント　171

帰納法　6
教育国連　297
教育提言　260
共産主義　36
教職の専門性　265
郷土科教育論　245
拒否権　282, 283
九識論　19

グローバル・ガバナンス　289, 296, 301
グローバル・フォーラム　289
クローン人間　105

仮　13
経済社会理事会　290, 291
ゲーテ　118
原理主義　78

孔子　146
拷問禁止条約　302
国際課税　294
国際化大学　209
国際刑事裁判所　292
国際司法裁判所　292
国際人権規約　302
国際連合　274

索引

国連協会世界連盟　298
国連軍縮基金　294
国連サミット　287
国連総会特別首脳会合　281
国連大学　295
国連ハウス　298
国連民衆ファンド　294
国連民衆フォーラム　298
国連を支える世界市民教育　298
国連を守る世界賢人会議　298
国連を守る世界市民の会　298
国家の安全保障　279
子どもの権利条約　302

さ

再生医療　104, 105
サドーヴニチィ　197
産学官連携　224
三障四魔　183
三類の強敵　183

自愛　186
思惟の思惟　169
シェークスピア　119
ジェネラル・エデュケーション　204
死刑廃止条約　302
自己変革　167
自然死法　100
市民社会組織　302
社会人大学　209
社会的サービス（普及）　197
釈尊　158
従藍而青　157
宗教復興　33
種差　170
シュトルム・ウント・ドラング　132
消極的安楽死　98
女性差別撤廃条約　302
シラー　119
自律　181
人格　167, 171
人格性　186

人権理事会　276, 281, 299
人工妊娠中絶　108
人種差別撤廃条約　302
『人生地理学』　241
信託統治理事会　291, 292
人道的競争　262
真理的考察　241
人類の議会　277, 278, 285, 288, 297

枢軸時代　47
スコラ的教育　206
スピノザ　133

『聖教新聞』　181
生殖医療　104, 105, 109
精神文明　47
生命の始原　189
生命の始まり　107, 110
生命倫理　92
生命倫理法　105
世界宗教　29
世界人権宣言　302
世俗化　51
積極的安楽死　98, 103
漸進主義　301
戦争の文化　293

『創価教育学体系』　233
臓器移植法　92, 96, 97
早期警報　287
ソクラテス　143
ソクラテス的教育　206
ソフト・パワー　278, 290

た

大学院教育　205
『大白蓮華』　181
タゴール　118
多国間協調体制　274, 277
地域大学　209
地球的問題群　281, 285, 290, 300

索　　引

地球文明　29
地球民衆評議会　289
地球民族主義　276
地動説　5
中央教育審議会　207, 208

定言命令　172
帝国　274
デカルト　131, 143
テニュア　202
デューイ　246
デュルケーム　235
天台　157, 174
トインビー　29, 155
東海大安楽死事件　94, 100
『当体義抄』　174
道徳性　181
道徳律　171, 172
読者論　151
読書　117
戸田城聖　181, 276
トルストイ　118

な

ナイ　278
ナショナリズム　36
七自由科　204
ナポレオン　145
南原繁　178

西田幾多郎　134
日蓮大聖人　150
『日蓮大聖人御書全集』　190
日本神学　180
任意的安楽死　98
人間の安全保障　279, 280, 290, 295, 301

脳死・臓器移植　92, 93, 95, 110
脳死臓器移植　96
脳死臓器移植法　95

は

バーチャル・リアリティー　225
ハード・パワー　278, 290
芭蕉　141
抜苦与楽　23
ハワード・ベーカー　198
半日学校制度　211, 245
比較文明学　51
ヒトゲノム解読完了　103
人の生命の始まり　105, 106
非任意的安楽死　98
ヒューマノイド　4
『ヒュペリオーン』　125

『ファウスト』　120
不動の動者　169
プラグマティスト　146
プラグマティズム　148, 246
プラトン　131, 143
紛争予防委員会　286
平和構築委員会　276, 281, 292, 299
平和復興理事会　292
ヘルダーリン　124

ホイットマン　118
ボールディング　155
梵天勧請　158

ま

牧口価値論　183
牧口常三郎　143, 211
末那識　19

民衆総会　289

メリトクラシー　216

森鴎外　118
モリル法　197
モンテーニュ　150

や

ヤスパース　31, 203
山内事件　98

ユイグ　29, 165
有機体論　7
ユゴー　118

要素還元主義　6, 32
余剰胚　106

ら

ランドグラント・カレッジ　198

理性の事実　171
「利」「善」「美」　239
リベラル・アーツ　203
リベラル・エデュケーション　204

ログノフ　29
ロゴス　168
魯迅　118
六根論　225
ロボット　4

わ

『若き日の日記』　117

執筆者紹介（所属・専攻・担当章）

高村　忠成（たかむらただしげ）　　創価大学通信教育部長・法学部教授　近代フランス政治史　はしがき、第10章

劉　　継生（りゅうけいしょう）　　創価大学通信教育部准教授　情報科学・社会工学　第1章

宮川　真一（みやかわしんいち）　　創価大学通信教育部講師　国際関係論・ロシア地域研究　第2章

尾熊　治郎（おぐまじろう）　　創価大学通信教育部准教授　哲学・宗教学　第3章

木暮　信一（こぐれしんいち）　　創価大学工学部教授　神経生理学・てんかん学　第4章

田中　亮平（たなかりょうへい）　　創価大学文学部教授　ドイツ文学　第5章

坂本　幹雄（さかもとみきお）　　創価大学通信教育部教授　経済学・経済学史　第6章，あとがき

山崎　達也（やまざきたつや）　　東洋哲学研究所研究員・創価大学通信教育部講師　西洋中世神学・哲学　第7章

鈎　　治雄（まがりはるお）　　創価大学教育学部教授　心理学・教育学　第8章

岡松　龍一（おかまつりゅういち）　　創価大学日本語別科准教授　社会学　第8章

井上　比呂子（いのうえひろこ）　　創価大学創価教育研究所池田研究センター講師　教育心理学　第9章

創立者池田大作先生の思想と哲学　第2巻

2006年8月6日　初版第1刷発行	定価　1,300円（税込）
2008年5月3日　初版第4刷発行	

編　者　創価大学通信教育部学会
発行者　大島光明
発行所　株式会社　第三文明社
　　　　東京都新宿区新宿 1-23-5　　郵便番号　160-0022
　　　　電話番号　03（5269）7145（営業）
　　　　　　　　　03（5269）7154（編集）
　　　　URL　http：//www.daisanbunmei.co.jp
　　　　振替口座　00150-3-117823
印刷所　明和印刷株式会社
製本所　大口製本印刷株式会社

ⒸThe Academic Association of the Department of Correspondence Education, Soka University 2006　　Printed in Japan
ISBN978-4-476-09021-5　　落丁・乱丁本はお取り替え致します。
ご面倒ですが小社営業部宛お送り下さい。送料は当方で負担いたします。